湘 学
研究报告

（2023）

钟　君◎主编
谢兵良◎执行主编
李　斌　张建坤◎副主编

中国社会科学出版社

图书在版编目（CIP）数据

湘学研究报告 . 2023 / 钟君主编 . —北京：中国社会科学出版社，2024.6
ISBN 978-7-5227-3619-8

Ⅰ.①湘… Ⅱ.①钟… Ⅲ.①学术思想—思想史—研究报告—湖南—2023 Ⅳ.①B2

中国国家版本馆 CIP 数据核字（2024）第 110684 号

出 版 人	赵剑英
责任编辑	刘　洋
责任校对	朱妍洁
责任印制	张雪娇

出　　版	中国社会科学出版社
社　　址	北京鼓楼西大街甲 158 号
邮　　编	100720
网　　址	http://www.csspw.cn
发 行 部	010-84083685
门 市 部	010-84029450
经　　销	新华书店及其他书店
印　　刷	北京君升印刷有限公司
装　　订	廊坊市广阳区广增装订厂
版　　次	2024 年 6 月第 1 版
印　　次	2024 年 6 月第 1 次印刷
开　　本	710×1000　1/16
印　　张	19
插　　页	2
字　　数	254 千字
定　　价	118.00 元

凡购买中国社会科学出版社图书，如有质量问题请与本社营销中心联系调换
电话：010-84083683
版权所有　侵权必究

前　言

中国幅员辽阔，文明早熟，在新石器时代已形成"满天星斗"的文化区域与区域文化。随着区域社会经济的发展，人们的文化自觉意识、文化本位意识逐渐增强，以区域命名的中华优秀传统文化随之被广泛接受和使用，"湘学"即是一显例。

湘学的本质，不只是一种地域文化，还是中华主流文化的一种重要形态和载体，是中华文化核心道统的一种传承。湖南先民在1万多年前的道县，已开始人工栽培人类史上最早的水稻，在5000多年前的常德，又建造了"中国最早的城市"，早发的农耕文化构成中华文明的源头之一。舜帝南巡、屈原行吟、贾谊痛哭，不断塑造出湖湘文化惟精惟一、执两用中、心忧天下、上下求索的思维方式与价值精神，延续着中华文化核心道统的传承。宋代以来，"理学开山"周敦颐、"道南正脉"张栻和朱熹、"古代朴素唯物主义哲学顶峰"王夫之等中华文化核心道统的传承者们，接续经世致用传统，遵循"实事求是"治学门径，发扬知行合一精神，让湖湘文化从地域走向全国，成为中华文化的一种主流形态。降至近代，湘人敢为人先、兼收并蓄、放眼世界，大兴改革、务实之风，推动湘军崛起、洋务运动、戊戌维新、辛亥革命，担负起赓续中华文化的历史使命。十月革命为中国带来马克思列宁主义后，以毛泽东为代表的湘籍无产阶级革命家将马克思主义与湖湘文化的智慧因子相结合，创造性地改造传统"实事求是"命题，树立起"两个结合"的光辉典范，为中国的革命与现代化建设确立了正确的思想路线。湖湘文化的传承和发展，由此掀开全新的一页。

一代人有一代人的学术使命。当今时代，"两个大局"加速演进并深度互动，要科学回答中国之问、世界之问、人民之问、时代之问，就要勇于推进实践基础上的理论创新。"两个结合"是理论创新的根本途径，湘学研究为"两个结合"提供了坚定文化自信的底气和推动文明更新的基础。20世纪80年代以来，湘学成为学界研究的热点。尤其是21世纪初，以湖南省湘学研究院成立为契机，湘学研究进入蓬勃发展阶段，湘学研究的内涵与范围得到极大的拓展，湘学的核心价值与精神得以不断凝练和彰显。简言之，湘学研究的完整内容应包括以"濂溪学""湖湘学""船山学""近代湘学"为主体的"湖湘思想学术"，以湖南地区的社会经济、政治军事、文学艺术、历史文献、民族宗教、民风民俗、饮食服饰、建筑遗存等为主要内容的"湖湘文化"，及其当代价值。

为方便学者按图索骥，快速、充分掌握学界湘学研究的最新动态，促进湘学研究的深入发展，湖南省湘学研究院从2013年开始编辑出版《湘学年鉴》，于2016年改名《湘学研究报告》，旨在通过全面收集、分析、总结和评价上一年度有关湘学的研究成果，为拓展和深化湘学研究提供一份具有学术性、思想性和前瞻性的文献综述。需要说明的是，《湘学研究报告》不仅仅是作为湘学研究的文献综述，它还承载着我们对于湘学研究的持续关注与思考。作为中华主流文化的一种重要形态和载体、中华文化核心道统的一种传承，湘学尤其需要传承和弘扬，也更需要创新性发展和创造性转化。《湘学研究报告》既是一种及时性的研究工具，也是发掘中国传统文化智慧、弘扬中华优秀传统文化、推动湘学与社会经济发展有机结合、促进湘学生命更新与现代转化的学术交流媒介。我们真诚希望学界同仁向我们提出客观批评和宝贵建议，提供最新的湘学研究成果信息。

《湘学研究报告2023》延续以往内容和体例，兼顾湘学的理论研究与应用研究，按照内涵与源流、思想与学术、政治与军事、经济与社会、宗教与民俗、史志与文献、当代价值等类别，综述2022年、2023年的湘学研究成果和活动。综观2022年、2023年的湘学研究，成果比较丰富，不少领域内的传统议题得到一定程度的深化，新兴议题也在不断被发掘和阐发；船山学、简帛学、湘军集团与毛泽东研究，是学界尤为关注的焦点。但不能否认，其中仍存在较多低水平的重复研究之作，多数论著在思想性、创新性、开放性与时代性方面表现乏力。我们期盼学界进一步宏通地看待各区域文化之间的关系，及其与中华优秀传统文化的关系，既注重湘学对各区域文化与中华优秀传统文化的影响，又关注各区域文化与中华优秀传统文化对湘学的滋养，以更加宽阔的学术视野、更加开放的学术心态和面向时代课题的学术关怀，在湘学研究的各层面深耕细作，创造出可以与历史上的"湖湘学""近代湘学"相媲美的"新时代湘学"，为建设中华民族现代文明，以中国式现代化全面推进中华民族伟大复兴，贡献湖湘文化智慧。

本书在湖南省社会科学院（湖南省人民政府发展研究中心）党组书记、院长（主任）钟君，党组成员、副院长（副主任）谢兵良的指导下完成。李斌参与提纲讨论、拟定和书稿修改，张建坤最终统稿。撰写分工如下：张建坤、邓谦林：前言；李超：第一章；何晓：第二章；毛健：第三章；张凯：第四章；郭钦：第五章；杨斌：第六章；杨兴山、杨琳：第七章；李斌：附录一；张建坤、邓谦林：附录二、邓谦林。

目录 Contents

1 / **第一章 内涵与源流：中华主流文化的一种形态**
2 / 一 湖湘文化在中华文明中的地位
5 / 二 湖湘文化形成中的思想源泉
9 / 三 湖湘文化的精神特性
14 / 四 湖湘文化对湘籍人物的影响

23 / **第二章 思想与学术：中华文化核心道统的传承**
23 / 一 "理学开山"：周敦颐研究不断深入
29 / 二 "道南正脉"：湖湘学派研究进一步拓展
39 / 三 "圣贤学脉，仅此一线"：船山学研究热度不减
61 / 四 "湖南学术，盛于近世"：近代湘学研究内容多样

70 / **第三章 政治与军事：湖南军政人物的湘学实践**
70 / 一 古代湖南地区的政治与军事
74 / 二 湘军研究的新境界
86 / 三 维新、革命、自治与湖南近代政治的拓展
96 / 四 湖南抗日战争研究的新成果
103 / 五 湘籍无产阶级革命家的丰功伟绩

· 1 ·

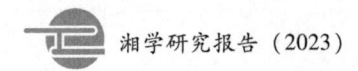

110 / **第四章　经济与社会：湖南经济社会发展的丰富特点**

110 / 一　湖南商业社会的产生与发展研究

115 / 二　湖南社会经济生活的多元化发展研究

119 / 三　新中国湘籍领导人的经济思想与实践

125 / **第五章　宗教与民俗：民众信仰与传承的视角**

125 / 一　宗教中国化的湖南实践和研究态势

129 / 二　宗教文化演进的历史性、区域性和时代性

136 / 三　民间信仰的交融性、地方性和实用性

141 / 四　民俗文化的仪式性、乡土性和创新性

145 / **第六章　史志与文献：湖湘千年文化的交融与积淀**

145 / 一　地理环境、历史记忆探讨中的湖湘史志研究

180 / 二　互为补益的湖南出土文献与传世文献整理与研究

210 / **第七章　当代价值：湖湘文化融入现代化新湖南建设**

210 / 一　湖南文旅深度融合高质量发展

216 / 二　湖湘文化的社会价值进一步凸显

224 / 三　湘籍无产阶级革命家思想的现实影响研究

230 / 四　实事求是思想与湖湘文化的关系研究

234 / **附录一　2022—2023年湘学研究大事记**

249 / **附录二　2022—2023年湘学研究成果概览**

第一章 内涵与源流：中华主流文化的一种形态

"文化是一个国家、一个民族的灵魂。文化兴国运兴，文化强民族强。没有高度的文化自信，没有文化的繁荣兴盛，就没有中华民族伟大复兴。"[①] 党的十八大以来，以习近平同志为核心的党中央把文化建设、文艺工作摆在党和国家事业重要位置，高度重视文化事业、文化产业的发展。习近平总书记在文化传承发展座谈会上特别指出，中国文化源远流长，中华文明博大精深。只有全面深入了解中华文明的历史，才能更有效地推动中华优秀传统文化创造性转化、创新性发展，更有力地推进中国特色社会主义文化建设，建设中华民族现代文明。作为中华文化组成部分的各种地域文化得到前所未有的重视，湖湘文化是其中的突出代表。湖湘文化是一种具有鲜明特征、相对稳定并有传承关系的历史文化形态。它既包括最早生活在湖湘大地的原住居民所创造的原始文化，又包括各个历史时期陆续迁入的移民所带来的以中原文化为主的外来文化，以及原住居民与迁入移民相融合而形成的新的文化。近些年，以湖南为中心掀起了一股湖湘文化热，学术界也不例外，各种关于湖湘文化的研究论著层出不穷，将湖湘文化的研究推向了一个新的高度。本章对2022年以来有关湖湘文化内涵与源流研究的学术成果进行一些梳理与分析。

---

① 习近平：《决胜全面建成小康社会 夺取新时代中国特色社会主义伟大胜利——在中国共产党第十九次全国代表大会上的报告》，人民出版社2017年版，第40—41页。

一　湖湘文化在中华文明中的地位

　　湖湘文化是一种地域性文化，但又不仅仅是一种地域性文化。作为一种具有鲜明特色且不断延续、发展的地域性文化，湖湘文化的兴起和发展与中华文明的演变历程密切相关。在长期的历史发展进程中，湖湘文化与中原文化、荆楚文化等其他地域文化相互交融、相互影响，共同构成了丰富多彩的中华文明。湖湘地区涌现出诸多杰出的思想家、文学家、艺术家，他们的思想和作品对于中华文明的发展也产生了重要影响，推动了中华文明的进步和发展。湖湘文化是中华文明的重要组成部分，在中华文明格局中占有不可取代的重要地位。有鉴于此，对湖湘文化的深入理解，就不能局限于湖湘文化自身，更要将其置于中华文明的整体格局中进行考察，探究其与中华文明之间的互动与影响。也只有如此，才能够更有效地推动作为中华优秀传统文化组成部分的湖湘文化的创造性转化、创新性发展。正是在这一认知下，湖湘文化与中华文明之间的关系，成为近年湖湘文化研究领域的突出主题之一。

　　朱汉民探讨了湖湘文化在中华文化中的地位。他指出，湖湘文化形成和发展的历史，就是一部参与中华文化建构的历史。湖湘文化兴起的历史条件、发展机遇、独特贡献，均是与中国文化的主体性建构密切联系在一起，它以自己的人文追求、文化精神对中华文化的绵延发展作出了重要历史贡献。他认为湖湘文化的发展经历了三个重要的历史时期，分别是楚汉、两宋，以及近代。在楚汉时期，湖湘地区成为衍生楚文化的重要区域之一，产生了将中原道德文化与沅湘民俗文化相结合的浪漫主义文学艺术，其典型代表是屈原的《楚辞》诗歌艺术。屈原在《楚辞》中将不同地域、不同民族的文化统合为一个体现中华文化精神的艺术世界，推动了一种具有统一性与包容性的文化传统的历史建构，对中华文化与民族精神的形成作出了杰出的贡献。两汉以后中华文化的主体主要有三大地域文化：齐鲁文化、秦晋文化、荆楚文化。其中荆楚文化为两汉以后完全成熟的中华文明作出了杰出贡献，使这个远离中原华夏文化的楚蛮地区的文化，最终成为中华文化的区域文化之一，纳入到中华文化体系之中。两宋时期，湖湘地区理学崛起，书院教育的兴盛，有力地推动了湖湘文化的繁荣和发展，进而推动了中华文化的历史建构。两宋时期湖湘学者崛起，他们积极参与了宋代理学思潮的创新和发展，涌现出了周敦颐、胡安国、胡宏、张栻等诸多具有重要影响力的理学家，形成了著名的湖湘学派。与此同时，蓬勃发展的书院，则为理学在湖湘地区的发展传播作出了重要贡献。两宋时期湖湘文化之所以能够崛起，就在于它勇敢承担、积极参与了新的历史条件下中华文化的历史发展，特别是在吸收佛教文化的基础上实现了中华文化的主体性建构。清末民初时期，近代湖湘文化发展到全盛，近代湖湘知识群体一方面主动学习、引进外来体现现代化的器物文化、制度文化、精神文化，全方位推动中华文化的现代化；另一方面又坚守中华文化传统，坚守中华文化那些具有恒常性意义的价值体系，以实现中华文化的主体性重建。可以说，这一时期的湖湘文化对中华文化的近代化作出更加突出的贡献。[1]

王泽应探讨了湖湘文化对于中华文明体系作出的突出贡献。他认为湖湘文化是从属于中华文化系统中的子系统，但同时又强调湖湘文化并不仅仅是一种地域文化，它具有一种源于地域又超越地域、走向主流且引领潮流的价值特质和精神禀赋。正是这种价值特质与精神禀赋，令湖湘文化对中华文明的发展演进产生了重要影响，为传承和推进中华文明作出了独特贡献。作者从历史上对湖湘地区的一些特定称谓中总结出了湖湘文化的一系列精神特质。在历史上，湖湘地区先后有着"屈贾之乡""潇湘洙泗""道南正脉""人才渊薮""革命摇篮"和"伟人故里"等不同称谓。作者认为，这些称谓既概括出了

---

[1] 朱汉民：《湖湘文化在中华文化中的地位》，《新湘评论》2023年第14期。

湖湘文化对中华文明的独特贡献，又道出了湖湘文化因这种独特贡献而呈现出的文化特质、思想力量和实践品格。如，作为"屈贾之乡"，湖湘文化形成了心忧天下的文化基因和忧国忧民的伦理情怀；作为"潇湘洙泗""荆蛮邹鲁"，湖湘文化发展起了学达性天和希贤希圣的道统精神；作为"道南正脉"，湖湘文化成就了阐扬正学与通今贵我的文化气度；作为"人才渊薮"，湖湘文化培养出了一批批志在革故鼎新和济世安民的杰出人才，成为近代中国救亡图存、奋起自强的重要力量；作为"伟人故里"，湖湘文化孕育诞生了伟大的无产阶级革命家、战略家、理论家毛泽东，是毛泽东思想形成和发展的源头活水。在此基础上，作者强调，在建设中华民族现代文明的新征程上，我们要进一步弘扬湖湘文化的优良传统，以自信自强、守正创新、踔厉奋发、勇毅前行的精神推进中国式现代化，为促进中华民族伟大复兴、构建人类命运共同体，建设一个持久和平、共同繁荣的和谐世界作出新的更大贡献。①

习近平总书记在文化传承座谈会上强调，中华优秀传统文化中有很多重要元素，共同塑造出中华文明突出的连续性、突出的创新性、突出的统一性、突出的包容性、突出的和平性。中华文明的五大突出特性在湖湘文化中亦有着鲜明的体现。周秋光、金楠娟专门就湖湘文化如何彰显中华文明的五个突出特性进行了考察。他们首先揭示了湖湘文化与中华文明之间的源流关系，指出湖湘文化从属于中华文化中的区域文化，从源与流的关系来看，无源不成流，有源才有流。中华文化里的连续统一、兼收并蓄、开拓创新等特质在湖湘文化的传承中有着显著的表现，湖湘文化里的注重实干、自强不息、勤勉朴实被中华文化吸纳包容表现得也十分突出。正是有着如湖湘文化一般的各类地域文化，才构筑了中华文化形态多样的文化之美；正是有着数千年来不断发展转型的以湖湘文化为代表的文化类型，中华文化才能源源

---

① 王泽应：《中华文明体系中的湖湘文化及其独特贡献》，《毛泽东研究》2023 年第 5 期。

不断、生生不息。接着他们具体阐明了湖湘文化如何体现中华文明的五个突出特性，指出从连续性来看，湖湘文化历千年而不衰，有着内在的稳定性；从创新性来看，湖湘文化在传统和现代之间革故鼎新，尤其在近现代发展转型之中"敢为天下先"；从统一性看，湖湘文化外化成整体的具体的表现形式，尤其以经世致用之风与湖湘学派发展影响为盛；从包容性看，湖湘文化历经了多民族文化、中西文化的冲突与融合，建构组成了具有突出包容性的中华文明；从和平性看，湖湘文化蕴含着"和"的影响因子，具有内外部发展的良好条件。在对湖湘文化的这些特性分析的基础上，文章进而探讨了湖湘文化如何在当代实现创造性转化和创新性发展的问题，指出一是要坚定文化自信，将"两个结合"精髓注入湖湘文化；二是要坚守文化底蕴，促进中华文化中各类优秀文化的交流互通；三是要坚持守正创新，推动当代湖湘文化转型发展。通过这些途径，有效发掘出湖湘文化的当代价值。[①]

二 湖湘文化形成中的思想源泉

文化作为一种社会现象，是人们长期创造形成的产物。历史上的著名人物，如特定时代的政治家、思想家、文学家、艺术家等，他们的思想和作品通常能够代表和影响一个时代的文化。他们往往可以通过思想和作品，引领文化潮流，推动文化的进步和发展；往往能够将传统文化与现代文化相结合，传承和发扬优秀的文化传统；他们通过创新和探索，往往能够创造新的文化形式和内容，推动文化的多样性和丰富性。具体到湖湘文化亦然。毫无疑问，湖湘文化的形成是多种历史因素共同作用的结果，包括地理位置和自然环境、移民和民族融合、政治和军事因素以及教育发展等。这些因素相互交织、相互影

---

① 周秋光、金楠娟：《从湖湘文化看习近平关于中华文明的"五个突出特性"》，《湖南省社会主义学院学报》2023 年第 5 期。

响，共同塑造了独具特色的湖湘文化。但在这些因素的基础上，一系列具有重要影响的历史人物的出现与活动，也是一个不可忽视的重要因素。这些人物的思想、文化和政治实践，同样对湖湘文化的形成产生了深远影响，一定程度上构成了湖湘文化形成的思想源泉。纵观湖湘文化发展的整个历史过程，我们很容易就会发现，湖湘文化发展的每一个重要历史节点，几乎都可以找到对应的具有代表性的历史人物，他们也因此而得到后世学者的长期关注与反复研究。在近两年的研究中，屈原、贾谊、张栻、曾国藩等湖湘文化发展史上的核心人物皆得到了一定的研究，他们对湖湘文化所产生的作用与影响得到了更为深入的阐释。

湖南自古有"屈贾之乡"的称誉，屈原与贾谊这两位在中国文学史上扮演着重要角色的伟大人物，皆与湖湘文化存在着不解之缘。作为被贬谪至湖湘的两位最著名的人物，他们的精神成为湖湘文化的象征。他们的忠诚、正直、勇敢、坚韧等品质，成为湖湘人民的精神追求和价值取向，影响了湖湘文化的形成和发展。他们的杰出作品也成为湖湘文化的重要组成部分，丰富了湖湘文化的内涵。因此，很多研究湖湘文化的学者，都倾向于将湖湘文化的形成溯源至屈贾文化，"屈贾情节"也展现了湖湘文人最为人崇敬的一面。

2023年，正值屈原殉国2300周年，汤建军撰写了《屈原精神历久弥新的奥秘》一文，通过梳理"屈原精神"的核心内涵和他对湖湘文化的影响，揭示了其蕴含的爱国精神、民本思想、求索精神、斗争奋进精神在新时代依旧具有历久弥新的重要价值，并强调这对于当下建设中华民族现代文明有着重要的现实意义和深远的历史意义。文章首先将屈原定位为一位伟大的政治家，认为其将"美政"作为自己终身为之奋斗的政治目标。屈原不是一个空谈抱怨的无用文人，而是追求个人修为和治国理政相统一的忠臣。爱国忧民则构成了屈原精神的主要内涵，文章特别指出，屈原的爱国精神不仅已经超越当时人们日益淡漠的家国情怀，更超越了先秦儒家所构建的"温柔敦厚"

的文化气质,迸发出更为浓烈的激情。屈原的这些精神品质对湖湘文化发展产生了深刻的影响。首先,从源头上,屈原精神与湖湘文化是相融合的,他的爱国人格和行为也带有湖湘的特色,湘学学人更能与之产生共鸣。从屈原开始,湖湘文化就开始具有融合中原文化,但又"独行于世"的特征,为中华文化注入了新的活力。其次,屈原的"美政"实践和追求又促使湖湘士子树立了敢于担当的经世治国的功业观念。最后,屈原激烈的爱国精神为湖湘世人在民族危亡时期挺身而出注入了永不枯竭的动力。①

贾谊是另一位在湖湘文化发展史上留下浓墨重彩一笔的重要人物,在贬谪长沙期间,留下了诸多杰出的文学成果,其思想也构成了湖湘文化精神特质的一个重要源泉。邓思洋就着重考察了贾谊在贬谪长沙期间个人思想的变化,并进而探讨了其对湖湘文化精神的影响。文章指出,贾谊于西汉初年谪居长沙三年之久,这一仕途的挫折是贾谊人生历程中具有标志性意义的事件,也促成了贾谊自身思想观念的转变,突出表现在其作品中抗争精神的逐渐消失、伤感无奈的充盈、文辞的沉稳深刻,并表现出对老庄思想的倾心探究。与此同时,贾谊谪居长沙带来的不仅仅是一种偶然的地理上的联系,更是一种精神上的交融,其思想精神对湖湘地区的思想、文化和精神产生了深远影响,尤其是其一生中表现出来的坚毅果敢的进取精神,以及经世致用的担当精神,从此成为湖湘文化的重要因子。就经世致用层面来说,贾谊的影响突出表现为对忠君爱国思想的贯彻始终。屈原的投江和贾谊的郁郁而终,都流露着他们为国的不忍、为民的无奈以及倔强的个性,"贾谊悲剧"的最终结果也正是近代湖南人"虽千万人吾往矣"之悲壮气概的来源。贾谊的倔强和坚韧在湖湘的"霸蛮"精神中体现得淋漓尽致。进入20世纪,爱国仍旧是湖南乃至全国的进步潮流。可以说,一种保家卫国的使命感和责任感早已在湖湘人士心中得到了

---

① 汤建军:《屈原精神历久弥新的奥秘》,《湖南省社会主义学院学报》2023年第5期。

普遍化。此外,"屈贾精神"还对湖湘迁谪文学产生了深远影响。湖湘迁谪文学发源于屈原,后被贾谊承袭和发展。杜甫、刘禹锡、柳宗元、秦观等人都在屈贾的影响下推动了湖湘贬谪文学的发展壮大。①

两宋是湖湘文化发展的一个重要历史时期,湖湘学派的形成则是其突出标志。胡安国、胡宏父子以及胡宏的弟子张栻,在靖康之变的时代背景下,相继迁居湖南,正是他们将湖湘文化的发展推向了一个前所未有的高峰,并影响后世千百年。张天杰、杨艳冰就探讨了张栻对于湖湘文化发展的突出贡献,并揭示出在张栻生前身后,湖湘学脉完成了学统上从"胡张"向"朱张"的转换。文章指出,张栻作为南宋湖湘学的代表人物,一方面通过其父张浚承接忠孝家学以及焦定易学为主的蜀学,另一方面独得胡宏性理之学,最终成为湖湘学脉之中集大成的人物。张栻为学并不故步自封,而是广泛接纳不同学术派别的思想。他先是借助讲学于岳麓书院与城南书院的契机,将湖湘学派发扬光大,不但湖湘学子云集于此,还吸引了许多蜀地学子,促成了蜀学再盛。张栻待人以诚,与浙东学派的薛季宣、陈傅良等学者也多有交往,特别是陈傅良问学于张栻,后又在湖南任官,在任上一方面向朝廷举荐湖湘学子,另一方面讲学于岳麓书院,将浙东事功之学传播湖湘,与胡安国《春秋》学等学脉融汇,造就了性理与事功兼备的湖湘学"胡张"传统。而张栻与朱熹的交往更是众所周知,朱张会讲千百年来早已传为佳话,推动了闽学和湖湘学的共同发展,又随着朱熹地位的提升以及真德秀、吴澄等人对岳麓朱张会讲的弘扬,最终造就了影响深远的湖湘学"朱张"传统。可以说,湖湘学脉从"胡张"到"朱张"学统的转换,既是湖湘学内部演进的结果,也是朱熹两度讲学以及后来朱子学成为官方认可的学术正统等外部影响的结果,同时还受到浙学的影响。而张栻则在其中扮演了至关重要的角色。湖湘学脉从"胡张"到"朱张"的转换,虽说主要受益于朱子

---

① 邓思洋:《贾谊谪长沙的思想变化及对湖湘文化精神的影响》,《文学艺术周刊》2023年第1期。

学成为官学，但其中不变的内核还是集湖湘学脉之大成的张栻之学。①

如果说张栻是两宋时期湖湘文化的杰出代表，曾国藩则是近代湖湘文化的突出标志。对于曾国藩来说，他不仅本身受到湖湘文化的影响，反过来也为湖湘文化充实了新的内容，赋予了湖湘文化新的内涵。向双霞探讨了曾国藩在晚清时期湖湘诗歌风气转变过程中的重要作用。湖湘地区在清朝以来，诗歌创作上都将杜甫作为推崇效仿的对象，黄庭坚的诗歌则因其生涩、奇崛的特征而在清代前中期未能成为主流，不太受到关注，然而曾国藩却以一己之力改变了这一状况。曾国藩在接受黄庭坚的诗歌时采其倔强之长，去除其生涩之弊，又将黄庭坚与杜甫、苏轼等几位在清代具有广泛影响力的诗人并举，视其为终生笃嗜的对象，从而极大提升了黄庭坚在晚清被接受的效度。依托于崇高的政治地位和社会声望，曾国藩对黄庭坚诗风的推崇很快就得到了湖湘士子的积极响应，形成了宗黄的风气，从而改变了晚清湖湘此前宗杜或崇苏或尚韩的传统，拓展了诗学路径。这成为晚清宋诗运动的重要表现，也是晚清湖湘诗学崛起的重要环节。②

三 湖湘文化的精神特性

文化的精神特性是指文化所具有的独特性和特质，它体现了文化的核心价值和深层含义。文化的精神特性是多种多样的，不同文化所具有的精神特性可能有所不同。湖湘文化的精神特性具有强烈的时代性和地域性，它体现了湖湘地区人民的性格特点、道德观念和价值观念，同时也体现了湖湘文化的开放性和创新性。这些精神特性对于塑造湖南地区的人文气息和文化品格有着重要的影响。湖

---

① 张天杰、杨艳冰：《从"胡张"到"朱张"——以张栻为中心的湖湘学脉检视》，《地域文化研究》2023年第2期。

② 向双霞：《曾国藩与晚清湖湘宗黄风尚的形成及意义》，《湖南师范大学社会科学学报》2022年第4期。

湘文化具有怎样的精神特性，又是如何在历史中形成的，这些对于我们全面深入理解和把握湖湘文化有着重要意义，故而一直以来都是湖湘文化研究领域关注的重点，近年来亦产生了数篇具有相当分量的学术成果。

郑佳明撰文揭示了湖湘文化具有的三重属性，他认为从空间上讲，湖湘文化是地域文化；从时间上讲，湖湘文化是历史文化；从内涵上讲，湖湘文化的核心是思想文化。文章分别围绕这三重属性对湖湘文化进行了深入解读。首先，湖湘文化作为一种地域文化，与湖湘这一特定的地理空间密切相关，湖湘流域的地理环境决定了湖湘文化农耕文明的基本属性。这个基本属性决定了湖湘文化的本质和类型，决定了湖湘文化的价值观和思想方法，决定了湖湘文化与中国主体文化的同一性，决定了湖湘文化的先进性与历史局限性，也对湖湘文化的"道南正脉"做了注脚。其次，湖湘文化作为一种历史文化，具有特定的历史属性。其内涵包括两个层面，一是中国大历史的发展，对湖湘文化的影响。如中国经济文化中心的移动对湖湘文化的深刻影响，从宋朝开始，特别是南宋时期湖湘文化繁荣发展，就与其时中国政治经济文化中心南移息息相关。二是湖南自身历史重大事件和人物对湖湘文化的影响。如湖南地处南北东西交通要道的地理位置，使得其在历史上成为兵家必争之地，古往今来饱受战火洗礼。湘人尚武精神的形成，"无湘不成军"说法的产生，都是这一背景下的产物。战乱和灾荒是历史上大规模移民的基本原因。而大规模移民的出现，不仅促进了湖南的发展，更促使湖湘文化形成了主动学习的态度和极大的包容性。第三，湖湘文化作为一种思想文化。思想文化是湖湘文化的统帅和灵魂，是湖湘文化独具的特色和优势，故而也成为文章论述的重点所在。文章梳理了历史上对湖湘文化发展产生深刻影响的一系列重要人物，勾画出了湖湘思想的重点与脉络。文章按照历史脉络指出，屈原以思想和诗给湖湘文化打下了底色。周敦颐作为宋代理学的开山鼻祖，其思想在他的两位学生程颢和程颐那里得到了充实和发扬，形成了理学较为完整的理论体系，后经朱熹总结提升，传播开来。而两宋之际形成的湖湘学派，岳麓书院的兴起，以及朱张会讲的学术盛事，扩大了湖湘之学在全国的影响，让长沙成为全国闻名的理学基地。明清之际的王船山则总结了宋明以来的中国学术，开辟了中国近代思想史的新篇章。他不仅在思想上成为中国近代思想的先驱。最重要的是，王船山的民族气节和民族思想，给了转型应变的华夏民族以强大的思想武器，这个武器在近代历史转型中发挥了巨大威力。湖湘文化再一次与中华文化同频共振。晚清面对民族危机的日益深重，曾国藩的经世理学横空出世。他运用湖湘文化，实践湖湘文化，改造弘扬湖湘文化，让湖湘文化达到一个时代的高度和崭新的境界。①

  湖湘文化根植于三湘四水的湖湘大地，湖南的自然与社会环境无疑影响了湖湘文化的发展。关于湖湘文化与其产生的地理环境之间的关系，论者已多有涉及，上文中郑佳明也已经论述了湖湘文化与湖湘地理空间的关系。不过，王继平、王凯丽则跳出了泛泛谈论湖湘文化与地理环境的关系的窠臼，而是具体选择从流域这一独特角度来对湖湘文化予以重新审视，视角颇为新颖。作者指出，水环境对地域文化的影响巨大，水不仅是聚落文化形成的条件，也是文化交流和物资运输的主要渠道。湖湘地区自古有三湘四水之称，水构成了湖湘文化发展的重要地理背景。湖湘文化产生、形成于湘、资、沅、澧四大流域，具有鲜明的流域特色，文章基于此认为以"四水一湖"的流域特征来划分湖湘文化的区域，可以更为准确地理解湖湘文化，故将湖湘文化划分为湘江、资江、沅江、澧水、洞庭湖五个流域文化区，各流域和洞庭湖区具有鲜明的特色。相互之间也存在着长期频繁的交流与融合。湖南流域间文化的交融，主要有两个繁盛的时期，即南宋和

---

① 郑佳明：《湖湘文化的三重属性》，《新湘评论》2023 年第 14 期。

晚清时期。南宋时期，由于中国经济政治文化中心的南移，湖南文化教育获得充分发展，为境内流域文化的交流创造了条件。在传统社会，书院的发达是文化教育充分发展的重要标志。书院的发达促进了湖湘文化的流域交流和发展。一方面，士子的流动加速了流域间文化的交融。书院的开办，使流域内士子学有所养，也提供了流域间的士子游学的场所，特别是岳麓书院、石鼓书院（衡州）这样的著名书院，更是士子心驰神往的学府。书院的繁盛极大地方便了各流域士子的游学，为学者们的学术交流、传播提供了便利。清代湖南书院通过人才的培养，为湖湘文化传播作出了贡献。晚清湖南各流域文化的交流融合，对湖湘文化的发展产生了重要影响，使湖湘文化以其鲜明的学理性，成为湖南士人的共同学术倾向和价值选择，这就是经世致用的学术取向。经世致用是南宋湖湘学派的传统。湖湘文化的经世致用价值取向及学习西方先进科技的态度，经咸同时期湘军人物的弘扬，到了资产阶级维新和革命运动期间，使湖湘文化发生了近代性的革命转换，涌现出了谭嗣同、熊希龄、唐才常、陈天华、杨毓麟、谭人凤、宋教仁、黄兴等资产阶级改良与革命志士，使湖南人、湖湘文化从四水一湖，汇入浩荡长江，奔流北去，成为近代中华文化洪流中奔涌的波涛。不同流域文化特质构成湖湘文化的绚丽多彩，而流域文化的交融构成湖湘文化的博大精深。[①]

　　傅秋涛探讨了湖湘古代哲学的发展脉络，揭示了其蕴含的三重面相。文章首先给湖湘古代哲学下了一个定义，湖湘古代哲学是指湖湘农业文明诞生以来迄于近代在本地区发生且具有一定传承性的哲学思想。作为中国哲学的地域性学术之一，湖湘古代哲学发生于湖湘农业文明之初，在远古时代的神话传说中即已形成了"艮止之义"与"人心道心之辨"的核心命题思想的雏形，以及以图像为最高表现形态的一种独特的学术传统。文章指出，由神农氏《连山易》中的

[①] 王继平、王凯丽：《湖湘文化的流域视角》，《湘潭大学学报》（哲学社会科学版）2022年第1期。

"艮止之义"出发,湖湘古代哲学大致经历了四个历史阶段:上古至秦汉的巫术思维开创期、隋唐以佛道为主的超越性宗教信仰的发展期、宋明儒学社会论述的铺陈期以及清代在文明危机中的转变期,表现了某种一贯性。其中,周敦颐发挥了承前启后的关键作用。文章从神农、虞舜神话传说开始,通过对各种历史形态的学术派别的核心精神的概括,探讨四个时期湖湘文化体现出来的共同面向,即以时间性(现实性)为追求的价值取向、以"爱智慧"为基本特征的学术定位和以语言符号学为表现形态的三重面相。与此同时,文章还探讨了湖湘文化在发展过程中表现出的一些缺陷与偏颇,如过于执着于对义理的解构而走向完全否定概念理性,使本地学术思想的理论性严重不足;而符箓也往往与各种迷信结合在一起,助长了愚昧;科举场屋之陋习日久成性,养成一批顽儒;等等。[①]

湖湘文化是一种讲求性命道德的性理之学,亦是一种强调经世致用的事功之学,两种性质兼具,也意味着这两种性质间存在着内在精神上的统一性,两者相互影响,相互强化,从而构成了完整的湖湘文化。谢孝明就探讨了湖湘文化精神与千百年来湖湘士人廉而有为的作风之间内在的逻辑理路。文章指出,湖湘文化是中华民族文化总汇的一个重要组成部分。作为一种获得广泛认可的地域文化形态,湖湘文化不仅具有中华文化的共性,而且有其较为明显的精神特质,其中义利之辨、忧患意识、经世致用、实事求是是其精神主体和内核,也是湖湘文化的道与术。湖南士人因其廉而有为所建立起来的辉煌事功皆以此种精神内核为基础。具体而言,"义利之辨""忧患意识""经世致用""实事求是"四者之间有一种内在逻辑关系,由"义利之辨"而明忠义大节,由"忧患意识"而生出对国家社稷的责任和担当,转而为"经世致用"的实际行动,而"实事求是"则成为指导"经世致用"实践的原则,湖湘文化的这些精神内核共同决定了湖湘文化精神廉而有为

---

① 傅秋涛:《湖湘古代哲学的三重面相》,《船山学刊》2022 年第 3 期。

的特点，而湖湘文化精神廉而有为的特点也深深烙上湖湘文化总体精神的印记，而道术与事功之间自有其内在的必然的逻辑关系。①

四 湖湘文化对湘籍人物的影响

湖湘文化具有经世致用、实事求是、崇尚气节和兼容并蓄等方面的精神特质。这些精神特性对于塑造湖南地区的人文气息和文化品格有着重要的影响。湖湘地区在不同历史时期诞生的各个领域的精英人物，或多或少都受到了湖湘文化的熏陶与哺育，塑造了他们的思维方式、行为习惯和价值观念，为他们的成长和发展提供了重要的精神支持和文化底蕴。考察湖湘文化对于湖湘精英的深刻影响，对于我们理解湖湘文化的内涵，感受湖湘文化的魅力，有着重要的价值和意义。近年来一些学者就围绕一系列湘籍人物身上体现出的湖湘文化因素，进行了深入的探讨，取得了一定的成果。

在深受湖湘文化浸润的湘籍人物中，存在着一个颇为特殊的群体，这就是近代以来以毛泽东为代表的湘籍革命家，这一群体人数众多，在近现代中国历史上扮演着举足轻重的角色，产生了十分重大而深远的影响。这群湘籍革命家在中国共产党的建立过程中发挥了不可或缺的作用，湖湘文化的基因也正是通过他们被注入了中国共产党的精神谱系之中。吴争春、陈英就着重探讨了中国共产党建党精神中蕴含的湖湘文化基因。文章首先阐明了伟大建党精神的内涵，包括"坚持真理、坚守理想""践行初心、担当使命""不怕牺牲、英勇斗争""对党忠诚、不负人民"四个方面。而后又阐明了湖湘文化中蕴含的四个优秀文化基因，即忧国忧民的爱国情怀，敢为人先的担当精神，经世致用的济世思想，敢打硬仗的性格特征等。文章指出，伟大建党精神与湖湘文化的优秀文化基因之间是有着深刻内在联系的，"坚持

---

① 谢孝明：《道术的传承与发抒：湖湘文化精神与湖南士人廉而有为的内在逻辑理路》，《地域文化研究》2022 年第 5 期。

真理、坚守理想""对党忠诚、不负人民"蕴含着湖湘文化基因中"忧国忧民"的爱国情怀;"践行初心、担当使命"蕴含着湖湘文化基因中"敢为人先"的担当精神和"经世致用"的济世思想;"不怕牺牲、英勇斗争"蕴含着湖湘文化基因中"敢打硬仗"的性格特质。毛泽东等一大批深受湖湘文化熏陶的湘籍革命家,成为将湖湘文化的优秀基因注入伟大建党精神的历史主体,使伟大建党精神深深地打上了湖湘文化的烙印。①

李珍珍、彭培根也探讨了湖湘文化在中国共产党人精神谱系生成与赓续中扮演的重要角色。文章指出,中国共产党人精神谱系根植于中华优秀传统文化的沃土,汲取博大精深中华优秀传统文化所蕴含的丰富哲学思想、人文精神、道德理念,是对中华优秀传统文化的创造性转化和创新性发展。而湖湘文化作为中华传统文化的重要组成部分,以毛泽东同志为主要代表的湘籍共产党人深受湖湘文化的熏陶,这就决定了湖湘文化对以伟大建党精神为源头的中国共产党人精神谱系的形成和发展具有毋庸置疑的历史贡献和现实意义。文章首先阐明了探源中国共产党人精神谱系中的湖湘文化具有的重要意义,主要体现在三个方面,即有利于拓宽中国共产党人精神谱系的理论研究,有利于激发奋进新时代的精神伟力,有利于湖湘文化的创造性转化和创新性发展。随后文章具体论述了湖湘文化对中国共产党人精神谱系的贡献,具体包括六个方面,即心忧天下的文源浸润中国共产党人精神谱系,上下求索的文脉熏陶中国共产党人精神谱系,实事求是的文风滋养中国共产党人精神谱系,不染不妖的文气提纯中国共产党人精神谱系,我自横刀的文胆融入中国共产党人精神谱系,经世致用的文道影响中国共产党人精神谱系。在此基础上,文章提出了在新时代赓续中国共产党人精神谱系的具体路径,一是要植根历史深处,持续深化党史国史学习教育;二是要立足时代大势,持续丰富精神谱系时代内

---

① 吴争春、陈英:《伟大建党精神中的湖湘文化基因》,《湖南省社会主义学院学报》2023年第5期。

涵；三是要着眼自身建设，持续改进党员干部优良作风；四是要聚焦国之大计，持续用好精神伟力指导实践。①

在群星璀璨的湘籍革命人物群体中，毛泽东无疑是最为耀眼的那一颗，而他也毫不例外地受到了湖湘文化的深刻熏陶，可以说，毛泽东思想中同样蕴含着湖湘文化的基因。周述杰、饶健、朱小宝在探讨湖南与毛泽东统一战线思想的形成之间的关系时，就明确指出在湖南接受的湖湘文化熏陶为毛泽东统一战线思想的孕育和萌芽提供了文化土壤。文章指出，在中国历史尤其是近现代史上，湖湘文化以其独特的风采在中华民族一体多元的大文化中独树一帜，也对毛泽东统一战线思想产生了极为深刻的影响。比如，受湖湘文化中宽容和谐理念影响提出民众联合的思想，受湖湘文化中对立统一说影响提出又联合又斗争的思想，等等。②

1918年，毛泽东、蔡和森等人在长沙组织成立了新民学会，这是中国五四时期发起最早、影响最大的进步团体之一，新民学会中的大部分成员后来接受了马克思主义思想，走上了革命的道路。董方明就追寻了新民学会成员大多接受马克思主义思想的内在原因。他认为，新民学会大多数会员之所以选择、接受马克思主义，有着最深层次的传统文化基础。首先，中华传统文化中"修齐治平"的价值追求，使中国人普遍养成一种"救世济民"的慈悲情怀，为新民学会会员接受马克思主义提供了深层动力。其次，中国传统儒家追求"天下为公"的大同理想为新民学会接受马克思主义提供了心理认同基础。最后，湖湘文化为新民学会接受马克思主义奠定了地方文化根基。新民学会作为在长沙成立，且主要由湘籍革命人物组成的社会团体，深受湖湘文化的影响，湖湘文化讲求"知行合一"

---

① 李珍珍、彭培根：《中国共产党人精神谱系的湖湘文化探源及时代赓续》，《湖南广播电视大学学报》2023年第3期。

② 周述杰、饶健、朱小宝：《湖南是毛泽东统一战线思想的重要策源地论析》，《上海社会主义学院学报》2023年第5期。

的经世倾向、"以天下为己任"的爱国情怀、"日新不息"的进取精神等思想的长期浸润，为新民学会会员感受新世界、接触新思想奠定了基本的学问基础和人格基础，为他们接受马克思主义奠定了地方文化根基。[①]

在湘籍革命家之外，近年学界还对其他一些历史上的湘籍人物与湖湘文化的关系进行了考察，探讨了湖湘文化在他们身上留下的印记。李雯欣、张莉莉就分析了湖湘文化对胡曾诗歌创作的影响。胡曾（约840—？年），号秋田，邵阳人，是晚唐时期湖湘地区的著名诗人，以咏史诗见长，《全唐诗》中收录其诗歌多达150首。胡曾创作的诗歌中有不少就凸显出湖湘文化的影响。文章指出，胡曾喜欢将咏史诗与湖湘文化紧密相连，湖湘文化的历史文化意象与隐逸传统都融入他的咏史诗创作中，其表现出来的湖湘文化特征对后世产生了深远影响。文章具体揭示了胡曾诗歌受到湖湘文化影响的几个方面，一是荆楚历史文化意象对胡曾的影响。胡曾作为荆楚本土诗人，对荆楚之地的历史文化、山川古迹是再熟悉不过的，他的诗歌也多描述荆楚历史名人遗迹以及神话传说之处。如湘妃、息夫人、屈原、汨罗江、九嶷山、武陵源、荆山、湘川等历史文化意象，都在胡曾的笔下停留；二是荆楚隐逸传统对胡曾的影响。荆楚地区有着深厚的隐逸传统，如庄子的《逍遥游》《渔夫篇》、屈原的《远游》《卜居》等，皆是隐逸文学的名篇佳作。荆楚之地的隐逸传统深深地影响着文人的创作，使得隐逸文学蓬勃发展，胡曾亦深受其影响。

冯琳探讨了湖湘文化对王夫之思想中实践观的影响。文章指出，湖湘学派有别于以"理"为宇宙本体的理学和以"心"为本体的心学，提出了以"性"为本的哲学体系。湖湘学人认为，天地之间实存万物，道、太极与万物不可须臾相离，"性""理"皆实，注重道德修养与经世实用的统一，是宋代理学学派中具有鲜明特色的经世实

---

① 董方明：《新民学会会员接受马克思主义的传统文化基础》，《广州城市职业学院学报》2023年第3期。

学派。在这一哲学体系中，形上与形下是一体不分的，形上之道只能从形下之器中探寻，从而使得湖湘学派形成了"道不离形""得其体必得其用"的哲学思想。这一思想为明末清初的大儒王船山所继承和发扬。船山将湖湘哲学的"道不离形"发展为"道不离器""天下唯器"，否定了脱离具体事物和具体实践而存在的先验之道。建立在"道不离形"基础上的湖湘学派实践观有四个方面的特色，即"学贵力行""致知力行互相发""圣门实学，循循有序""当以实事自律"，船山的实践观在这些方面皆有继承和创获。王船山与黄宗羲、顾炎武并称清初三大儒，但相较顾炎武以经世致用为宗旨，黄宗羲对君主专制制度的批判，船山更热衷于对宋明理学的诸范畴和命题进行的批判性研究。他继承并发扬了湖湘学派的思想，把天、道、心、性等形上观念置于气、物、情、欲等感性存在之中，对理学末流的空疏学风进行了批判，通过构建重行的实践观推动了明清之际实学思潮的发展。通过对王船山实践观的湖湘学溯源，我们可以进一步了解湖湘学派的实学特色及其思想承继。[1]

王友良、康萃分析了湖湘文化对秋瑾的影响。秋瑾是中国近代杰出的民主革命先驱，虽非湖南籍贯，但她一生与湖南渊源深厚，秋瑾的生命历程十分短暂，年仅32岁。她一生辗转于福建、湖南、北京、上海等地，其中在湖南生活了近10年。湖南是她生活时间最长也是对她影响最大的地方，她也因此而深受湖湘文化的熏陶。文章指出，湖湘文化作为中华民族传统文化的分支，具有独特的文化精神，敢于牺牲、敢为人先、敢于担当的伦理精神已沉淀入湖湘文化的基因中，融入湖湘儿女的血液中，世代相传。湖湘文化对秋瑾的影响突出表现在三个方面：一是敢于牺牲的精神。敢于牺牲是湖湘文化的血脉灵魂，湘人的舍身殉国与刚毅顽强的英雄气概代代相传。秋瑾被湖湘先烈感召，敢于牺牲的精神蕴含在她所有的革命

---

[1] 冯琳：《王船山实践观的湖湘学溯源》，《孔学堂》2023年第1期。

言行中。二是敢为人先的精神。敢为天下先是湖湘文化最鲜明的精神特质，秋瑾作为一名深受湖湘文化熏染的湖南媳妇，敢为天下先的首创精神在她倡求妇女解放的过程中表现得淋漓尽致。三是敢于担当的精神。在秋瑾的民主革命、女权运动的思想与实践中，处处彰显着湖湘文化的精神特质。正是湖南独特的自然环境、深厚的文化底蕴成就了这位伟大的女性。①

喻子芯讨论了湖湘文化对湘籍女作家白薇的影响。白薇（1893—1987年），原名黄彰，湖南兴宁县（今属资兴市）人，中国近现代女作家，曾经与冰心、丁玲齐名，因为作品深刻的主题与灵动的笔法享誉一时。她的一生跨越了20世纪的几个重要历史时期，湖湘文化始终贯穿于其文学创作与社会实践。文章指出，白薇的作品集现实与浪漫于一体，是对湖湘文化的继承与发展。具体而言，湖湘文化从四个方面对白薇的文学创作产生了影响，一是湖湘人至情至性的浪漫情怀。白薇的文学创作具有一种深沉隽永的瑰丽感，一定程度上就源于湖湘巫楚文化的浸染。首先，在浓厚巫傩风尚的滋养下，白薇将唯美的浪漫幻想投注于作品，通过传奇性情节使作品呈现出奇异的浪漫风韵。其次，白薇的作品重视将抒情与哲理相结合，氛围渲染与情感表达相融合，具有巫楚文化的悲剧美学内蕴。二是湖湘人心忧天下的政治意识。湖湘文化传统向来强调"经世致用"的治学处世原则、"忧国忧民"的政治忧患意识。纵观白薇的一生，无论是个人经历，还是文学创作，都表现出强烈的政治参与意识与浓郁的爱国情怀。三是湖湘人霸蛮刚倔的不屈精神。艰难困苦的生存环境，造就了湖湘人敢闯敢拼的大无畏精神。每在时代剧变之时，湖南人总是可以凭着这种"吃得苦、耐得烦、霸得蛮"的湖湘精神成为历史的先驱者。受此影响，白薇也形成了一种霸蛮刚倔的性情，尽管遭受过许多非人磨难，但她骨子里始终流淌着湖湘人的不屈精神。四是湖湘人兼收并蓄的开

---

① 王友良、康萃：《论湖湘文化对秋瑾的影响》，《湖南工业职业技术学院学报》2022年第6期。

放胸怀。近代以来，正是湖湘文化兼收并蓄的博大胸怀，促使湖湘人以空前规模引进了西方思想文化和科学技术，湖湘作家也以一种自觉的文化意识，在本土文化和其他文化的交汇融通中，把学习西方的运动推向更高的层次。湖湘文化孕育的兼收并蓄的开放精神，始终渗透在白薇的作品中。白薇的一生吸收借鉴了佛教、马克思主义、西方人本主义等多种思想，这些思想都渗透到她的文学创作中。①

曾慧琳考察了湖湘文化对湖南现代话剧作家群体的创作产生的特殊影响。湖南现代话剧作家是19世纪末20世纪初生长于湖南的一批剧作家，以欧阳予倩、田汉为代表，主要包括白薇、袁昌英、丁玲、向培良、周贻白等。湖南现代话剧作家创作的一个突出风格特征就是充满了浪漫色彩。文章认为这种风格的产生与湖湘地域文化紧密关联。湖湘士人历来就拥有执着追求理想的浪漫精神气质，这一方面得益于湖湘秀丽山水的滋养，另一方面则受益于湖湘本土人民创造的充满神秘色彩、人神共娱的巫傩文化的影响。在奇山秀水以及浓厚巫傩风尚的滋养与孕育下，湖南现代话剧作家或将丰富的想象力投注于作品，通过非常态情节的叙述令其呈现出浓郁的传奇色彩；或借助爱情故事和为了爱情不顾一切的痴情男女形象的描绘，表达崇情尚性的情爱观。同时，受时代风气的影响，湖南现代话剧作家笔下的浪漫还表现出地域文化与时代风雨的别样形貌特征，如直白抒发情爱欲望，表现主体精神自由"灵"与社会现实"肉"间的分裂与矛盾等。②

通过上面四个方面的综述，我们回顾了2022年以来学术界在湖湘文化内涵与源流方面取得的一系列成果，从这些成果中我们可以看到，无论是在研究的内容上还是在研究的方法视角上，都取得了一些

---

① 喻子芯：《论湖湘文化对湘籍女作家白薇的影响》，《湘南学院学报》2023年第3期。
② 曾慧琳：《论湖湘文化与湖南现代话剧作家的浪漫笔致》，《湖南工业大学学报》2022年第2期。

新的进展。其中以下两个方面表现突出：一方面，在将湖湘文化定位为一种地域文化的同时，又能够不局限于此，而是将之置于中华文明的宏观格局中予以考察，注重探讨湖湘文化与中华文明之间的互动与影响。从这种比较观察中，既让我们更为清楚地看到了湖湘文化的精神特质与思想内涵，又促进了我们对丰富多彩的中华文明本身的认知与了解。另一方面，近年的研究突破了仅仅将湖湘文化视作一种历史上存在的文化形态的局限，更加注重探讨其在新时代建设中国特色社会主义进程中如何实现创造性转化与创新性发展的问题。此外，对于湖湘文化精神特质的考察也出现了新的视角，如从流域的角度进行分析等，都给人耳目一新之感。

不过，近年的研究还存在着一些不足之处，主要表现在以下几个方面。一是研究领域和视角仍有所局限。湖湘文化研究虽然涉及历史、文学、哲学、艺术等多个领域，但一些研究过于强调湖湘文化的地域性和民族性，而忽视了其与其他文化的交流和影响。二是理论深度似仍有不足。尽管湖湘文化研究取得了一定的成果，但总体上仍缺乏深入的理论探讨。如何将湖湘文化与全球文化、现代文化进行有效的对话和交流，进而解释其历史价值与现实意义，仍是需要深入思考的问题。三是跨学科研究仍有待加强。湖湘文化研究涉及多个学科领域，但目前的研究中，各学科之间的交流和融合还不够充分。未来的研究需要加强跨学科的合作，以推动湖湘文化研究的深入发展。四是对现实问题还有待强化。虽然湖湘文化研究涉及多个领域，但一些研究过于注重历史和理论层面，而对现实问题的关注不够。未来的研究需要更加关注湖湘文化在当代社会中的发展和影响，以及如何将其应用于解决现实问题。五是对湖湘文化内涵与特性的认知存在着脸谱化、标签化的认知，似乎除了经世致用、实事求是等特质外，再难发掘出其他的精神特质。六是仍然存在着低水平重复性研究的问题，一些研究存在类型化、模式化的特征，多是将湖湘文化的典型特征与一些人物或事件简单联系起来，

· 21 ·

从而得出结论,业已落入俗套。这些问题都是在接下来的研究中需要予以克服的。

当然,学术就是在这种不断发现问题并解决问题的过程中逐渐向前发展的,我们相信在当前哲学社会科学欣欣向荣的大好局面下,在学术界同仁的努力下,湖湘文化研究必将取得更多更高质量的成果。

第二章　思想与学术：中华文化核心道统的传承

长久以来，传统湘学作为一种地域学术，被视为中国古代思想学术的组成部分之一。近年来，越来越多的研究者开始意识到，传统湘学不仅是中国古代思想学术的组成部分之一，更是中华文化核心道统之一。基于此，本章从濂溪学、湖湘学、船山学和近代湘学4个部分，对学界2022年以来的传统湘学研究予以回顾和评析。

一　"理学开山"：周敦颐研究不断深入

周敦颐作为宋明理学的开创者，同时也是湘学的奠基者。2023年9月30日，在周敦颐的故乡，永州市政协召开专题议政性常委会会议，就"全力扩大周敦颐世界影响力"主题开展协商议政，最终形成了《全力扩大周敦颐世界影响力调研报告》及建议案。调研报告从周敦颐及其理学思想的历史地位、重大影响、时代价值等方面进行了阐述。建议案提出，要打造周敦颐理学思想研究高地、传播高地、文旅产业发展新高地，建设高层次研究平台、拓宽国际合作交流、推进国际化进程、将"中国理学文化之乡"品牌打造成国际地理标志等。

周敦颐的哲学著作并不多，主要有"一图"（《太极图》）、"二书"（《太极图说》和《通书》）三种。在这三种著作中，周敦颐构建了一个包含宇宙论、人性论和政治哲学三位一体的哲学体系。学者对于周敦颐的研究也多从"一图二书"入手。

（一）对《太极图》和《太极图说》的研究

《太极图》是由五个图形依次排序组成，展示了太极生阴阳、阴阳生五行、五行生万物的宇宙生成模式。《太极图说》是对《太极图》的解说。2022—2023 年关于《太极图》和《太极图说》的研究则多有新意。袁传志认为周敦颐的《太极图》中存在着一种"复归逻辑"。由于朱熹对周敦颐《太极图》中"原始反终"的解读失之偏颇，从而遮蔽了其中的"复归逻辑"。文章指出，"原始反终"不仅仅是对生死观的描述，而且还具有宇宙论的意义，这就是所谓的"复归逻辑"。这一"复归逻辑"体现在两方面：一方面，周敦颐在宇宙"生成逻辑"中确立了太极的宇宙本原地位，通过"复归逻辑"确立了太极的万物本体意义；另一方面，在人的形神到万事的"生成逻辑"基础上，通过"复归逻辑"确立了"圣人""立人极"的崇高地位。通过两层"复归逻辑"，《太极图》的完整结构得以呈现，"原始反终"获得更准确的解读，太极的本原与本体的复杂性得到区分，"圣人何以立人极"的问题亦得到回答。[1] 赵云云研究了周敦颐《太极图说》的理论来源，指出《太极图说》是对道家思想和儒家思想的双重继承。文章从周敦颐的"太极动静说"分析入手，指出"太极动静论"将老子"静为躁君"的虚静论内化于其动静"互为其根"的思想当中，并在阴阳动静的化生过程之中体现了儒家的"至诚无息"论。[2] 王晚霞则站在比较哲学的视域，探究了《太极图》和《太极图说》对韩国儒学的影响。文章指出，韩国儒学最突出的一个特点

---

[1] 袁传志：《"原始反终"与周敦颐〈太极图〉建构的"复归逻辑"》，《延安大学学报》（社会科学版）2023 年第 5 期。
[2] 赵云云：《由儒道融合视角观周敦颐的动静论》，《合肥学院学报》（综合版）2023年第 1 期。

是拥有数量众多的图像与图说，《太极图》和《太极图说》作为治学方法开启了韩国儒学的图说学思潮，推进了儒学韩国化进程。①

《太极图说》中有"圣人定之以中正仁义，而主静，立人极焉"②一句，作为周敦颐对于道德规范的主张。刘舫主张要重新确立周敦颐"主静"说的思想史意义。文章指出，"主静"源于先秦儒家，汉人明辨"静"字含安静、主宰二义，到了周敦颐独取"主宰"义以揭明人独立于"生生"的道德根据。然而朱熹注《太极图说》只取"安静"义纳入理学体系，从而开启明代倡"静坐"一系，始终无法厘清与禅修的关系。王阳明的"致良知"和刘宗周的"慎独"主张在日用酬酢中实践道德，是真正理解并继承了"主静"思想，对人的道德理性有深刻的察识。周敦颐"主静"说虽然因理学为后世所重视，却因偏读抹杀其道德建构的首创性，所以有必要回到理学之前重新发现"主静"说的思想史意义。③ 郎嘉晨也研究了"圣人定之以中正仁义"句的含义，试图在不超出朱子学义理架构的情况下，能够更加符合周敦颐的本义。文章基于对《通书·师》朱注的解读，指出"圣人定之以中正仁义"就是已发之情作察识工夫，"而主静"就是未发之性作涵养工夫，言察识工夫必须以涵养工夫为本，同时也回应了张栻、吕祖谦、牟宗三和劳思光等人对朱子的批评。④

（二）对《通书》的研究

《通书》又称《易通》，是周敦颐对《周易》和《中庸》之学的总结与发展，由此构建了一个以"诚"为最高范畴的哲学体系。2022—2023 年对《通书》的研究，分述如下。

---

① 王晚霞：《韩国儒学的图说学与周敦颐〈太极图〉》，《东南学术》2023 年第 1 期。
② 周敦颐：《周敦颐集·太极图说》，中华书局 2009 年版，第 6 页。
③ 刘舫：《回到理学之前：周敦颐"主静"说的思想史意义》，《云南大学学报》（社会科学版）2022 年第 6 期。
④ 郎嘉晨：《〈太极图说〉"圣人定之以中正仁义"句探微——从朱学的视角看》，《船山学刊》2023 年第 5 期。

一是对《通书》的整体性研究。学界历来对周敦颐的《太极图》与《太极图说》关注较多,"无极"和"太极"的争论也是理学史上有名的公案,但对于周敦颐的《通书》关注则比较少。魏鹤立通过研究,从立儒家本体(诚体)、举理学纲目(动静)和阐圣人幽微(学圣)三个方面,指出《通书》具有全面、细致入微、逻辑性强的特点。文章认为,从某种意义上来说,《通书》比《太极图说》更能说明周敦颐为什么被推崇为"道学宗主"。[①]

二是对《通书》中核心观念的研究。"诚"是《通书》中的核心观念。吕箐雯立足于本体论和工夫论的双重视域,探究了《通书》中"无为"与"诚"的关系。文章指出,在本体论层面,"无为"是"诚"的映射,不仅是对"诚"之性质的描述,也是对"诚"之发用结果的阐释;在工夫论层面,"无为"继承了儒家原有的修养路径,其"有意之无为"与"自然之无为"的双重路径是普通人朗现"诚"这一本体、为圣成贤的重要工夫。除此之外,文章指出周敦颐的"无为"虽然取自道家,但与老子的"无为"还是有较大的区别,即二者对普遍化的仁义礼智与礼乐教化的态度不同。[②]"神"是《通书》中另外一个需要注意的观念。翟奎凤、曲斌以朱子和牟宗三为中心,研究了周敦颐《通书》中"神"的观念。文章指出,学界没有充分注意和深入研究《通书》之"神"观念以及朱注、牟宗三的评论。周敦颐的《通书》明确以"神"为与"物"相对的形上存在,同时又有遍在性、微妙性、活动性。比较朱熹和牟宗三对于"神"的诠释可以看出,朱熹是以"理"来诠释《通书》之"神"。而牟宗三认为朱熹的"理"是存有不活动的"死理",以这样的"理"论"神",这失落了《通书》之"神"本有的灵妙性。但牟宗三把诚体、

[①] 魏鹤立:《诚体与动静:再论周敦颐对理学的奠基——以〈通书〉为中心的讨论》,《船山学刊》2022年第1期。

[②] 吕箐雯:《双重视域下〈通书〉之"无为"与"诚"关系探析》,《船山学刊》2022年第6期。

神体、理体、心体贯通为一，认为这是一个整体的生生不息的天命流行之体，也是一种富有新意的创造性阐释。① 袁传志则比较了《太极图说》中的核心观念"太极"与《通书》中的核心观念"诚"，指出"太极"和"诚"之间的关系具有多层维度，二者之间既有统一性又存在差异性。"太极"既具有宇宙生成本原的意义，又具有万物本体的特征。而"诚"作为本体既生成于作为宇宙本原的"太极"，又挺立为与人相关的道德与价值本体。从本体的角度来看，"太极"是本然世界的"万物"之本体，"诚"是意义世界的"万事"之本体。②

三是《通书》中的"礼乐"论。《通书·礼乐第十三》云："礼，理也；乐，和也，阴阳理而后和。君君臣臣，父父子子，兄兄弟弟，夫夫妇妇，各得其理然后和，故礼先而乐后。"③"礼先而乐后"代表了周敦颐的礼乐思想。杨抒漫对此进行了研究。文章首先梳理了三种对"礼先而乐后"的解读。第一种是以天理升华"礼"，证成"礼"重于"乐"，又以"敬""和"转化"礼""乐"，坚持"礼乐一体"；第二种是将古时官制与"礼先而乐后"相结合，证成"礼"先于"乐"，"乐"重于"礼"；第三种是割裂"敬"与"和"、"礼"与"乐"的关系，或认为先有"敬"，后有"和"，或认为应在"礼""乐"难两全的情况下舍"乐"而取"礼"。作者进而指出，周敦颐的"礼先而乐后"的基本内涵是"礼乐一体"，但是在不同层面有不同侧重。从实践层面上来说，"礼"重于"乐"；从境界层面上来说，则是"乐"重于"礼"。④

（三）周敦颐其他思想研究

2022—2023 年关于周敦颐学术思想的研究，除了依傍"一图二

---

① 翟奎凤、曲斌：《论周敦颐〈通书〉之"神"——以朱子、牟宗三为中心的讨论》，《周易研究》2022 年第 4 期。
② 袁传志：《论周敦颐"太极"和"诚"关系的二重性及其逻辑展开》，《理论界》2022 年第 8 期。
③ 周敦颐：《周敦颐集·通书·礼乐第十三》，中华书局 2009 年版，第 25 页。
④ 杨抒漫：《周敦颐"礼先而乐后"思想诠释史谫论》，《淮北师范大学学报》（哲学社会科学版）2023 年第 5 期。

书"之外,还有其他方面。汤元宋以程颐的《颜子所好何学论》为中心,考察了理学史上的"周程授受"公案。文章得出几点论断:其一,二程思想之早熟,是受到周敦颐的启发,使得他们立下终身追求儒家圣人之道的志向,终其一生这都是二程极为鲜明的特质;其二,二程从周敦颐处所学得的圣人可学而至的思想及论证思路,使他们尤其是程颐得以在年轻时便崭露锋芒,赢得了相当的声誉;其三,二程最终的思想体系,则非限于早年所学,自有自家体贴出来的义理;其四,朱熹所建立的周程学术联系的内涵,多有基于理学思想成熟后对于周敦颐思想的再诠释。① 孙娜则着眼于周敦颐的教育思想,指出周敦颐在《通书》中所提出的"志伊尹之所志,学颜子之所学"是他教育思想的集中体现。② 尚荣研究了周敦颐的诗文观,指出周敦颐的诗作深受理学思想的影响,流露着他所追求的"孔颜乐处"的境界,蕴含着"主静无欲"的深刻哲理。周敦颐的诗文还对"理学诗"的出现产生了影响。③ 王宁同样从周敦颐的诗文入手,指出周敦颐对文道关系进行总结,主张"道"是理学家们追求的最高本体,"文"只是"道"的感性显现。这种观点对文人群体、文学创作和"文以载道"思潮产生了影响。④ 冯晓庆比较了周敦颐和朱熹对于《复》卦诠释的不同,指出周敦颐以"静"解《复》,朱熹则以"动"解《复》,二者不同的根源在于诚本论与理本论。周敦颐是以诚为本体,倡主静的修养工夫,即复回本体之静;朱熹则以天理为本体,倡静中存养工夫,即《复》的阳动之生机。⑤

---

① 汤元宋:《周程授受说的回顾与再探——以〈颜子所好何学论〉为中心的考察》,《哲学研究》2023年第9期。
② 孙娜:《志伊尹之所志,学颜子之所学——周敦颐教育思想论述》,《湘南学院学报》2023年第4期。
③ 尚荣:《周敦颐的诗文观及其哲理意蕴》,《湖南科技大学学报》(社会科学版)2023年第3期。
④ 王宁:《唐宋儒学形上建构与文道关系的演变——以韩愈、周敦颐为中心的考察》,《人文天下》2023年第4期。
⑤ 冯晓庆:《周敦颐与朱熹对〈复〉诠释的异同》,《合肥学院学报》(综合版)2022年第4期。

周欣、陈安民着眼于周敦颐思想之整体，以"心性义理之精微"来概括周敦颐的学术思想。文章指出，周敦颐的《爱莲说》以修身而不出世、应俗而心灵高洁的"出淤泥而不染"的人生哲学，用道德理想的话语来与主流思想进行"对话"，确立起儒家的"有为"立场；《太极图说》则从宇宙生成本原推衍到人伦心性的终极道理，开天道性命相贯通之先河，培养了宋明以后东亚汉文化圈探讨理学问题的思想基因；《通书》阐释《易》《庸》哲学中的义理思想，建立宋代儒学思想体系，解决了儒家安身立命的人文价值信仰问题。这三重叙述，确立了宋以后中国哲学史的基本脉络，是传承中国千年文明史的正宗。①

总体来说，2022—2023年度，学界对于身兼"理学开山"与"湘学奠基者"的周敦颐的研究，虽然没有跳脱出传统的研究视域，但是研究程度还是在不断地深入，相关研究成果稳中有升，且不乏新观点与新见解。

二 "道南正脉"：湖湘学派研究进一步拓展

"湖湘学"的范围小于"湘学"。"湖湘学"在学术史上是一个专名，特指南宋时期以胡安国、胡宏和张栻为代表的儒家学派。"湖湘学"与朱熹所代表的"闽学"、吕祖谦所代表的"婺学"大致处于同一个时代。黄宗羲、全祖望在编纂《宋元学案》时，即使用"湖湘学派"一词来指代此学术群体。②"湖湘学派"在当时的影响力非常大，南宋理学家真德秀曾说："窃惟方今学术源流之盛，未有出湖湘之右者。"③ 不过到了南宋末年，随着元军攻陷长沙，湖湘学派的门

---

① 周欣、陈安民：《"心性义理之精微"：周敦颐思想学说的旨趣》，《湘南学院学报》2022年第6期。
② 黄宗羲、全祖望：《宋元学案·武夷学案》，中华书局1986年版，第1191页。
③ 真德秀：《真西山集·劝学文》，商务印书馆1936年版，第106页。

人弟子流散，整个学派也趋于式微。2022—2023 年对于湖湘学的研究，主要是围绕湖湘学派的几个代表性人物展开的。

（一）胡安国思想研究

胡安国是湖湘学派的创始人，他与程门高弟过从甚密，私淑程门，因此他在理学史上有上承二程、下启湖湘学派的承上启下的地位。胡安国一生潜心研究《春秋》，其著作《春秋传》记录了他的思想。2022—2023 年的胡安国思想研究，主要围绕胡安国的《春秋传》展开。

宋人研究《春秋》，与当时的时代背景有关。宋代面临着辽、金、西夏等多个少数民族政权的威胁，宋人看重《春秋》中"尊王攘夷"的精神，这也是胡安国《春秋传》的主要思想。庞博研究了《春秋传》的夷夏思想，指出胡安国强调种族维度的夷夏判定标准，希望激发民族情绪攘击夷狄，同时强调，胡安国的攘夷之义与民族主义倡导的对外战争具有很大差异，不能把他的夷夏思想定义为近世民族主义思想，胡安国夷夏思想的主旨仍是维护天下原有秩序。[1] 林美茂、赵雯萱立足于东亚视野，比较了朱舜水的《春秋》和胡安国的《春秋传》，指出胡安国意在"尊王"之统绪，以谨始通贯他旨；朱舜水则意在通过"尊王"之阶序，以虚君敬奉天命。胡安国的《春秋传》作为科举定本一直影响了元明清三朝，在政治上强化了"尊王"的论述；朱舜水指导编纂《大日本史》对德川日本的体制和儒学话语变迁都有所影响，其"虚君"问题一直延续到明治时期。[2] 秦行国考察了胡安国的《春秋传》进入科举考试的原因。文章指出，主要原因有二：其一，程朱理学被元廷推崇，成为治国的意识形态，而胡安国《春秋传》又在程朱理学的谱系之中，因此得到了理学朝臣的支持。其二，胡安国《春秋传》倡导的"尊王"之义完全符合元朝的

---

[1] 庞博：《胡安国〈春秋传〉夷夏思想研究》，硕士学位论文，上海师范大学，2022 年。
[2] 林美茂、赵雯萱：《试论朱舜水与胡安国的〈春秋〉观之异同》，《云南大学学报》（社会科学版）2023 年第 4 期。

"大一统"情势需要,而其提倡的"攘夷"之义,对于已入主中原的元廷而言,其地理、疆域早已超越汉唐,打破了以往夷夏之防的壁垒,因此作为异族的元廷并不避讳。① 其博士学位论文又考察了胡安国的《春秋传》在清代的遭际。文章以清代为主要的历史脉络,结合科举、政治、学术等方面对胡安国进行整体考察,分别从元明、清初、乾隆时期以及晚清不同的历史时期,揭示出学者、官方对胡安国《春秋传》的理解历程。②

王佩琼则关注了胡安国对于"宫灾"的阐释。文章认为,胡安国将宫灾作为建设政治秩序的强大推力。胡安国《春秋传》诠释宫灾以神道设教,恭孝治国,德泽天下,希望通过尊王集权的手段,进而达到尊王中兴目的。胡安国借宫灾阐发的经世思想对宋王朝统治产生了深刻影响。③ 另外,王佩琼还关注到了胡安国有关"宗庙"的论述,指出,胡安国在《春秋传》中对宗庙有一系列的解读,凸显出鲜明的经世价值。其精心诠释的理学思想、正名思想、尊君思想、民本思想为南宋走向中兴之治奠定了坚实的基础。④

《春秋传》阐发的是胡安国的政治伦理思想,陈力祥、汪美玲将其概括为"尊君强本",并总结其基本的内涵为贵德贱利、尊君抑臣和尊华攘夷。⑤ 徐建勇、王成深入挖掘了胡安国《春秋传》中的民本思想,指出一是"重民力,役有时",二是"急民事,谨天灾",三是"赋税任其宜"。⑥ 徐建勇、耿子亮则指出胡安国的《春秋传》中提出了君主的责任,主要是"谨于礼"和"责于政"两个方面。这种角色设计本质上是大一统政治的客观需要,也是实现长治久安、保

---

① 秦行国:《延祐复科与胡安国〈春秋传〉的确立》,《教育与考试》2023年第2期。
② 秦行国:《胡安国〈春秋传〉在清代的遭际》,博士学位论文,湖南大学,2022年。
③ 王佩琼:《胡安国〈春秋传〉宫灾经释特征》,《阴山学刊》2023年第3期。
④ 王佩琼:《胡安国〈春秋传〉宗庙礼制之经世功用》,《齐齐哈尔大学学报》(哲学社会科学版)2023年第2期。
⑤ 陈力祥、汪美玲:《胡安国的"尊君强本"政治伦理思想》,《衡阳师范学院学报》2022年第1期。
⑥ 徐建勇、王成:《胡安国〈春秋传〉民本思想精义钩沉》,《孔子研究》2023年第5期。

障人民幸福的必然要求，并不是维护专制特权。①

在《春秋传》中，胡安国发挥了程颐的"夏时"说，创造了"夏时冠周月"说。李洁通过联系其理论背景和程颐对《春秋》的看法，挖掘了胡安国"夏时冠周月"说的真正动力，以及"冠"字所可能隐含的微旨。文章指出，胡安国对于"春正月"的解释，作了极为谨慎和周密的思考。"夏时冠周月"虽然只有短短几个字，却蕴含了精妙的诠释结构。首先，胡安国所谓的"夏时"来自《论语》，而《论语》作为后来的"四书"之一，在理学中的地位毋庸赘言；其次，孔子既然重视《春秋》，且《公羊》《谷梁》都有类似"《春秋》谨始"的说法，那么，在《春秋》首句"元年春王正月"中，孔子绝无照抄鲁史之理，必是其笔削之结果，笔削必有微旨，微旨又必须"创新"，因此胡安国为了告别旧的经学，就不能完全承袭"周时周月说"，也不能断然反对传统史学视角的"夏时夏月说"，所以"夏时冠周月"就变成了胡安国最理想的选择。同时，把"夏时"和"周月"联系起来的"冠"字，似乎还反映了胡安国以"四书"新义理代替旧的《公》《谷》的旧义理、打造一个"新春秋学"之意向，暗含了"四书学"对"传统经学"的一种超越。②

除了政治思想外，胡安国的理学思想也受到了关注。陈代湘、孟玲探究了胡安国理学思想的来源，指出胡安国的理学思想受到了佛学的影响，其主要表现在三个方面：一是"不起不灭心之体，方起方灭心之用"对佛教"一心开二门"思想的吸收；二是"性善不与恶对"对佛教"性无善恶"论的吸收；三是"平常即是精妙"对佛教"平常心是道"思想的吸收。同时，胡安国也对佛教思想进行了批判，其主要表现也有三个方面：本体论上批判佛教"以理为障"；心性论上

---

① 徐建勇、耿子亮：《论胡安国〈春秋传〉为君角色的责任范式》，《中国哲学史》2022年第5期。
② 李洁：《胡安国"夏时冠周月"与"四书"升格的隐喻》，《现代儒学》2022年第1期。

批判佛教"批根拔本，殄灭人伦"；工夫论上批判佛教"不假证修而语觉地"。①

（二）胡寅思想研究

胡寅是胡安国的长子，与其弟胡宏同为湖湘学派的奠基者。然而，在湖湘学派的研究中，胡寅却一直处于边缘。2022—2023 年，学界对于胡寅思想的研究并不多。胡寅的思想集中在史学思想和辟佛思想两方面，其主要著作有《读史管见》《崇正辩》《斐然集》等。郑炜、石瑞霖研究了胡寅的民族关系思想，指出其民族关系思想主要包括在"天命所钟"论华夷、反对"华夷之交"、"德能配位"为正统、力主北伐、号召复仇以及"内治民安，边圉得人"六个方面。文章认为，胡寅的民族关系思想既反映了时代的特性，又具有强烈的"义理化"倾向，对南宋时期民族关系思想的发展和后世处理民族问题都具有一定的借鉴意义，同时也存在着一定的局限性。②包佳道则研究了胡寅的辟佛思想，指出：本体话语上，胡寅坚持道学规律性、规范性和主宰性的"天理"与运动性、载体性的"气"并行，是人至善本性的根源，批判了佛教性空思想；功夫话语上，以格物、穷理和正心强调道学穷究人伦理则、精察事务之分、批判佛教用心术自诳，以推仁心、别亲疏阐发爱有差等批判了佛教和墨家爱无差等；伦理政治话语上，以无所为而为善批判佛教、法家功利诱人为善，以孝悌忠义来阐发君王当明父子之恩、君臣之义。③

（三）胡宏思想研究

与胡寅不同，同为湖湘学派的奠基者的胡宏，由于自身学术造诣

---

① 陈代湘、孟玲：《胡安国对佛教思想的吸收与批判》，《湖南大学学报》（社会科学版）2022 年第 2 期。
② 郑炜、石瑞霖：《胡寅民族关系思想初探》，《聊城大学学报》（社会科学版）2022 年第 6 期。
③ 包佳道：《话语共同体视域下胡寅道学思想探析》，《安徽警官职业学院学报》2022 年第 3 期。

以及张栻的推崇，成为湖湘学派的代表人物。全祖望曾说："绍兴诸儒，所造莫出于五峰之上。"① 胡宏一生主要从事学术事业，因此著作较为丰富，代表作有《知言》《五峰集》《皇王大纪》等。

胡宏的代表性思想观点为"性本论"，认为"性"是宇宙本体。学界关于胡宏思想的研究，主要是围绕其"性本论"展开。郭敬东指出，胡宏在分疏性、理之别的基础上将"性"提升到了宇宙本体与根源的地位，并由此构建了以"性"为形而上的正当性依据和规则，以符合三代之治理念的大经大法作为制度保障，以具有共治精神的君臣作为实践主体的治道思想体系。从理学发展的脉络来看，胡宏对治道的这种论述将宇宙论、心性论和政治论统一起来，论证了外王事业必由内圣工夫而始的理论逻辑，开显了理学的政治之维，进一步推动了南宋时期理学经世思想的发展。②

朱汉民指出，胡宏往往以"体用"表述"道"的内涵，其中包含的双重思想结构值得进一步分梳。一方面胡宏从哲学思辨的角度论道之体用，作为道之体的性是形而上的终极存在，作为道之用的心是"知天地、宰万物以成性者"；另一方面他从文化价值的角度论道之体用，提出"仁其体，义其用"的论断，仁是儒家文化价值之体，义是儒家革新政令之用。③ 陈力祥、汪美玲比较了胡宏的心性论，认为胡宏的心性论既不是朱熹式的心性二分，也不是牟宗三式的心性为一，胡宏的心性关系应该以体用诠释模式为突破口，明确胡宏之学不能简单地归约为性本或心本，而应当以兼括体用的"道体"称之。④ 杨蓉蓉比较了胡宏的"性"论与其他宋明理学家的"性"论，指出不同于宋明理学的"存天理、灭人欲"，胡宏将

---

① 黄宗羲、全祖望：《宋元学案·五峰学案》，中华书局1986年版，第1366页。
② 郭敬东：《理学政治之维的开显：论胡宏治道思想及其生成意义》，《吉林师范大学学报》（人文社会科学版）2022年第2期。
③ 朱汉民：《胡宏道学体用论的双重意义》，《求索》2022年第3期。
④ 陈力祥、汪美玲：《胡宏体用视域下的心与性为一抑或为二之歧见辨驳》，《石河子大学学报》（哲学社会科学版）2022年第4期。

"性"论从本然之性—好恶之性—善恶之性三个方面层层推进，并以此为背景提出了"天理人欲同体而异用，同行而异情"的理欲观，使得天理人欲"同于性体—同于心体—同于事体"在性本论视域下同时成立。① 李红辉则为胡宏的"善不足以言性"进行了辩护，认为并非朱熹所说的无善无恶的立场。在胡宏话语中，性的含义十分广泛，已超出道德的范围，这应当是胡宏不愿以道德的善来言说性的原因。胡宏认为判断善恶的关键在于"发而皆中节"，并据此提出了尽心成性、成仁的观点。②

除了本体论，胡宏的工夫论也受到了学界的关注。张洪义将胡宏的"察识"定义为双重"察识"说。察（识）"性"与察（识）"仁"。"察性""识仁"的主体是学者。学者"察性"，意指对"全体之性"有局部的理解从而取得处置具体事物的规范；学者的"识仁"工夫，意指在体贴内心源发的价值事实基础上，通过"推扩""涵养"的环节，将之安住、化入内心，实现道德生命的成长。双重"察识"活动是异质的，但在工夫实践上是相互支撑的："识仁"的能力保证了"察性"的开展，而"察性"给予"识仁"以反思和调适的根据。③ 贾超则比较了朱熹与湖湘学派的工夫论，指出朱熹与湖湘学派的辩论主要围绕着察识涵养的先后关系、观过知仁、知行先后三个问题展开。这场辩论的焦点是如何理解"知"，湖湘学者延续胡宏的主张，认为人生而无知，为学始于察识，朱熹的看法则是，人生而有知，修身本于涵养。双方辩论的根源，是对于心性有不同的看法。湖湘学者严守师说，坚持性体心用的观点，朱熹则通过"性即理"和"心主性情"两个命题对其学说进行全面的梳理与改造。④ 胡蝶着眼于胡宏的礼学思想，指出，胡宏重视以礼修身、以礼治国，自觉承担起振兴儒学的历史使命，

---

① 杨蓉蓉：《性本论视域下胡宏理欲观研究》，硕士学位论文，兰州大学，2022年。
② 李红辉：《胡宏"善不足以言性"释义辨析》，《人文天下》2023年第2期。
③ 张洪义：《胡五峰的双重"察识"说》，《哲学研究》2023年第7期。
④ 贾超：《朱熹与湖湘学派"察识""涵养"先后之辩的原因探析》，《上饶师范学院学报》2022年第5期。

将重振礼乐精神和重建社会人伦秩序作为其礼学思想的核心取向，表现出对现实社会的强烈关怀，具有鲜明的时代特征。其以经说礼、以理说礼的诠释路径遵循了儒家尚德崇礼之风，力图从仁义道德本诸天理自然和人性本然出发，将他的经礼观落实到家国天下一体的仁政观的实践中。他的礼学思想充分体现了对儒家内圣外王之道的发扬与践履，并对张栻、朱熹、王船山等人的礼学思想产生了一定的影响。[1]

（四）张栻思想研究

张栻是胡宏门人，也是湖湘学派的集大成者。张栻继承了其师的思想，尤其是"以性为本"的本体论思想和"于利欲间察识良心苗裔"的工夫论思想。同时，张栻还受周敦颐"太极"思想的影响，形成了自己的"太极即性"的本体论思想。

2022—2023年，学界推出了一批研究张栻思想的成果。其中，陈谷嘉的《张栻传》以张栻的生平为脉络，重点记述和阐释了其以太极、性、理、心为基本范畴的理学本体论思想体系和以"成就人才，以传斯道而济斯民"为目的的教育思想，生动呈现了张栻思想对湖湘学派、湖湘文化的千年发展所产生的深刻影响，以及其传回蜀地后所产生的重要作用。[2]

关于张栻的"太极即性"的本体论思想，陈仁仁指出，汉唐的"太极"观念是宇宙论意义上的"元气论"，而到了宋代则从本体论上来讲"太极"。太极"元气"论逐渐被太极"性"论、"理"论等扬弃甚至消解。在这个过程中，湖湘学派的代表人物张栻的观点很有代表性，张栻不但消解了太极"元气"论，而且将其转化为太极"性"论，对朱熹的太极"理"论有重要启示意义，对中国古代哲学的形上化发展产生了深远的影响。[3] 吴冬梅则认为，张栻本体论说在

---

[1] 胡蝶：《胡宏礼学思想研究》，硕士学位论文，湖南大学，2022年。
[2] 陈谷嘉：《张栻传》，天地出版社2022年版。
[3] 陈仁仁：《"太极"义演变视域中的张栻太极观》，《天府新论》2022年第3期。

某种意义上也可以称为"心学",并进行了详细的论证。①

张栻与朱熹交往甚密,两人经常就理学的重要范畴和问题进行讨论。学界对于朱张观点的比较尤为重视。如乐爱国比较了朱熹和张栻的义利观,指出朱熹和张栻都对"王何必曰利?亦有仁义而已矣"进行了解读。虽然朱熹讲"仁义未尝不利"与张栻讲"仁义之行,固无不利者也"如出一辙。但是两者还是有区别的。朱熹讲"君子未尝不欲利",较张栻对于利有更多的肯定。尤其是,张栻把义利之辨与王道联系起来,而朱熹则更在意"君子未尝不欲利"。②冯梦娜、冯小禄以陈来的《朱子书信编年考证》为基础,梳理了朱张二人关于"四书"的书信内容,指出朱张二人对《中庸》的"中和"、《论语》《孟子》的"仁"等思想关键词进行了深入讨论,认为这对"四书学"形成前期的宋人学术风气有积极作用。③ 田智忠指出,代表朱子"中和新说"的文献中暗含有对张栻"未发之旨"的回应。朱张之间的互动从张栻向朱子寄送《吕氏中庸辨》开始,直到朱子给张栻的书信《诸说例蒙印可》为止,贯穿了朱子"己丑之悟"的整个过程。张栻"未发之旨"的要义包括"心之昭昭分为已发"和"喜怒哀乐之中与寂然不动不同"两点,而这极有可能是触发朱子与蔡元定1169年中的问辨,进而触发朱子"己丑之悟"的原因。④ 朱汉民指出,张栻承担湖湘学统与理学道统传承者的双重身份。他原来坚信二者是统一的,但在其与朱熹的持续学术交流过程中,逐渐产生了许多新的道学共识,并不得不修正胡宏之学,从而面临湖湘学统与理学道统的紧张。将张栻之学纳入从湖湘学术传

---

① 吴冬梅:《张栻心学论》,《朱子学研究》2023年第1期。
② 乐爱国:《朱熹、张栻解〈孟子〉"王何必曰利?亦有仁义而已矣"之比较》,《湖南大学学报》(社会科学版)2022年第4期。
③ 冯梦娜、冯小禄:《朱张书信往还中的"四书学"思想交流考论》,《玉溪师范学院学报》2023年第2期。
④ 田智忠:《论朱张"未发之说"之辨与"己丑之悟"的关联》,《中国哲学史》2023年第1期。

承到南宋道学建构的历史过程来考察，更能够彰显道学体系多元一体的历史建构特点。①

张栻的诗学思想受到了学界的注意。曾维刚着眼于张栻的诗歌，指出张栻的诗渗透着以道自任、忧患民瘼的精神情怀。与社会政治中"汲汲然惟恐其道之终不行"内在相通，赋性冲和、钟情自然是其个性品格的另一面，并对其创作产生影响，自然山水在其诗中表现充分。他主张学者不汩利禄，不眩文采，"淡乃其至"成为其人生境界与诗学追求，他往往以冲和的语言、平淡的意象营造出淡雅诗境。②叶文举指出，张栻对于《诗经》多有研究。张栻以二《南》为本，以政教为中心，注重对《诗经》治国理政思想的探究。作为理学家，张栻的《诗经》研究具有"六经注我"的色彩，部分解读《诗经》的文字已经变成了他演绎自己理学思想的载体。张栻也着力于《诗经》艺术性的分析，在他的《诗经》研究中并没有表现出以文害道的观念，他对《诗经》情感传达的体悟、对赋比兴及其他艺术手法的揣摩，都反映了其较高的文学品鉴力。张栻的《诗经》研究尊《序》较多，保守性较强，再加上没有留下研究《诗经》的独立专书，一定程度上弱化了他在诗经学史上的地位。③王越首先从传统文化中蕴含的天人合一的思想分析人应与自然和谐相处，其次对张栻诗词中所蕴含的生态审美进行了阐释，在此基础上从回归生命本源、与自然冥合、尊重万物以及闲适的生活意趣四个方面阐述了张栻诗词中体现出来的生态美学对现代健康生活的启示。④

除此之外，李永华关注到了张栻的教育思想，并将张栻的教育思想总结为"传道"与"济民"两点，指出张栻倡导的"传道济民"，不仅反映了他对传统教育的继承和弘扬，更体现了他对传统教育的改

---

① 朱汉民：《张栻的学统与道统》，《船山学刊》2023年第3期。
② 曾维刚：《与道进退，淡乃其至：张栻的人生境界与诗歌书写》，《兰州大学学报》（社会科学版）2023年第2期。
③ 叶文举：《再论张栻的〈诗经〉研究》，《船山学刊》2023年第1期。
④ 王越：《张栻诗词中的生态美学思想探析》，《新楚文化》2023年第12期。

造和创新。① 徐鹏则探究了张栻为诸葛亮作传的原因，指出张栻是为了彰显诸葛亮的"正大之体"，将其纳入"天地本心"的范畴，从理论上论证南宋政权的合法性。②

2022—2023 年的湖湘学研究，除了以个人为核心的研究，还有以湖湘学整体为对象的研究。如刘小勤研究了湖湘学派的君主观，指出湖湘学派将君主、君臣和君民置于天理之下，以天理约束君主，又重视臣的主体作用，更高度重视民，体现了中国传统君主观发展至南宋时期的思想特色。③ 陈明则比较了湖湘学与理学的关系，指出以《易传》为体、《春秋》为用的湖湘学属于儒家传统的天人之学，理学则是朱子创发的心性之学，是对"异端"冲击儒学道统地位的回应。以理学化约湖湘学、以四书系统替代五经系统值得反思，在文王、孔子的脉络里整合儒教的个体论述十分必要。④ 从整体上来说，湖湘学研究进一步拓展，依旧是宋明理学研究中的热点。

三 "圣贤学脉，仅此一线"：船山学研究热度不减

船山学是湘学的高峰，也是中国传统哲学的高峰。杨毓麟评价船山说："胜国以来，船山王氏以其坚贞刻苦之身，进退宋儒，自立宗主。当时阳明学说遍天下，而湘学独奋然自异焉。"⑤ 明亡之后，船山隐居避世，将自己的亡国之愤寄托于学术，写就了大量的著作。所谓"自入山以来，启瓮牖，秉孤灯，读十三经、廿一史，及朱、张遗

---

① 李永华：《张栻的"传道"与"济民"》，《文史杂志》2023 年第 3 期。
② 徐鹏：《忠义与正统——张栻作〈汉丞相诸葛忠武侯传〉的缘由探析》，《内江师范学院学报》2023 年第 1 期。
③ 刘小勤：《湖湘学派的君主观探析》，《邵阳学院学报》（社会科学版）2022 年第 6 期。
④ 陈明：《天人之学与心性之学的紧张与分疏——文明论范式中湖湘学与理学关系之厘定》，《原道》2022 年第 2 期。
⑤ 杨毓麟：《杨毓麟集》，岳麓书社 2001 年版，第 35 页。

书，玩索研究，虽饥寒交迫、生死当前而不变"①。船山著述内容广泛，经、史、子、集无所不包。现有《船山全书》16 册，其中经部 9 册，史部 2 册，子部 2 册，集部 2 册，附录 1 册，总计 1000 余万字。2022—2023 年的船山学研究形式多样、内容丰富。为了叙述脉络清晰，下面按照船山诸子学思想研究、船山经学思想研究、船山理学思想研究和船山其他哲学思想研究分而述之。

（一）船山诸子学思想研究

对于老庄道家，船山有深入的研究，著有《老子衍》《庄子通》《庄子解》。船山关于道家思想的论述多集中于这三部著作，后世学者对于船山学说与道家思想关系的研究也围绕这三部著作展开。

陈力祥、颜小梅指出，船山作《老子衍》并不是为了探求老子的本义，而是试图通过"衍其意"的方法去揭示老子"崇智废德"的错误。船山斥责老子以"道"饰"术"，将"为己之学"变为"为人之学"，这样就掩盖了道德实践中的"德"是来自主体内在德性的事实。通过驳斥老子的学说，船山彰显了其追求醇正儒学、挺立儒家治道的意图。②杨抒漫、齐义虎则从思想史的角度，考察了船山对老子研究的意义：船山通过批评《老子》中的"上善若水"和道论，论证了清静无为和道家形而上学如何导向申韩等人的阴术和酷政，在一定程度上解释了黄老道家容易被歪曲利用的原因，且借辟黄老而纯化天理与人欲之辨，彰明异端与儒门之别。但是，船山对于《老子》也有误解。这种误解深化了黄老道家的负面形象，也在一定程度上揭示了黄老道家易被歪曲利用的原因。③

关于船山的庄子研究，王汗青以《庄子解》为中心，指出"物"

---

① 王敔：《大行府君行述》，载《船山全书》第 16 册，岳麓书社 2010 年版，第 73 页。
② 陈力祥、颜小梅：《王船山衍〈老〉"机巧之术"以黜老正道摭论》，《老子学刊》2022 年第 1 期。
③ 杨抒漫、齐义虎：《论王船山对黄老道家的批评及其思想史意义》，《大连大学学报》2022 年第 5 期。

第二章 思想与学术：中华文化核心道统的传承

和"用"两个观念在船山解庄思想中并没有得到足够的重视。"以人役物"（"物物"）或"曲人徇物"的理解都难以脱离价值评判的困境，船山以"浑天"视域收摄"物""用"并进行整合实现了对庄子思想的解构和重建。① "齐生死"是庄子哲学的核心观点。王志俊指出，船山认同庄子以"气"之聚散来解释生死的观点，但是这并不意味着船山认同庄子"齐生死"的观点。因为在船山看来，人死之后个体之"气"散入太虚，而持藏毕生善恶作为的个体之"气"会影响整体太虚之"气"的清浊醇疵，进而影响人间社会乃至未来局势之治乱兴衰。所以儒家仁人君子应以修身尽性之道德践履，涵养扩充己身清醇之气，进而通过气化流行参赞天地之化育。② 徐潇鹏则借助《庄子解》，研究了船山的"天人关系"论，指出船山通过对《正蒙》中"幽明隐显"的深入思考，并且结合《庄子》"天均""寓诸庸"和"随成"等思想资源，形成了以时间意识为特征的"天人关系"范式。③

除了老庄道家之外，船山还对法家提出了批评，这一点体现在他对荀子和管子的态度上。朱锋刚指出，船山探究了荀子性恶说为何一传即沦为韩非、李斯的法家学说，并依此质疑荀子作为儒家的合理性。与朱熹同情荀子救世情怀，仅批评其见识不够不同，船山则认为荀子的思想动机不够深远，见识亦不精深。④ 罗成注意到，船山对管子"仓廪实则知礼节"的观点提出了批评。管子基于春秋时期的社会环境和时代背景，提出了"仓廪实则知礼节，衣食足则知荣辱"的命题，认为道德的产生必须以一定的物质经济为基础。王船山对此观点提出了批评，他重申了礼对于个人和国家不可替代的作用，认为

---

① 王汗青：《"物物"与"用用"——以王船山〈庄子解〉为中心的考察》，《温州大学学报》（社会科学版）2022 年第 2 期。
② 王志俊：《形精不亏，反以相天——论王船山庄子学气化生死观》，《湖南师范大学社会科学学报》2022 年第 2 期。
③ 徐潇鹏：《王船山〈庄子解〉天人观研究》，硕士学位论文，上海师范大学，2022 年。
④ 朱锋刚：《王夫之论荀子》，《中国社会科学报》2022 年 6 月 7 日。

不能简单地将"仓廪实"和"知礼节"看作先后次序的关系，管子的观点实际上是本末倒置。①

船山对于子学十分重视，这从他的经子关系论述中即可看出。吴根友、孙邦金指出，船山"斟酌群心，徐喻至理"的经子诠释理论，开启了近世子学作为经学附庸而终成"大国"的先河，反映了中国传统社会由古典向近现代转型的过程中重塑民族知识谱系与精神结构的内在历史要求。②孙邦金、余辉指出，船山尊经，但也主张从诸子百家之学中汲取精华以获得更为正确合理的知识见解，体现出极为开放和宽广的诠释视域。③

（二）船山经学思想研究

《易》《书》《诗》《礼》《春秋》五经是儒家理论的源头活水，历代大儒对经学皆有研究，船山也不例外。在其留下的著作中，解经的著作占了将近三分之一。王夫之晚年在所居观生堂题写了一副对联"六经责我开生面，七尺从天乞活埋"，表明他首先是一个以六经为根底的经学家。下面按照《易》《书》《诗》《礼》《春秋》的顺序，分而述之。

一是关于船山《易》学思想的研究。船山十分重视《周易》，他自称"唯《易》之道则未尝旦夕敢忘于心"④。他注解《周易》的著作有《周易内传》《周易发例》《周易大象解》《周易稗疏》《周易考异》《周易外传》6种。这6种著作也是学者们研究船山易学思想主要依据的文献。韩贺舟以船山的《周易外传》为中心，研究了船山易学的卦序模式。他指出，船山通过对《序卦传》、汉易京房"八宫

---

① 罗成：《王船山对〈管子〉"仓廪实则知礼节"的批判及其现代启示》，《船山学刊》2022年第2期。
② 吴根友、孙邦金：《尊经抑子，经子兼综——王船山的经子关系思想探论》，《社会科学战线》2023年第2期。
③ 孙邦金、余辉：《王夫之的经子关系论》，《中国社会科学报》2022年7月5日。
④ 王夫之：《周易内传发例》，载《船山全书》第1册，岳麓书社2010年版，第683页。

应世说"和宋易邵雍"先天卦序"的批判，否定了渐消渐长的机械化卦序模式，进而在"乾坤并建"的基础上，提出八卦卦变模式和十二辟卦卦变模式，以显示天道自然、无心自化的神妙不测之理。①王林伟则立足于中西比较的视域，指出船山易学中含有丰富的现象学意蕴。首先，就对存在的整体领悟而言，船山将天道展示为终极的发生境域。其次，就人生在世的基本处境而言，船山将"继善成性"展示为天人之际的源始展开。最后，就人在宇宙中的位置而言，船山将"继天立极"展示为人道的终极理想。这三重展示构成了船山易学思想的义理内核，可以与现象学家们关于宇宙、人生的见解融通无碍。②周广友通过分析船山对"咸"卦的解读，阐发了船山的"感应论"。他认为，船山将"咸"卦理解为"无心之感"，因此兼具"始"和"成"两种含义。"情具而感生"，感应为二气之"相与"，具有"随感随应"的迅捷性。"感""应"与"思"皆为心之功能。心为万感之主，而其应则有贞淫之别，治心之要须在"思"上用功。因此，君子用咸之道在于观万物之情与行咸临之治道。船山的咸卦阐释体现了"明体达用""经世致用"的时代关切与理论建构意识。③

　　2022—2023 年的船山《易》学研究，不仅有新观点，还有新的视角。洪兆旭注意到，学界对于船山易学的研究忽略了船山解《易》的实际生活经验，因此他着眼于船山易学中本有的"几微—成象"之间的解释学循环，诠释了船山解《易》时的实际生活经验，进而从根本上理解了船山易学中的"乾坤并建""象爻一致"等问题的源发意义和源始机制。④ 其博士学位论文则是对这一观点的展开论述。⑤ 另一篇以

---

① 韩贺舟：《王船山〈周易外传·序卦传〉卦序模式辨析》，《文化学刊》2023 年第 3 期。
② 王林伟：《论船山的易学思想及其现象学意蕴》，《周易研究》2023 年第 4 期。
③ 周广友：《从"无心之感"到"治心、治民之道"：王船山的感应论论析——以〈周易〉咸卦为中心》，《衡阳师范学院学报》2022 年第 2 期。
④ 洪兆旭：《船山易学中的解释学循环——两端而一致的"几微"与"成象"》，《周易研究》2022 年第 3 期。
⑤ 洪兆旭：《以"几微—成象"的诠释向度观解船山易学》，博士学位论文，山东大学，2022 年。

船山易学为学位论文选题的是刘恒的博士学位论文。刘恒致力于贯通船山的易学和哲学，指出"象气合一"是贯通船山易学和哲学的关键。"乾坤并建"是船山易学的根本纲领，是船山用以统摄六十二卦的基础。而"乾"是"气之舒"，"坤"是"气之凝"。对乾坤二卦的气本论阐释即是"象气合一"。船山依其气本体论，在肯定世界是真实性存在的前提下，对佛老虚无空寂的世界观和非人生倾向进行了批判，从而为其"明有、主动、刚健、有为"的人生观扫清了障碍。①

二是船山《尚书》学思想的研究。船山注解《尚书》的著作有《尚书稗疏》和《尚书引义》两种。2022—2023年关注船山《尚书》学的学者并不多。王学锋、张梓烨研究了《尚书引义》中蕴含的善政伦理思想，指出其主要是价值之善、主体之善和制度之善，在这个意义上，船山评价《尚书》为"治道之极致"。②程兴丽则研究了船山的《尚书稗疏》体现出来的解经思想，指出船山注解《尚书》不以今例古、以经为本位、确立经典的权威性、特重训诂之学、训诂为正经服务等特点，与宋儒末学空疏解经、主观臆断之倾向形成鲜明对比，对儒家文化的重塑有独特的贡献。③

三是船山《诗经》学思想的研究。船山注解《诗经》的著作有《诗经稗疏》和《诗广传》。其中，《诗经稗疏》以名物训诂为主，《诗广传》则以发挥经义为主。相对于《诗经稗疏》来说，注重义理的《诗广传》更受研究者的重视。纳秀艳解读了船山《诗广传》中"诗象其心"的诗学命题，指出这一命题包含另一个方面，即诗人心中之"象"与读者心中之"象"皆由心灵之所感而生，从而揭示了心灵是诗歌创作的源泉。④高阳以"裕情"来概括船山在《诗广传》中呈现出来的处世修养论，指出船山通过诗情的审美实践寻求道德修

---

① 刘恒：《船山气本论易学哲学研究》，博士学位论文，河北大学，2022年。
② 王学锋、张梓烨：《王船山〈尚书引义〉的善政伦理思想及其现代镜鉴》，《南华大学学报》（社会科学版）2023年第4期。
③ 程兴丽：《王船山〈尚书稗疏〉解经思想管窥》，《古籍整理研究学刊》2022年第1期。
④ 纳秀艳：《王夫之"诗象其心"诗学观》，《原诗》2022年。

养的诠释进路，将人之修养处世的关键锁定于情的对治，构建起"道德—情—审美"和合统一的境界。① 孙雪晴则提出，船山在《诗广传》中提出的"馀裕"思想，包含裕情养性、裕德修身、裕民治国三个层次，对于救治明末竞躁戾气与遗民心态具有很强的理论意义和现实价值。② 战智峰与曲柄烨都对船山《诗经》学的"兴观群怨"进行了研究。前者指出，船山对"兴观群怨"的解释有理学背景，即"喜怒哀乐"是情之体，"兴观群怨"是情之用。"兴观群怨"将情从"私情"的偏狭中引导到包蕴伦理潜能的"道心"之中，这种情感是属于"道心"的普遍的善的情感，能够塑造社会的伦理。③ 后者指出，船山从社会功能的角度对"兴观群怨"进行了诠释，即"兴、观、群、怨"各自发挥其规范作用，同时四者因"情"联结为一个文艺系统相互关联影响。④ 王悦单独研究了船山《诗经》学中的"兴"，指出"兴"有三种含义，并且具有抒发情感、评价标准和伦理教化等方面的作用。⑤

与船山《诗经》学思想密切相关的是船山的诗学思想。除了对《诗经》有阐发外，船山还撰写了其他的诗论著作，如《楚辞通释》《古诗评选》《唐诗评选》《明诗评选》《姜斋诗话》等。这些著作构成了船山的诗学思想。张伟着眼于船山的《楚辞通释》，指出船山将《礼记·经解》中的《春秋》之教"属辞比事"引入《楚辞》阐释是一个极大的创新，"属辞比事"的阐释原则体现在意、辞、事三个层面。⑥ 船山诗论注重"情"，丁友芳、周群指出，船山的"诗以达情"论具有

---

① 高阳：《裕情——王夫之〈诗广传〉中的修养处世论》，《文艺理论研究》2023年第1期。
② 孙雪晴：《王夫之〈诗广传〉"馀裕"思想及其价值》，《衡阳师范学院学报》2023年第1期。
③ 战智峰：《在人心与道心之间——论王夫之"兴观群怨"阐释中的政教因素》，《船山学刊》2023年第3期。
④ 曲柄烨：《王夫之"兴观群怨"说新探》，《文学教育》（下）2023年第4期。
⑤ 王悦：《王夫之的"兴"论》，《广西科技师范学院学报》2022年第6期。
⑥ 张伟：《属辞比事：王夫之〈楚辞通释〉的阐释原则与实践》，《文学评论》2022年第3期。

鲜明的学理、济世及诗道等方面的理论特质。① 孙蓓蓓指出,由于理学家以理害辞的主张,明代兴起了张扬"情"的论调,然而这种论调逐渐偏激,发展为肯定情欲的自然论。船山则以儒家文化价值观念作为"自然"诗学观的内核将滑入情欲的"自然"诗学观拉回了儒家诗教的正轨。② 与之类似,张伟认为船山融合"志""欲""意""理""势",构建了废虚返实的诗学精神和以主情崇正为主要特征的审美情感论,是对明清尚情传统的批判继承。③ 杨兴华关注到了船山的诗史意识,指出船山诗论淡化了对诗学存在本身的微观关注,而聚焦于作家、作品的诗史影响,并以诗史影响作为褒贬扬抑的依据。诗史意识导致船山的诗评存在高估或夸大某些诗人的诗史影响的缺点。④ 何振、葛恒刚则注意到了船山的诗教意识,指出晚年的船山诗歌史视野有所拓展,儒家义理观得到强化,诗教意识更加明显。⑤

除了研究船山的诗论,还有学者研究了船山自己创作的诗。比如焦炯炯总结了船山诗的三个特点:一是大量创作拟诗与和诗;二是广泛运用了先秦典籍中的话语;三是记录了自己的生命历程。并以船山的具体诗篇展开了论述。⑥ 龚悦、张喜贵以船山的《咏怀》为例,指出船山的八十二首拟阮诗表现了自己独特的以义安命、守志不移的立身处世之道。⑦

更多的研究者是从船山的诗学思想本身进行研究的。陈娟指出,当代美学家叶朗对船山诗学的阐释具有独特性,认为"意象"是船

---

① 丁友芳、周群:《王船山诗以达情论的理论特质》,《中南大学学报》(社会科学版)2022年第4期。
② 孙蓓蓓:《王夫之"自然"诗论之正情观》,《青年文学家》2022年第33期。
③ 张伟:《船山诗学"情"范畴对明清尚情传统的批判继承》,《求索》2023年第4期。
④ 杨兴华:《诗史意识与船山诗学话语的独特性》,《衡阳师范学院学报》2022年第2期。
⑤ 何振、葛恒刚:《王夫之对明诗史的建构》,《南京师范大学文学院学报》2022年第1期。
⑥ 焦炯炯:《王夫之诗歌中的先秦文学资源研究——以〈诗〉〈骚〉〈庄〉〈易〉为中心》,博士学位论文,吉林大学,2022年。
⑦ 龚悦、张喜贵:《出入于〈咏怀〉——王夫之拟阮诗探究》,《船山学刊》2023年第1期。

山诗学思想的中心，并以此为基础对王夫之的诗学思想进行体系化。这种对船山诗学思想的阐释，打通了当代美学语境与古代美学思想之间的隔阂。① 徐楠批评了船山诗评，认为其是一种本质主义的思维模式，存在着反对定法而无法解释普遍性、维护典范而无法分疏真伪、评价标准混乱等矛盾。② 张一洲梳理了船山对五言古诗的批评，评述了船山论五言古诗的得失。论文指出船山对古诗体在不同时期的流变及对部分代表性诗人诗风的把握确实能切中肯綮，其对汉魏六朝五言古诗流变的总体叙述却呈现出浓郁的复古色彩，其本质原因在于船山的诗乐一体的诗歌功能论。③ 胡诗黎指出，船山诗论中的"镜喻"（心镜取影、两镜相照和一镜空函）受到了华严宗"圆融"思想的影响。④ 陈勇指出，船山的诗学中，虽然借鉴了庄子的"朝彻"之境，但有所扬弃。船山批评了其"有所明而丧其诚"，最终坚守的仍是儒家"诚明同德"的中庸之道。⑤ 吴戬比较了船山与钟嵘的诗学观，指出他们的诗学都兼具儒道互补的特征，但船山更注重现实关怀，具有明显的士大夫情怀。⑥ 黄天飞指出，船山对"工""匠"范畴正反双重性质的开掘，运用"镂刻""雕琢""规矩""模范""炉锤""熔合"等概念来阐发特定的诗学意义，以"藏锋""锻炼"为切入点探讨诗歌结构内部的审美张力。⑦

还有研究者着眼于船山的选诗情况。周玉华通过分析《唐诗评选》对柳宗元诗作的收录情况，认为船山赞同柳宗元忠君报国之情，但是对柳宗元参与政治革新谋划和行动持否定态度。⑧ 同样是以《唐

---

① 陈娟：《论叶朗对王夫之诗学意象思想的阐释》，《船山学刊》2022年第5期。
② 徐楠：《本质主义思维模式中的论说矛盾——王夫之诗歌批评学理疏失探析》，《清华大学学报》（哲学社会科学版）2023年第1期。
③ 张一洲：《王夫之汉魏六朝五古批评研究》，硕士学位论文，辽宁大学，2023年。
④ 胡诗黎：《王夫之诗论中的镜喻》，《船山学刊》2022年第1期。
⑤ 陈勇：《王夫之诗学批评观与〈庄子〉"朝彻"之境》，《文学遗产》2022年第1期。
⑥ 吴戬：《试论王夫之与钟嵘诗学之离合》，《衡阳师范学院学报》2022年第1期。
⑦ 黄天飞：《船山诗学的工匠话语》，《船山学刊》2023年第2期。
⑧ 周玉华：《王夫之对柳宗元诗歌接受情形探究——以〈唐诗评选〉为考察中心》，《湖南科技学院学报》2022年第4期。

诗评选》为研究对象，王铮通过分析《唐诗评选》中对杜甫诗作的评选情况，指出船山以回溯诗教传统，提倡"诗道性情"为选诗歌依据。①吴戬以《唐诗评选》整体为研究对象，指出其中蕴含着船山强烈的整体意识、鲜明的文体意识、深刻的比较意识、清醒的自主意识，反映了唐代诗歌的发展面貌和创作成就，具有高度的审美价值与思想意义。②

四是船山的《礼》学思想。船山关于《礼记》的著作并不多，只有一部《礼记章句》。围绕船山的礼学思想，王文修指出，船山建构了与人性紧密相连的礼说：礼不是割绝人情的天理，也不是人情之外的规范，而是实现了性情贯通、作为人道典范的情。③潘斌指出，船山将"礼"视为天理的体现，这就把"礼"从"五常"中抽出，使其成为"三纲五常"之大本。④

五是船山的《春秋》学。船山注解《春秋》的著作有《春秋稗疏》《春秋家说》《春秋世论》《续春秋左氏传博议》。学界关于船山《春秋学》的研究并不多，而与之有关的历史哲学研究则有很多。船山著有《读通鉴论》《宋论》《永历实录》等，相关研究即围绕这些著作展开。

王志立指出，船山在《读通鉴论》中不仅反思了中国古代历代王朝和明朝国家动荡乃至灭亡的原因，还经过深思熟虑后从民族、国家、民生、风俗四个方面提出了自己的改革方案。他的忧患意识不仅具有深厚的民本思想和强烈的爱国情怀，还具有卓越的前瞻性和深刻的务实性。⑤杨延平则关注了船山对贾谊形象的刻画，指出从《读通鉴论》中可以看出，船山将贾谊视为一个"自异于李斯也不能"的

---

① 王铮：《王夫之选评杜诗研究》，《黄山学院学报》2022年第6期。
② 吴戬：《试论王夫之〈唐诗评选〉的选评特征与教育价值》，《衡阳师范学院学报》2023年第2期。
③ 王文修：《王船山性情观下的礼论》，《哲学动态》2022年第6期。
④ 潘斌：《船山礼学的哲学基础与文化价值取向》，《船山学刊》2022年第1期。
⑤ 王志立：《王夫之〈读通鉴论〉忧患意识探究》，硕士学位论文，云南师范大学，2022年。

权术型政治家。基于此,船山认为贾谊在学问上"粗而不纯",在政术上部分认可但又认为他"不闻道而只为术",在道德上认为他"不丧其贞"但又"刻薄寡恩"。总体而言,船山对贾谊评价不高。①

因为与自己所处的时代类似的缘故,船山特别关注汉末的历史。刘治立指出,船山结合历史事实全面分析了东汉末年曹氏集团崛起的原因,并且还从制度之弊、择嗣之失、用人之失、风尚之失四个方面深刻分析了曹魏灭亡的深层原因。②王浩淼则研究了船山对司马氏的认识,指出在船山眼中,司马氏过于恪守宗法制,善于利用机会进行权势的竞争而无视君主的权威,易代之际甚至采取投敌资夷的手段以图活命。借此船山提出了明朝宗室制度的改革建议,即选"贤"为先、批判资夷助虏者、维护宗室屏藩原则。③船山也注重对宋朝人物的研究。何林军研究了船山的苏轼研究,指出船山对苏轼几乎全是否定性阐释,这延续了洛党和朱熹的看法,其中既有对作为参政主体和学术主体之苏轼的全盘否定,也有对作为文学创作主体之苏轼的接近于全盘的否定。④

关于船山的历史哲学,刘元青将其归结为"因人以成天",指出船山所谓的"因人以成天"有两种类型,其一是"在天子之位"之圣人,如尧舜福泽于民而与天同功。二是非圣人之时君,如汉武帝攘夷拓土,使冥顽之地受到礼乐的沐浴。并进一步指出,船山借"位"以实现外王的思想,是切于历史现实的考量,体现出明末思想家经世致用的思想特征。⑤罗淼则将船山的历史哲学归结为"决定论与非决定论的统一"。文章指出,船山虽然试图通过诠释经典来追溯历史过

---

① 杨延平:《从〈读通鉴论〉管窥晚年王夫之对贾谊形象的接受》,《船山学刊》2022年第6期。
② 刘治立:《王夫之的曹魏兴亡论》,《衡阳师范学院学报》2022年第5期。
③ 王浩淼:《试析王夫之视阈下的司马氏形象——兼论南明士绅对亡国的认识》,《商丘师范学院学报》2022年第4期。
④ 何林军:《王夫之的苏轼阐释:中国古代阐释学的特殊个案》,《中国文学研究》2022年第4期。
⑤ 刘元青:《试析王船山"因人以成天"的历史哲学》,《中国哲学史》2023年第3期。

程中的内在必然性，但这并不妨碍他同样认为历史中具有个人能动性发挥的空间。这即意味着，在船山的历史哲学中，存在着一种使历史决定论和非决定论相统一的视域。① 万莹以船山的《宋论》为基础材料，通过深入解读船山的宋代观，进而从整体把握船山的历史观，文章从船山的正统论和兴亡观等方面展开论述。②

除了五经，船山对于失传的经典《乐》也有研究。马正应指出，船山提出圣人"以乐为之骨子"，以"乐"为情感的根本和实质，其"乐"是内与外、虚与实在精神性与社会性上的统一。③

（三）船山理学思想研究

2022—2023 年的船山理学思想研究，可以从理学的整体性研究、经典的诠释以及理气论、心性论、义利观、工夫论等宋明理学的核心话题上展开论述。

一是船山理学思想的整体性研究。王敔在《大行府君行述》中写道："参伍于濂、洛、关、闽，以辟象山、阳明之谬，斥钱、王、罗、李之妄"，旨在"明人道以为实学，欲尽废古今虚妙之说而返之实"。④ 可见，船山的理学思想是在对张载气学、程朱理学以及陆王心学的批判继承中展开的，相关的著作有《张子正蒙注》《思问录内外篇》。后世的学者也以此为线索对船山理学思想进行了研究。赵阳以"中道一本"为线索，探索了船山对宋明理学的批判与发展。依据"中道一本"的思维方式，船山一方面批评了宋明理学三派对于中道思想贯彻不到位、容易流于异端与俗学的思想成分，另一方面把宋明理学三派的理论成就，尤其是关于天理、良知的论述和修养方法

---

① 罗淼：《决定论与非决定论的统一：王船山的历史哲学》，博士学位论文，山东大学，2022 年。

② 万莹：《从〈宋论〉看王夫之的历史观》，硕士学位论文，东北师范大学，2023 年。

③ 马正应：《以乐为之骨子——船山乐论对先儒的继承和批判》，《贵阳学院学报》（社会科学版）2022 年第 6 期。

④ 王敔：《大行府君行述》，载《船山全书》第 16 册，岳麓书社 2010 年版，第 73 页。

进行经验实在化改造。① 程志华则将船山哲学定位为对宋明理学的重构。② 在本体论方面认为"太极"作为船山哲学本体，在历史哲学方面提出王船山持"基于'演化'的循环历史观"；在儒学史定位方面基于"三期说"给出船山哲学是对原始儒学之"正"、宋明儒学之"反"而明末清初儒学之"合"的定位；在研究方法方面探讨了"内在诠释"及哲学诠释的"道"和"术"，体现出强烈的方法自觉。③ 王兴国梳理了船山的身份，经历了从"理学家"到"早期启蒙思想家"再到两者趋同的"正反合"历程，并提出了将其定义为"儒学正统的重建者"的观点。④ 其实，不仅是周张、程朱、陆王等理学大家，其他影响力较小理学家也在船山的对话范围内。如许家星指出，船山以"忠信即道"反驳双峰（即饶鲁）"忠信之外有道"；以"道者率乎性，诚者成乎心"的道、诚之分批评双峰"诚即道"的诚道合一；剖析知与道、人道与天道、圣德与圣道、鬼神与道之关系，并就戒惧、慎独、敬等修道工夫对双峰说加以辨析。⑤ 在另外一篇文章中，许家星指出，船山以其实事实理之学对双峰《论语》分析之学的批判，可视为道学内部之思想对话，见证了船山之学同样置身于以《四书大全》为载体的、以朱子后学为主的朱子学学术共同体中展开。在对朱子后学展开批判继承之际，船山自身亦融入朱子学的广阔脉络中。⑥

二是船山经典诠释的研究。与之前的汉唐儒学尊崇五经不同，宋明理学以《论语》《孟子》《大学》《中庸》四书为尊，其价值系统和工夫系统也是通过对《四书》的诠释而展开的。在《四书》诠释方面，

---

① 赵阳：《王夫之对宋明理学的批判与发展》，博士学位论文，西北大学，2022年。
② 程志华：《宋明儒学之重构——王船山哲学文本的诠释》，武汉大学出版社2022年版。
③ 宋志明：《再次遇到王船山——兼评程志华教授〈宋明儒学之重构〉》，《燕山大学学报》（哲学社会科学版）2023年第5期。
④ 王兴国：《走着一条否定之否定的道路——关于船山学术身份定性研究的历史回顾》，《船山学刊》2022年第2期。
⑤ 许家星：《道之辩——以船山对双峰〈学〉〈庸〉解的评议为中心》，《华东师范大学学报》（哲学社会科学版）2023年第1期。
⑥ 许家星：《王船山对饶双峰分析之学的批判与吸收——以〈读四书大全说〉对饶双峰〈论语〉解之评为中心》，《南开学报》（哲学社会科学版）2022年第6期。

船山的著作有《四书稗疏》《四书考异》《四书笺解》《读四书大全说》《四书训义》等。关于《论语》，其中"子贡问政"提到兵、食、信三者的重要性排序问题。蔡家和认为船山的解读与朱子不同，其原因在于船山的思考点是弱贫之国的富强之道，而朱子之说则是国家存亡危急应对之道。① 陈力祥、汪美玲则指出，船山之所以异于朱子，是因为朱子和船山分别沿着"内圣"面向和"外王"面向进行阐发的。② 关于《孟子》，陈力祥、吴可指出，船山批判了朱子和阳明对孟子"尽心知性"的解读，并将其重构为"自明善而诚身"的工夫。③ 孙钦香则指出船山通过强调"尽心为知性之实功"，批评朱子"知性乃能尽心"，认可张载"尽心为知性之功"。④ 陈明指出，船山以大体、小体之说，发明孟子"形色天性"之义与"圣人践形"之学，指出人禽之异，正在于人能持续运用形色之身所潜藏的认知与实践能力，以学术之探索与实践之努力，创造与延续文明之发展。⑤ 关于《大学》，船山通过区分"先后"与"先後"，解构了"先后"可能蕴含的时间相继性维度，然后提出了"诚意当以所正之心诚之"与"正心必诚意"的"诚正相因"论。在船山的"诚正相因"论中，船山不仅反对朱子认为诚意与正心两工夫存在主辅关系的观点，还对朱子正心工夫的具体内容进行了批判。在船山看来，正心所正之心乃是仁义之心，而非知觉之心，船山的"诚正相因"论体现了对朱子学的反思和修正。⑥ 关于《中

---

① 蔡家和：《船山对〈论语〉"足食足兵"章之内圣外王诠释——以〈读四书大全说〉为依据》，《船山学刊》2022年第2期。
② 陈力祥、汪美玲：《朱子与船山对〈论语〉"子贡问政"章诠释之双重面向——兼论船山对朱子之驳异》，《朱子学研究》2023年第1期。
③ 陈力祥、吴可：《船山对朱子、阳明"尽心知性"解之批判与重构》，《船山学刊》2023年第4期。
④ 孙钦香：《"心由性发"与"以心尽性"——船山以"思诚"论"尽心"》，《中国哲学史》2022年第3期。
⑤ 陈明：《王船山对孟子大体、小体之辨与"践形"之学的重释》，《中国哲学史》2022年第5期。
⑥ 刘龙：《王船山〈大学〉诠释中的"诚正相因"论探析》，《船山学刊》2023年第3期。

庸》，杨濛认为船山对《中庸》的阐释有独到之处。其宗旨有二：一是"涵泳原书""因文见道"；二是"辨明正学""返本开新"。其诠释方法则为"以易释庸""两端一致""体用解庸"和"实有论庸"。①

三是船山理气论的研究。船山继承了张载的"气外更无虚托孤立之理""天下惟器""尽器则道在其中"的观点。陈力祥、陈平指出，围绕张载的"清虚一大"之天道观，船山对程朱的批判进行了驳正。程朱认为张载以"清虚一大"言道体，有堕入异端的危险。船山则认为张载的"清虚一大"是圆满自足的。②李欢友指出，经过对张载、朱熹二者思想的批判性继承，王夫之的"浑天说"已经成为关于天道运化的学说。③宋志明指出，船山继承和发展张载的气学思想，吸收朱熹思想中的合理因素，建构新气学，达到了新的理论深度。④王可指出，船山批判阳明心学的生死观，构建了以"气"为基础，构建起"气不灭，神亦不灭"的气循环论系统，以普遍精神不灭取代个体精神与意识不灭，使儒家生死观重归理性主义传统。⑤宋志明指出，王夫之批判宋明理学中"理在事先"说和"理在气先"说，力倡"天下惟器"说，实现了世界观视域中由穷理尽性的价值理性向经世致用的工具理性的转向，体现了清初儒学重实学的特色。⑥

四是船山心性论的研究。在心与性的关系方面，船山主张性为体，心为用。这属于本体论层面的问题。沈顺福指出，王夫之以体用论解释性理关系，即性在体中，理在用中。从意谓来看，体即用，性即理，二者同出而异名。但是，从意味来看，性指主体，理指行为，二者显然有别。⑦钟志翔指出船山将"诚"推至最根本的地步，确证

---

① 杨濛：《王夫之〈中庸〉诠释研究》，硕士学位论文，华中师范大学，2022年。
② 陈力祥、陈平：《王船山于程朱对〈正蒙〉"清虚一大"诘难之驳正》，《中国哲学史》2022年第3期。
③ 李欢友：《王夫之"浑天说"的理学渊源》，《自然辩证法研究》2022年第6期。
④ 宋志明：《张载朱熹王夫之气学合论》，《孔子研究》2022年第6期。
⑤ 王可：《船山对阳明心学生死观的批判与重构》，《衡阳师范学院学报》2023年第2期。
⑥ 宋志明：《王夫之与工具理性转向》，《船山学刊》2023年第1期。
⑦ 沈顺福：《性体理用关系论——以王夫之为中心》，《船山学刊》2023年第3期。

了"诚"的绝对必然性，并直贯而下，内化为主体的道德情感，赋予"诚"以实体性内容。① 心性论还涉及了"情"的问题。李超、李萌指出，船山通过批判苏轼和朱熹的性情观，彰明了"性""情"的中庸之道，实现从"两端"到"中和"之道的价值转向。② 在人性论方面，船山主张"性日生日成"。陈力祥、王可探究了船山"日生日成"人性论的本体论依据，指出船山以"气"的能动性消解了天理对人的束缚，以气之可变性冲破了现成良知对人的滞碍，形成了"气日生，性日成"的主体性思想。③ 付彬指出，船山的人性思想包括"日生日成"人性论的本体论、"一体二用"理欲论和"刚健自强"的修养论三个维度。作为一种实践化的儒学，船山人性思想的价值倾向是经世致用和身任天下。它发扬了人性尊严，启发和酝酿了革命精神和近代启蒙思潮，推动了民族觉醒。④ 陈明指出，王船山针对程朱将人之不善归于先天"气禀"或"气质"的观点，提出了一种兼具普遍共通性、特殊个体性以及动态发展特征的人性论。⑤ 人性论还涉及了天人关系问题。谭小毛指出，在王船山的天人思想中，不仅天和人具备相通的物质基础，而且天道人道、天理人欲、天命人性三方面都分别具备天人内在的相通联系。⑥ 周广友指出，船山天人关系论的核心是"以天为宗，以人为归"，"化天之天为人之天"，体现了他既一分为二又合二为一的辩证思维和既以人合天又以天合人的中道思维。⑦ 李长泰指出，船山人本思想的天道依据以乾道、易道和气道三层逻辑进行展开，彰显了天道的行健、吉利和生生的发展方向，并以

---

① 钟志翔：《王船山批判"诚于伪"现象之疏解》，《船山学刊》2023 年第 3 期。
② 杨超、李萌：《从"两端"到"中和"：王船山性情思想重构中的价值转向》，《理论界》2023 年第 10 期。
③ 陈力祥、王可：《船山对朱子和阳明主体性思想的批判与重构》，《船山学刊》2022 年第 3 期。
④ 付彬：《王夫之人性的三个维度》，硕士学位论文，中南大学，2022 年。
⑤ 陈明：《王船山对理学"气质之性"说的检讨与重释》，《哲学研究》2023 年第 8 期。
⑥ 谭小毛：《王船山天人思想研究》，硕士学位论文，安徽大学，2022 年。
⑦ 周广友：《从"本一"到"合一"：重思王夫之的天人关系论》，《中国哲学史》2022 年第 6 期。

此为依据建构了健强、仁吉和生存为根本的人本思想。① 除此之外，李长泰发掘了船山人本思想的地道依据——柔道、顺道和厚道。柔是人本思想建构的本体依据，顺是人本思想建构的致用依据，厚是人本思想建构的和合依据。②

五是船山义利观的研究。义利问题是宋明理学的核心问题之一。乐爱国指出，船山对于义利关系的探讨，大致围绕着程朱所言"仁义未尝不利"而展开，船山继承和发挥程朱义利观而形成的既重义又不轻利且不反对主动求利的义利观，是对儒家义利观的新发展。③ 义利问题又与公私问题紧密相关。刘振华指出，船山对"私"做了合理细致的划分，把私与欲区分开来，提出了合私以成公，使"私"具有正当的合理性，从而使其公私观体现出"别开生面"与"千古之智"的一面，也奠定了王船山公私观在中国伦理思想中的重要地位。④

六是船山工夫论的研究。工夫论是中国哲学特有的论题，在工夫论方面，船山主张"行先知后"。陈力祥指出，船山批评了朱子后学"知先行后"和阳明"知行合一"的知行观，建构了强调实际效用最大化的"行先知后"及"行可兼知"的知行观。⑤ 林雪从来源、内容和所带来的贡献与局限三部分研究了船山的知行观。⑥ 杨超逸通过船山对阳明的批判，探究了船山主张知先行后的原因。⑦ 除此之外，秦晋楠考察了王夫之的"诚意"工夫，并与朱子和阳明的"诚意"工

---

① 李长泰：《王船山人本思想天道依据的三层逻辑建构》，《衡阳师范学院学报》2022年第1期。

② 李长泰：《王船山人本思想地道依据的三层逻辑建构》，《船山学刊》2022年第6期。

③ 乐爱国：《"义而可以利"：王夫之对程朱义利观的发挥》，《湖北大学学报》（哲学社会科学版）2022年第2期。

④ 刘振华：《王船山公私观的主要内容及当代价值》，硕士学位论文，河南师范大学，2022年。

⑤ 陈力祥、汪美玲：《船山对朱子后学及阳明知行观之解构与重构》，《燕山大学学报》（哲学社会科学版）2022年第1期。

⑥ 林雪：《论王夫之的知行观》，硕士学位论文，黑龙江大学，2022年。

⑦ 杨超逸：《伦理世界中致知与力行的合一——道德的能力之知或动力之知争论的王船山方案》，《思想与文化》2022年第1期。

夫进行了比较。他指出，船山的"诚意"工夫有三个特点：其一，"诚意"不仅仅是在念头上打转的工夫，而且是让善心自主发动的积极工夫；其二，"诚意"是心正理善；其三，"诚意"与"致知"可以分开，两者在不同的情况下互有先后。①马萍萍指出，朱熹强调性为心之本，达到化人心为道心的目的，而船山则强调心因性而成，心在性的实现过程中发挥着关键性的作用。这源于他们的思维方式和价值关切不同。②赵阳指出，船山认同"见在良知"说要求的对于本心的肯定，但他进一步从天人关系下的性情关系定位、知觉与心官之间的联系与差别角度，对"见在良知"说的理论前提进行了批判。③吴国梁认为王船山揭示了学圣的价值取向是作圣，并在批判总结传统儒家成圣理论的基础上，创新提出"人皆可以作圣"说。④王占彬指出，王夫之将"存神"发展为"存神尽性，全生全归"的修养理论。存神是通过扩推仁性，践行礼义，以与天道相肖相合，建构仁之流行的人文世界，王夫之的存神尽性思想发展出的超越生死观，对气学视域下的修养论发展有重要意义，也对当代人如何正确看待生死有重要启示。⑤汲容萱从船山的理事观出发，指出船山运用"知行合一""以心循理""尽器"等实践路径去达到对客观事物的如实把握，同时也在丰富自我的内在修行。⑥

（四）船山其他哲学思想研究

除了在传统的中国哲学视域中研究船山，学界还有大量的研究成果是站在西方哲学的视域中去研究船山的思想与学术。

---

① 秦晋楠：《再论王夫之"诚意"工夫的特色及其与朱子和阳明的异同——以〈读四书大全说〉为中心》，《道德与文明》2023年第5期。
② 马萍萍：《朱熹与王船山的心性论之异同》，《衡阳师范学院学报》2022年第4期。
③ 赵阳：《王夫之对"见在良知"说的批判与转化》，《船山学刊》2022年第1期。
④ 吴国梁：《论王船山"人皆可以作圣"说》，《船山学刊》2022年第4期。
⑤ 王占彬：《身死而身之善不死：论王船山"存神以尽性"的修养论》，《安康学院学报》2022年第6期。
⑥ 汲容萱：《王船山理事观研究》，硕士学位论文，沈阳师范大学，2022年。

一是船山的美学和生态哲学思想的研究。纵观2022—2023年的船山学研究，船山美学成为一个研究的重要领域。王任众从体育美学角度研究了王夫之的"现量说"，指出船山对古因明学"现量"概念的解读能够在一定程度上解释体育审美偏向形式化的原因。[1] 谭媛元从画学的角度对王船山的美学思想进行了研究，指出船山美学思想中蕴含着"景以情合，情以景生""身之所历，目之所见"和"以神理相取，远近之间"的画学原理，并阐发了船山美学思想研究的文化价值。[2] 张传友将船山美学定义为"实"情论美学，并指出船山以"气本体论"为核心的美学思想强调"情"源于"性"，肯定合理的"情"和"欲"。其主张的"裕"于情而不"矫"其情，"达"其情而不"力以独用"，以礼乐"豫"情等情论主张，既不同于程朱理学，也与陆王心学拉开了距离。这一带有强烈历史特点的悲壮之思近接黄宗羲，后启戴震，确立了清代"实"情论美学的演进方向。[3] 陈莉指出，在船山看来，情景之间的关系是松散的，景只是触发情感的契机，未必是引发情感的对象。情景关系具有偶然性、瞬间性和神秘性。船山情景论的启示是，意境超越实际利益和现实生活矛盾之上，具有超脱玄远的性质。[4]

船山的生态哲学思想研究也有新进展。高贵朋以船山的"太和"观念为切入点，发掘了船山的生态哲学思想，指出船山"太和"的内涵是"阴与阳和""理与气和"和"天与人和"。[5] 王荣翠指出，船山把人与自然、人与他人、人与自身的关系看成是内在的、本质的和构

---

[1] 王任众：《王夫之"现量说"理论对体育审美的启示及其当代价值研究》，硕士学位论文，牡丹江师范学院，2023年。
[2] 谭媛元：《船山美学思想中的传统画学哲理与文化价值》，《美术文献》2022年第2期。
[3] 张传友：《王夫之"实"情论美学的内在逻辑》，《鲁东大学学报》（哲学社会科学版）2022年第4期。
[4] 陈莉：《意境理论中"情""景"内涵的特殊性——船山的情景论及其对构建意境理论的启示》，《湖南师范大学社会科学学报》2022年第6期。
[5] 高贵朋：《王夫之"太和"视域下的生态哲学思想》，《哈尔滨工业大学学报》（社会科学版）2023年第2期。

成性的，具有循环的生态性、内在他者性、工夫实践性等多重意蕴。①

二是关于船山的认识论和语言哲学的研究。冯琳发掘了船山思想中的实证精神，指出船山"格物"是博取世间万物的现象和数理，用历史和实践证验事理；"致知"是自虚静中获得智慧以明理，通过深度思考而探索隐微的事理，其中蕴含着实证精神。②高贵朋指出，船山通过疏通宋明理学中神性与知性的纠缠，破除了宋明理学形而上学的神话，弥补了中国哲学缺乏认识论的不足，有助于促进科学思维方式的培养和建立。③

还有学者站在语言哲学的角度研究船山思想。如周广友比较了船山和海德格尔的语言哲学，指出船山强调语言参与了"道"的形成。海德格尔则认为，语言从本有而来，与世界、历史同时发生，是大道的方式和此在的最高事件。船山与海德格尔的语言观反映了二人所处时代的东西方哲学传统的核心——本体论与存在论（ontology）的差异。④此外，周广友还指出，船山不仅重视语言，也重视"默识"和"直觉"。⑤

三是船山的伦理学和政治哲学研究。张大为将船山的伦理思想界定为质料伦理学，指出船山之学重视《易》学，继承《易》学中介性、辩证性、立体性思维，遵循孟子的思路，在性、命对举与错综啮合当中，规定人性与人的道德实践的具体性，最终以性成道、定性于善，成就"以天道养人"的质料伦理学。⑥李长泰则将船山的伦理思想界定为人本伦理思想，并从天理、仁义和生命三个维度展开论述。⑦陈红帅将船山的伦理思想归结为"道德贵我"思想，内涵包括依人

---

① 王荣翠：《船山己物之辨的多重意蕴》，《衡阳师范学院学报》2022年第1期。
② 冯琳：《王船山格物致知论中的实证精神》，《江苏社会科学》2023年第4期。
③ 高贵朋：《王夫之理学概念的无神论诠释》，《科学与无神论》2022年第6期。
④ 周广友：《道与言：王船山与海德格尔的语言哲学略论》，《衡阳师范学院学报》2023年第4期。
⑤ 周广友：《从"知言"到"知道"——王船山论本体之知》，《齐鲁学刊》2023年第3期。
⑥ 张大为：《"以天道养人"：王船山论天人啮合与道德实践》，《学术界》2022年第1期。
⑦ 李长泰：《王船山人本伦理的本义建构》，《伦理学研究》2022年第4期。

建极、挺立人道的精神核心，珍生务义、生以载义的现实关切，相天造命、自立自强的实践追求，人存于群、合群兴国的家国情怀和爱国主义精神，以及身任天下、协和万邦的道德理想。①

忠孝问题是伦理学中的重要问题。陈力祥论证了船山的人道思想是如何落到孝道思想上去的。②汪美玲将船山的尽孝思想概括为"函三为一"结构，"三"即尊亲、弗辱、能养，"一"则是指尊亲、弗辱、能养三者统合于以"爱敬之心"为基本依据的孝亲这一行为。③陈力祥、吴可指出，王船山认为，事亲行孝的关键在于"心"的真实发用，以此搭建了以心行孝的孝道思想实践体系。④彭传华以船山对"事亲有隐"的辩护，指出王船山区分了以孝爱、恩情为主导原则的家庭伦理与以公正、正义为主导原则的政治伦理，批判孝的伦理异化，反对以事父的方式事君。⑤陈佳文指出，船山对传统的忠孝思想进行了批判，通过阐发"诚心""尽己"之义，使"忠""孝"和合。⑥何小英、高卓亚指出，船山摒弃以君主为核心的私忠，重新构建以国家、民族为前提的公忠，从而动摇了君主家天下的伦理基础，而且提出"家国殊等""环相而治""虚君共和"的新型君臣伦理形态。⑦

关于公正问题，李长泰将船山的公正思想总结为治制公正论，治制公正论从立制公正思想上展开，立制公正体现在确立纲纪、修明制度和制度简公三个方面对制度进行公正修订。⑧除此之外，李长泰发掘了船山公正思想的天道依据，即乾道公正、天理公正和天地公正，

---

① 陈红帅：《王船山道德贵我思想探论》，《船山学刊》2023年第2期。
② 陈力祥：《船山人道思想探微》，《衡阳师范学院学报》2022年第5期。
③ 汪美玲：《王船山函三为一的生时尽孝思想》，《衡阳师范学院学报》2023年第1期。
④ 陈力祥、吴可：《何以行孝：王船山诚孝之"心"的逻辑展开》，《中原文化研究》2023年第5期。
⑤ 彭传华：《王船山对"事亲有隐"正当性的辩护及其拓展》，《道德与文明》2022年第4期。
⑥ 陈佳文：《王船山忠孝思想探析》，《衡阳师范学院学报》2022年第5期。
⑦ 何小英、高卓亚：《王夫之对传统忠孝伦理下君臣关系的消解与重构》，《南华大学学报》（社会科学版）2022年第1期。
⑧ 李长泰：《王船山立制公正论的三层逻辑》，《哲学探索》2022年第1期。

船山依据乾道大公至正、天理大道公正和天地大善至正建构人道公正道德思想。①

在政治哲学方面，林鹄指出船山反对党争，认为维持良好政治风气的关键是避免出现党争。②吴晋先指出船山通过在正统复兴与遗民存道之间建立起关联，为遗民群体的存在构建了生命意义。③常达指出，王夫之在宋人的基础上，利用文质论的两种构造，将大同与小康的关系分为历史状态与政治法度两种层面。这一做法不仅最大限度弥合了大同与小康的差异，还将二者分别代表的"礼之质"与"礼之文"相结合，创造出新的社会理想——大顺，并以"仁"代"礼"成为新法度的核心。④昌柯杏指出，船山对朱子"絜矩之道"思想提出了批评，认为朱子仍然偏重"絜矩之道"对个人道德修养的作用，而忽视了"絜矩之道"在政治实践活动中所具有的相对独立性。⑤谈天认为，船山对絜矩之道的诠释起于教之之道，以立教为本，推行"恒政"，为道德修养与政治治理划分了严格的界限。船山以政治的角度去探求絜矩之道的实现方式，试图以"恒政"实现教、养、政的统一。⑥桑东辉指出，船山认为天下姓"公"不姓"私"，反对民族间互相侵扰，主张各安其所。⑦

船山学作为湘学的高峰，学界还从整体上对之进行了高度的评价。王泽应将船山学的理论特质总结为"天人合一人为本""动静合一动为

---

① 李长泰：《船山公正思想天道依据的三层逻辑解析》，《衡阳师范学院学报》2023年第1期。
② 林鹄：《变法、党争与士大夫政治——王夫之的政治理论》，《湖北社会科学》2023年第8期。
③ 吴晋先：《王夫之正统论与遗民生命意义的建构》，《船山学刊》2023年第1期。
④ 常达：《文质论视域下的大同与小康——以王夫之为中心》，《中国哲学史》2023年第1期。
⑤ 昌柯杏：《朱子与船山对"絜矩之道"义理诠释之比较》，《衡阳师范学院学报》2023年第4期。
⑥ 谈天：《修己与治人——从朱熹与王夫之对絜矩之道的诠释说起》，《理论界》2023年第7期。
⑦ 桑东辉：《中华民族共同体视域下的王夫之天下观和夷夏观》，《衡阳师范学院学报》2023年第4期。

常""知行合一行为重""义利合一义为先"这种"两点论"与"重点论"的矛盾统一,指出船山之道的核心要义和精湛深蕴集聚着"己群合一群为尚""公私兼顾公为重""华夷一体华为根"等价值命题的智慧精华,有着把精神的建构、价值的追求集聚于事关中华民族前途命运的整体利益、根本利益和长远利益高度的价值导向性,并以"合往古来今而成纯者也"为价值眷注的视点,以"古今之通义"为评判的标准,以"公天下"为制度伦理价值追求,凸显出"保类""卫群"的民族伦理精神的本根性意义,建构起来的是一种"有根有魂"的天下主义。①陈焱将船山在中国哲学史中地位的不断提升称为"船山升格运动"。他指出,"船山升格运动"自同治四年(1865)曾国藩刻《船山遗书》开始,到1982年方克立提出"船山学"为止,共117年。可以分为三个时期:第一是挖掘期,第二是扩张期,第三是高峰期。②其著作《发现王夫之:晚清以来的船山升格运动(1864—1982)》对此进行了细致的考论。③总而言之,学界对于船山学的研究热度依旧不减。

四 "湖南学术,盛于近世":近代湘学研究内容多样

李肖聃在《湘学略》中写道:"湖南学术,盛于近世。"④近代湘籍人物辈出,湘学精神也代代传承。随着"三千年未有之大变局"的出现,救亡图存成为每一位中国仁人志士的首要任务,经世致用成为学术思想的主流。由于近代湘学并没有形成较为明显的学术派别,所以本章以近代湘学代表人物的生卒年月为序,依次述之。

魏源(1794—1857年)是近代湘学的重要代表人物,他继承了清

---

① 王泽应:《船山之道的理论特质及核心价值探论》,《船山学刊》2023年第4期。
② 陈焱:《晚清以来船山升格考论》,《船山学刊》2023年第1期。
③ 陈焱:《发现王夫之:晚清以来的船山升格运动(1864—1982)》,上海人民出版社2022年版。
④ 《李肖聃集》,岳麓书社2008年版,第92页。

代今文经学思想，又融入了湘学经世致用的精神，再加近代西方文化，形成了自己的经世之学。柴敏辉分析了魏源今文经学的特点，指出魏源的今文经学虽然也是"以经术为治术"，但并不是对常州学派的简单继承，而是汉宋兼综的结果。①白晨昭指出，魏源并非全然以经学来诠释其治政思想，而是以经学系统中核心的求实、致用、博通等观念为学，由此他提出"师夷长技以制夷"的主张，希望借此达成其经世目的。②刘庆乐分析了以"师夷长技以制夷"为核心的"魏源方案"遭遇冷落的原因，指出从根本上看是制度衰朽的问题，含有"制夷"内容的"魏源方案"不仅在政治上不合时宜，也与政府既定的扶夷策略根本冲突；其"师夷长技"的文明史观挑战了当时华夷大防的主流意识形态；"魏源方案"的传播困境，也是当时中国现代国家建构的困境。③喻中认为，魏源学术思想中包含了一种近代性的法理学，其核心命题是"法必本于人"，其中包括"立法必本于人"和"行法必本于人"两方面。④除此之外，魏源的经济伦理思想得到了重视。聂婴智、周群指出，魏源的经济伦理思想包括"据义求利"的义利观、"俭奢有度"的消费观、"利商""利民"的价值观。⑤刘锋分析了魏源的"藏富于民"思想，指出包括藏富于农、藏富于商和藏富于工。⑥程蒙、聂婴智指出，魏源的富民思想，重视工商业的发展，主张本末并重的经

---

① 柴敏辉：《"以经术为治术"：兼综汉宋视野下魏源的今文经学》，《船山学刊》2023年第4期。

② 白晨昭：《经以致用：魏源经学观中的经世倾向》，《邵阳学院学报》（社会科学版）2023年第3期。

③ 刘庆乐：《现代国家建构中的"魏源方案"及其传播困境》，《理论月刊》2023年第6期。

④ 喻中：《法必本于人：魏源法理学的核心命题》，《中南大学学报》（社会科学版）2023年第3期。

⑤ 聂婴智、周群：《魏源经济伦理思想及其当代借鉴》，《清远职业技术学院学报》2023年第2期。

⑥ 刘锋：《魏源"藏富于民"思想探论》，《邵阳学院学报》（社会科学版）2023年第1期。

第二章 思想与学术：中华文化核心道统的传承

济观，重视富户，保护富民，鼓励富民消费。① 魏源在学术史上的贡献也被发掘。杨抒漫梳理了魏源对《老子》政治思想的定位，并评价了其得失，认为其得在于发掘了《老子》的救世价值，其失在于混同了老学与黄老学。②

何绍基（1799—1873年）是晚清著名的湘籍书法家，被誉为"清代第一"。欧阳纯辉等关注了何绍基的伦理思想，指出其"经世致用"伦理思想主要体现在艺术道德和社会道德方面。在艺术道德上，何绍基强调学艺要"先学为人""人与文一"。在社会道德上，他强调"忠诚"道德。他的"经世致用"伦理思想，不是通过考据训诂儒家经典的方式来呈现，而是以书法艺术的形式体现出来的。这是他的特色，也是一种道德担当。③

罗泽南（1807—1856年）是近代湘学中的重要人物。崇尚程朱，贬黜陆王，最终归于湖湘哲学传统。胡长海指出，罗泽南的道统思想呈现出宗本程朱、容纳桐城派文道观以及重视湖湘学经世致用的学术特征。罗泽南强调儒家之道自尧舜禹汤以至于程朱的道统传承谱系，排斥陆王，凸显其宗本程朱的学术底色。在道的内涵上，他强调君臣父子等伦理以及修齐治平的儒家理想。在文道关系上，罗泽南主张文以载道，肯定经典以及文章对传承儒家之道的作用。他还批判佛老之学沦儒家伦理于虚空之地，反对词章功利之学丧绝身心性命之道。④

曾国藩（1811—1872年）是洋务运动时期湘籍学者的代表人物。曾国藩学兼汉宋，注重经世，形成了"礼学经世"的思想体系。黄湛梳理了曾国藩之学的三次转向，首先是以诗古文辞为志趣；其次跟

---

① 程蒙、聂婴智：《魏源富民经济思想及其当代启迪》，《濮阳职业技术学院学报》2023年第1期。
② 杨抒漫：《魏源对〈老子〉政治思想的定位及其得失》，《邵阳学院学报》（社会科学版）2023年第2期。
③ 欧阳纯辉、何云峰：《论何绍基"经世致用"伦理思想的内蕴》，《哈尔滨师范大学社会科学学报》2022年第3期。
④ 胡长海：《崇实求理：罗泽南道统思想探讨》，《湘学研究》2022年第1期。

随唐鉴学习理学践履身心功夫；再次专注于文字小学，崇尚清儒汉学，后又重视礼制考证和通礼研究，以期礼学经世。这些领域曾国藩都有深入的学习和思考，最终形成了其宏大深厚的学术面貌。①胡长海指出，曾国藩继承传统，主张重视经典，强调圣人之道在六经；同时强调礼制，认为先王之道皆归于礼。在道的传承上，曾国藩认为道以文传，批判崇道抑文及汉宋之争。曾国藩根据义理、辞章、考据三重标准，构建了排列文王、周公、孔子等传统圣贤人物，容纳司马迁、班固等史学家，周敦颐、朱熹等理学家，韩愈、欧阳修等文学家，许慎、郑玄及秦蕙田等考据学家的道统谱系。曾国藩重视义理，又肯定考据训诂，强调道以文传，重视文学与史学。其道统谱系容纳汉学、宋学、文学、史学代表人物，凸显出其道统思想以求实求是为精神旨归，以及超越汉宋、兼容文史的学术特征。②关于曾国藩的"礼学经世"思想，潘斌、邹艳梅研究了曾国藩的礼学思想，指出曾国藩认为，过于强调汉、宋之别，势必造成两派水火不容，无益学术和治术。通过回溯学术史，他认为只有礼才是汉、宋学术的根本；从事礼经研究，可以避免汉学家的"支离"和宋学家的"空疏"。③凌鹏细致探讨曾国藩在书信和文章中对于"礼"的论述，认为曾国藩"礼学经世"说的最终含义，是要通过对于制礼之义和当代之"世"的结合，实现汉学与宋学融合，由此达到礼学经世的目的。④步婷婷研究了曾国藩"孝"思想，指出其中包括"祭祖行孝""养亲尽孝""事君为孝""孝悌"这四个主要部分。⑤王飞阳则为研究了曾国藩的赋论，指出曾国藩的赋论以小学为本，着眼学问，强调用字精确且立

---

① 黄湛：《1840年代的京师学术圈与曾国藩治学的三次转向》，《安徽史学》2023年第4期。
② 胡长海：《超越汉宋：曾国藩道统思想的逻辑展开》，《船山学刊》2022年第2期。
③ 潘斌、邹艳梅：《礼与学术、风俗和教化——曾国藩礼学思想及实践研探》，《江西科技师范大学学报》2022年第3期。
④ 凌鹏：《"世变方殷"中的"礼学经世"演变史——兼论曾国藩汉宋之学与经世学的融合》，《北京大学学报》（哲学社会科学版）2022年第3期。
⑤ 步婷婷：《曾国藩"孝"思想研究》，硕士学位论文，湖北大学，2023年。

第二章 思想与学术：中华文化核心道统的传承

足现实关怀，视赋为经世之用，注重修身。①

左宗棠（1812—1885年）以政治家、军事家而闻名，思想学术方面的贡献则有限。张博文注意到了左宗棠的教育思想。文章以左宗棠家书为文本依据，从伦理学视角对其家庭道德教育思想进行系统性阐释与反思。②夏新华、徐小芳指出，左宗棠不再局限于传统的经世致用，而是上升为经国济邦之大局，以国家为己任，推动了中国传统礼法的发展和转型。③

郭嵩焘（1818—1891年）作为中国首位驻外使节，其学术思想受到了西方的影响。潘斌指出，在郭嵩焘的观念中，礼意在逻辑上优先于礼仪。在此观念之下，他主张不同的时代有不同的礼仪，而礼意却始终如一。其认为"俗"与"道"是相违异的。尽管如此，由于风俗与人们的生活密切相关，与礼也有着密切关系，因此在制礼之时不得不考虑风俗。在英国伦敦期间，郭嵩焘在与英国人的交往中集中体现了"礼从宜，使从俗"的外交理念。④李敬峰、刘俊指出，郭嵩焘以朱子哲学体系建构的核心依据《大学章句》为切入点，兼采汉宋，无所依阿，诉诸经世，从文本到义理向朱子展开系统的辩难，显豁出依违朱子的鲜明特质。它一方面绾合汉学、宋学和经世致用之学，从政治哲学的角度开显出诠释《大学》的新维度；另一方面在理学中兴的视域下，以"尊经即所以尊朱子"为宗旨，指明判释朱子的新视角和新方式。更为重要的是，由郭嵩焘这一个案透显出晚清经典诠释为现实政治服务的浓郁色彩。⑤李会军指出，郭嵩焘从多层次论述了"诚"的意义结构，并由此重塑了"圣贤—豪杰"型理想人格，凸显了人在

---

① 王飞阳：《小学为本、经世为用：曾国藩的赋论思想》，《船山学刊》2022年第6期。
② 张博文：《左宗棠家庭道德教育思想研究》，硕士学位论文，浙江财经大学，2022年。
③ 夏新华、徐小芳：《儒表法里，经国济邦：左宗棠的法治事功钩沉》，《湘学研究》2022年第1期。
④ 潘斌：《郭嵩焘礼学思想研探》，《辽宁师范大学学报》（社会科学版）2022年第6期。
⑤ 李敬峰、刘俊：《郭嵩焘〈大学章句质疑〉对朱子的辩难及其思想史意义》，《中州学刊》2022年第9期。

天人之道中的主体性地位，使"诚"成为道论与社会政治思想的基本观念，尤其在实践中开启了中国外交、教育的近代化。①席子豪指出，早年的郭嵩焘在出生地湖南，受到湖湘文化的影响，形成了以周制为核心的理学知识体系，但是由于不能对现实产生影响，所以只能徘徊在周制和秦制之间。出使之后的郭嵩焘，主张以西制作为援引，变秦制为周制，以达到"以复古求解放"的目的。②

王闿运（1833—1916年）是近代湘籍学者中有名的经学家。他继承湖湘文化经世致用的传统，治经以致用为目的，尤其擅长今文经学。舒习龙通过研究王闿运的《湘绮楼日记》和《湘军志》，指出王闿运在近代新旧转化的大背景下，其史学批评没有有效地吸收西方史学批评的理论与方法，仍是传统史学批评话语的再阐释，缺乏深度的、符合时代需要的新阐释。③另外，他指出，王闿运的经学思想延续了今文学派的治经思路，体现了经邦治国、济世安民的经学宗旨，对经学的烦琐和空腐皆有所针砭。④冯静通过研究王闿运的《春秋公羊传笺》，指出礼例的结合可谓王氏新创，是王闿运春秋学的基本特征。王氏以时月日例贯彻《公羊》的多种例，结合《春秋例表》进一步论证时月日例在王氏作笺中秉持的统领性思想，体现时月日中所蕴含的微言大义以及王氏春秋学中所蕴含的独特思想。⑤

皮锡瑞（1850—1908年）是维新运动时期的湘籍经学家，主今文经学，其著作以《今文尚书考证》《经学通论》和《〈王制〉笺》最为有名。刘岳兵介绍了皮锡瑞在日本学界的影响。文章指出，狩野直喜

---

① 李会军：《郭嵩焘的"诚论"对湖湘哲学的新开拓》，《岳阳职业技术学院学报》2022年第3期。
② 席子豪：《周制、秦制与西制——士人郭嵩焘观念中的政制》，硕士学位论文，华中师范大学，2022年。
③ 舒习龙：《〈湘绮楼日记〉所见王闿运史学研究》，《淮阴师范学院学报》（哲学社会科学版）2022年第4期。
④ 舒习龙：《日记视域下王闿运的宋学观与宋史评论》，《求索》2022年第1期。
⑤ 冯静：《王闿运〈春秋公羊传笺〉释例研究——以时月日例为中心》，硕士学位论文，上海师范大学，2022年。

的经学研究，特别是终其一生都非常关心的《春秋研究》深受皮锡瑞经学思想影响。其弟子小岛祐马作为京都大学中国哲学学科中社会思想史研究方法和学风的开创者，不仅标点了皮锡瑞的《经学历史》在日本出版，而且将其公羊学思想运用到自己的社会思想史研究中，并在晚年提出只有中国文化才是通向世界和平的唯一之道。① 关于皮锡瑞的易学观，宋琪通过研究皮锡瑞对河图和洛书的批判，指出皮锡瑞主义理切人事、坚持儒道之分、推崇孔子的易学特色，进一步推动了学界对图书之学的反思。② 金小方指出，皮锡瑞的易学研究有三个特点：一为立足于今文经学，二为重义理而不废象数，三为兼综古今、汉宋。③ 关于皮锡瑞的《春秋》学，刘禹彤指出，皮锡瑞发扬汉代公羊学的假托义，借助宋儒分离事与义的解释框架，同时综合常州公羊学和晚清公羊学，提出折中性质的"借事明义"，一则整合公羊学内部的非常异义，二则取代渐生歧义的"王鲁说"，成为公羊学的入门法则。④ 除此之外，赵培指出，皮锡瑞对于今古文分判标准影响巨大，其中包括文字和经说两条，并指出了皮锡瑞这两条分判标准的缺陷。⑤ 吴仰湘梳理了皮锡瑞《经学通论》的成书过程以及稿本的大致情况。⑥ 王然怡聚焦于皮锡瑞的后半生，全方位展现其经历和思想。在此基础上，探究了他与时代的联系与互动，特别是时局动荡与社会变迁对他处世态度、日常生活的影响。⑦ 贺晓玲关注了皮锡瑞的咏史诗，指出皮锡瑞咏

---

① 刘岳兵：《近代湘学与京都中国学——从皮锡瑞到狩野直喜、小岛祐马》，《南开学报》（哲学社会科学版）2023 年第 3 期。
② 宋琪：《皮锡瑞图书批判说辨析》，《武陵学刊》2023 年第 6 期。
③ 金小方：《论皮锡瑞易学研究的特点及其在清代经学中的地位》，《船山学刊》2022 年第 3 期。
④ 刘禹彤：《皮锡瑞〈春秋〉"借事明义"的根基与限度》，《人文杂志》2023 年第 6 期。
⑤ 赵培：《皮锡瑞今古文分判标准申说及两汉今古文学之经典观念》，《古籍研究》2022 年第 2 期。
⑥ 吴仰湘：《皮锡瑞〈经学通论〉成书过程及初稿本述略》，《古典文献研究》2022 年第 2 期。
⑦ 王然怡：《晚清士绅皮锡瑞研究（1892—1908）》，硕士学位论文，河北师范大学，2022 年。

史诗的创作方式可分为读书咏史、旅途凭吊两种，特点是往往以中心意象为主，通过对古代君臣的探讨，探索经世致用之法。①

谭嗣同（1865—1898 年）是维新变法的主要参与者。面对中西学术的激烈碰撞，谭嗣同的思想经历了从"中学"到"西学"的急剧转变，具体体现在其著作《仁学》中。关于谭嗣同学术思想的研究，与其思想一样，呈现了多种面向。首先是谭嗣同在学术史上的地位研究。郭钦指出，谭嗣同是晚清推动传统湘学转型的代表人物。他对船山的"器体道用"观进行进一步阐释和创新，以论证"变"的必要性；借用船山的重民论，构建了"仁学"的民权观，借用船山的生死观，探索了人生对社会的意义，谭嗣同实际上开启了船山学研究的近现代转型，其船山学研究具有承前启后的历史意义。②栾晨研究了谭嗣同的儒学观，指出其对于晚清社会的重要价值乃至对当前新时代仍然存在的借鉴意义。③其次是谭嗣同的学术史研究。秦天指出，谭嗣同对荀子的批评是一种错位批驳。之所以这样，原因在于谭嗣同在特殊的历史背景下写成《仁学》一书，内忧外患的社会现实促使他急于为中国寻找变法图强的道路，他的意图在于托古改制，从而将荀子视为君主专制式政治的始作俑者，以此来维护孔子与儒学的形象，减少变法的阻力。④魏义霞比较了康有为和谭嗣同的佛学观，指出康有为和谭嗣同的佛学观既带有明显的一致性，又有明显的差异性。⑤吕存凯考察了谭嗣同的"万物一体"论，指出其"仁学"中表达的"万物一体之仁"思想，从表面看是对宋明理学万物一体论的继承和发展，但实际上两者有着重要差别。⑥再次是谭嗣同哲学思想研究。崔东鹤研究了谭嗣同的人生哲学，指出其中

---

① 贺晓玲：《皮锡瑞咏史诗研究》，硕士学位论文，湖南大学，2022 年。
② 郭钦：《谭嗣同对船山思想的创新性诠释》，《求索》2023 年第 4 期。
③ 栾晨：《谭嗣同的儒学观研究》，硕士学位论文，云南师范大学，2022 年。
④ 秦天：《错位的批驳——反思谭嗣同〈仁学〉对荀子的批评》，《黎明职业大学学报》2022 年第 2 期。
⑤ 魏义霞：《康有为、谭嗣同的佛学观比较及其启示》，《孔学堂》2022 年第 3 期。
⑥ 吕存凯：《万物一体论的近代形态——理学视域下谭嗣同万物一体论的考察》，《哲学研究》2022 年第 7 期。

包含灵魂不灭和轮回转世的生死观、万物平等的价值观、绝对的性善论和无我的人生论，以及以利他为目的的人生目的论和人生行为价值取向。① 付佳宁研究了谭嗣同的身体观，指出谭嗣同建构了一种介乎古今中西之间的特殊身体观。具体而言，他的身体观包含三个层次，从实在的"形躯之身"、现实的"政治之身"到终极的"宇宙之身"，层层递进，最终指向"虽杀之亦不死"的烈士身体观。对这一内在脉络的把握，有助于理解谭嗣同何以在肉体、政治、宇宙层面都能勇猛精进、勘破生死，从而进一步丰富对近代烈士精神的认识。② 苏欣冉研究了谭嗣同的实践理性，指出其实践理性的实现方式是"废军统、倡民权""冲决伦常之罗网"和"以心挽劫"，以求达到"大同社会"的理想世界。谭嗣同的思想受到中西方两种文化的影响，在近代中国内忧外患的时代背景下显示出"批判性""平等性""情感性"的特征。③"以太"是谭嗣同哲学思想中的核心概念。马尧研究了谭嗣同的"以太"学说，在分析"以太"内涵的同时，阐明其以太说的思想来源、主要内容，厘清"以太"与"仁"的关系。④

近代湘学发展呈现多样化，对其的研究也呈现多样化。吴仰湘在《近代湘学考述》中梳理了近代以来，湖南经学、诸子学、语言文字学和版本目录学的发展源流、盛衰起伏。并从个案研究的角度，分别对近代湘学的史事、著述或成就等，进行了深入具体的考辨、评述和抉发，涉及南学会以及曾国藩、王闿运、皮锡瑞、符定一、曾运乾、马宗霍等诸多名家。⑤

---

① 崔东鹤：《谭嗣同人生哲学研究》，硕士学位论文，黑龙江大学，2023 年。
② 付佳宁：《"死而不死"：论谭嗣同的身体观》，《政治思想史》2022 年第 1 期。
③ 苏欣冉：《谭嗣同的实践理性》，《辽宁大学学报》（哲学社会科学版）2022 年第 5 期。
④ 马尧：《谭嗣同的以太说》，硕士学位论文，黑龙江大学，2022 年。
⑤ 吴仰湘：《近代湘学考述》，中华书局 2022 年版。

第三章　政治与军事：湖南军政人物的湘学实践

在历年的湘学研究中，湖南地区自古以来的政治与军事是两个被重点关注的领域，尤其近代以来，湖南涌现大批军政人才群体，如以曾国藩、左宗棠为代表的湘军人才群体，以谭嗣同为代表的维新志士人才群体，以黄兴、蔡锷为代表的辛亥革命人才群体，以毛泽东为代表的无产阶级革命家群体，他们的思想和事功深刻地影响了近代中国的历史变革，同时也在社会实践中弘扬了湘学，促进湘学的近代转型。2022—2023年，以人物研究为核心的湖南政治、军事研究主要集中在湘军研究，维新变法、辛亥革命、自治运动与湖南人才群体崛起，湖南抗战研究，以及毛泽东的政治与军事研究领域。这些研究既有在传统议题上的深入拓展，亦有在新的理论与视角影响下产生的新问题，为建构湘学研究的话语体系、学术体系作出新贡献。这些研究成果共同推动湘学研究走向深入，也在很大程度上宣传湘学，提升湘学的社会影响力，为新时代的文化强省建设贡献湘学的力量。

一　古代湖南地区的政治与军事

从先秦至清代，湖南古代历史悠久，史料丰富，湖南古代的政治与军事一度成为地方史研究的重点、热点领域。尤其近年来，湖南地区出土大量秦汉简牍以及三国吴简，为研究古代湖南地区的政治、法律及军事提供了珍贵的史料，众多学者充分利用湖南出土的简牍，深入研究，取得了高质量的研究成果。

20世纪90年代以来，长沙五一广场地区陆续出土东汉至三国时期简牍，包括走马楼、东牌楼、尚德街和五一广场等多宗，具有很强的关联性。刘玥通过跨文献综合研究，主要对以上简牍之中出现的"处""创""刑"等相关词语进行考辨，认为"处"表示"定"，五一广场东汉简牍中的"创"指创伤，走马楼三国吴简之"刑"表示手足伤残，为汉代湖南地区司法提供了新的史料佐证。① 杨小亮的《五一广场东汉简牍册书复原研究》是首部系统整理研究五一广场东汉简牍的专著，通过册书复原与研究，为学界提供了11份内容比较完整、考证精细的东汉诉讼文书，作出了经验示范，代表了井窖简册书复原研究的最新进展，丰富了简牍文书学理论和方法。② 姚远对《长沙五一广场东汉简牍（壹）》中八六至一五五共计七十支简的文字注释进行简文翻译，并对其中涉及的法律名词、术语以及司法内容进行了解读，讨论了东汉时期的基层司法制度，以及在基层司法制度中所涉及的法律问题。③《长沙五一广场东汉简牍地名研究》以长沙五一广场东汉简牍中的地名为研究对象，从五一广场简地名的梳理、地名的注解和地名的分析三个方面对五一广场简进行研究。简牍上有纪年文字"章和""永元""永兴""延平""永初"等。其中最早为汉章帝章和四年（实际为和帝永元二年），最晚为汉安帝永初五年，初步断定该批简牍的时代为东汉早中期和帝至安帝时期。简牍内容丰富，涉及政治、经济、法律、军事等诸多领域，都是当时使用的公文。就行文关系而言，主要是长沙郡及门下诸曹、临湘县及门下诸曹的下行文书，临湘县、临湘县下属诸属诸乡、亭的上行文书，亦有与

---

① 刘玥：《长沙出土东汉三国简牍札记二则》，《中国文字研究》2022年第2期。
② 杨小亮：《五一广场东汉简牍册书复原研究》，中西书局2022年版。
③ 姚远：《长沙五一广场东汉简牍（壹）（八六——一五五）》注释译（三），《出土文献与法律史研究》第12辑，法律出版社2022年版。

外郡县的往来文书以及少量平行文书。①

20世纪末到21世纪初，长沙、龙山里耶、郴州苏仙桥等地城址纷纷出土大量简牍，学术界逐渐意识到这批遗址主要是战国两汉时期的县邑性质（包括侯国）遗址。湖南地区楚汉城址数量众多，其密集程度几乎与现在的县城数量相当。通过对沅、澧水流域楚汉城址的调查发现，里耶古城是楚国西南的一个边防城市，是战国晚期秦楚战争的产物，汉帝国建立后，里耶古城作为边防城市的作用消失，可能是出于管理方便的需要，将县城迁徙到更靠近统治中心的保靖四方城遗址。沅、澧水流域楚汉城址调查基本厘清了秦、楚黔中，秦洞庭、苍梧与汉武陵、长沙等郡的关系。②

秦汉时代的社会身份既有古老身份制的遗留，也有自己的时代精神。这一时期的社会身份有爵者、秩者、庶人、徒隶，还有官私奴婢等，纷繁复杂。但是，剥离纷杂的表层，我们发现秦汉帝国社会身份体系中，主干部分最突出的还是以"爵"和"刑"两个因素调整的身份系统。基于这个思考，贾丽英以里耶秦简为基本史料，从"爵刑一体的身份序列""爵的身份、剖分与变迁""徒隶与身份刑"三部分论证，尝试构建秦汉帝国"爵刑一体"的学术理论并对相关问题进行考证，希望对秦汉社会身份制度的认知有所补益。③

长沙是发现西汉诸侯王园邑资料最丰富的地区。西汉吴氏长沙国历五王、刘氏长沙国历八王，目前已发现的资料涉及长沙国的冢园、园邑和园庙7处，分别为长沙靖王吴著的靖园、定王刘发的定园、顷王刘鲋鮈的顷园，以及定王刘发的定邑和定庙、顷王刘鲋鮈的顷庙、剌王刘建德的剌庙。这些都为研究西汉诸侯王园邑制度提供了坚实的基础。④

---

① 张姝祯：《长沙五一广场东汉简牍地名研究》，硕士学位论文，济南大学，2022年。
② 高成林：《湖南汉代考古概述》，《南方文物》2022年第2期。
③ 贾丽英：《出土简牍与秦汉社会身份秩序研究》，中国社会科学出版社2023年版。
④ 李银德：《西汉诸侯王墓园邑制度的几个问题——以长沙走马楼西汉简牍为中心》，《考古》2023年第4期。

第三章 政治与军事：湖南军政人物的湘学实践

在清代的邮驿体系中，铺司负责地方日常公文的传递，铺兵则是铺司中的承役人员。通过分析家谱文献中有关铺兵的资料，可以对这一差役的实际运行有更为细致的了解。清代铺递制度在全国各地的实施情况各不相同，两湖地区尤其是湖南的独特性则更为明显，即存在大量永充铺兵承担铺差的情况。清代湘潭县的铺兵永充制能够一直维持下去，离不开宗族制度的运行。差期得以分派下去的前提是宗族的发展，房支不够，差期则无法分派，差期分派过程中出现诸如房支绝户、差田转移、田土纠纷等事项，都要在族众的公议下予以解决，设立公产雇役同样是在宗族内部商议确定。承接差役在一定程度上也推动了家族的整合。可以说，差役的维持与宗族建设之间是相辅相成、互相促进的关系。①

迄今为止，学界关于清代湖南少数民族地区改土归流的研究成果已十分丰硕，研究内容既包括全国视野下改土归流的综合研究，又包括对改土归流原因、目的、过程、善后问题及其与地方政治、经济、文化、民族等相互关系的专门研究。综观已有成果，仍存在部分可商榷与深入之处。周妮通过梳理湖南"苗疆"地域内所有土司改土归流的相关奏折，全面重新认知湖南"苗疆"各土司改土归流前，清廷思考与准备的过程、改土归流的进程及改土归流的善后举措，一方面探讨不同文本所记载改土归流时间差异的原因，另一方面通过对整个过程的把握，从地理位置、土司与清廷关系等方面，探析清王朝湖南"苗疆"土司改土归流先后次序选择的影响因素。改土归流对于"苗疆"从一种特殊区域转化为普通区域，是一个客观的过程，因此有必要明晰其起始与完成时间。雍正《硃批奏折》详细记载了这一区域土司改土归流的整个过程以及不同时间节点清朝廷的举措，反映这一区域改土归流过程中清廷对区域环境的认知与严密思考，呈现出当时土司自身实力、所处地理位置及其与清廷关系等，对最终改土归

---

① 吴族勇：《清代湖南的铺兵永充制及其实践——以湘潭县为中心的考察》，《清史研究》2022 年第 6 期。

流进行的先后顺序所造成的显著影响。①

以往学界对明清时期的绅士研究，主要集中在江南等经济发达地区，对内地绅士研究较少，地区研究成果极不平衡，中部地区绅士群体尚有待于进一步研究。何香月、罗运胜就以中部地区常德府绅士为研究对象，探讨有清一代常德府绅士的部分社会活动，分析其在地方建设中所发挥的作用，指出"绅士"的含义及绅权发展，促使绅士这一阶层登上历史舞台，经历了漫长的演变过程。②

综上所述，2022—2023 年湖南古代政治与军事的研究成果，数量上少于文化史与经济史方面的研究成果，但因为充分利用出土文献等新史料，经过多年对新出土简牍的综合研究，取得了令人瞩目的较高质量成果。湖南近年来出土的简牍文献，为古代湖南地方的政治史、法律史、军事史研究开辟了新视角、新领域，使其成为新的学术增长点。

二 湘军研究的新境界

自从湘军崛起之后，大批湖南人才联袂而起，创造了辉煌的近代湖湘文化，湘学因此而转型，其经世致用思想大放光彩。2022—2023 年对湘军的研究仍然是热点话题，尤其是对曾国藩、左宗棠的研究成果最多。相比往年的研究成果，这一年出现了新的局面，众多学者从文化、政治、社会、国际关系、民族精神等视角、学科研究湘军。

（一）湘军研究的文化与政治视域

综合分析 2022—2023 年的湘军研究成果，史学界对湘军关注的

---

① 周妮:《清代湖南"苗疆"改土归流时间与秩序考论——以雍正〈硃批奏折〉为中心》，《青海民族研究》2022 年第 1 期。

② 何香月、罗运胜:《清代绅士在地方事务管理中的作用探析——以常德府为例》，《青春岁月》2022 年第 17 期。

重点逐渐从湘军参与的各种战役与战场表现转移到湘军文化与晚清政治格局方面，注重以基本文献史料为支撑，恪守论从史出、史论结合的研究方法，总结历史事件的本质和规律，从而深入解读历史现象，揭示历史的真相。

刘绪义认为，江忠源是晚清湖南第一个组织团练的人，也是第一个出省征战的人，第一个与太平军作战而牺牲的将领。曾国藩在江忠源战死后为其写的《江忠烈公神道碑》中明确称其为"江家军"。"江家军"打出了湘人勇敢之名，受到朝廷的重视。江忠源死后，"江家军"由刘长佑统领，多次反败为胜，更显其重要性。刘长佑与曾国藩之间的微妙关系，正是一种君子之间的道义之交，这也正是不攀不倚、同道相扶而又特立独行的湖湘精神的最好写照。①

太平天国历史博物馆收藏的吴煦档案为国家一级文物，具有很高的版本价值和史料价值。晚清时期吴煦为苏松太道兼江海关监督、署理江苏布政使，与李鸿章、曾国荃等人多有函牍往来。在他的档案中保存了许多与太平天国运动有关的原始资料。魏星、曹志君指出，其中一件《清同治三年曾国荃金陵善后告示》，记载了1864年8月湘军攻克南京之初为严明军纪、安抚民众而颁布的善后政策，为研究太平天国战争之后南京的社会重建提供了珍贵的档案史料。②

曾国藩、胡林翼、左宗棠为晚清时期的重要军事人物，学术界对于三人的军事思想给予了重视，产生了数量可观的研究成果。李元鹏从作战指导和策略运用两个层面对三人的作战思想进行了整体性梳理，以期更全面地反映这一时期作战思想的特点及对传统兵学的继承与突破。作者指出，曾国藩、胡林翼、左宗棠在率领湘军作战的过程中，通过往还频繁的书信，对作战中的诸多问题进行了深入讨论。三人对传统兵学思想的吸收路径相似，且均以实践为基础。三人对作战

---

① 刘绪义：《"楚军"：晚清湘军的另一流派》，《书屋》2023年第1期。
② 魏星、曹志君：《〈清同治三年曾国荃金陵善后告示〉释读》，《档案与建设》2022年第7期。

本质的认识相近，互有印证，互有补充。他们的作战思想集中反映在三个方面：一是重视战前谋划，并对谋划的边界有清醒的认识。二是强调战略布局，即布远势，择要点。三是追求不战则已，战则必胜。以此为基础，逐步探索出一套行之有效的作战策略，即水陆相依和围城打援。这成为湘军最终取得战争胜利的有力武器。①

韩策认为，甲午战争不仅改变了东亚局势，也冲击了清廷中枢和朝局。特别是战后围绕直隶总督（北洋大臣）和两江总督（南洋大臣）的重新安排，清廷中枢及各派系产生了激烈政争。李鸿章希冀回任北洋，刘坤一意欲回任南洋，署理直督王文韶和署理江督张之洞则渴望实任，各方都曾多方联络、明暗运作。最终在慈禧太后与恭亲王、荣禄等权贵的操纵下，王文韶实授直督，刘坤一回任江督。北洋淮系和南洋湘系十数年南北平衡的稳定格局终告结束，重建北洋重心的迫切问题摆在了清政府面前。这种趋向甚至影响了从戊戌变法至庚子事变的政局演进。②

光绪《湖南通志》收录了大量碑记，内容十分丰富。这些碑记对于研究湖南地区的政治、经济与文化都有着重要价值，其中不少碑记与湘军文化密切相关，值得学界关注。光绪《湖南通志》的编纂者之一就有湘军最高指挥者曾国藩的弟弟曾国荃，湘军对太平军的镇压在一定程度上挽救了清政府的统治，因此在光绪《湖南通志》中所收录的有关湘军的碑记大多倾向于夸大农民军的凶残行径而歌颂湘军的英勇事迹。碑记在不同程度上记录了各个湘军将领的才华与品质，为世人展现了较为真实生动的湘军众生相。在有关湘军人物的碑记中，忠诚英武是被提到最多的。湘军区别于其他地方军队的一个重要原因是它有着自己的军队文化。湘军集团与湖湘理学有着非常密切的联系，湘军中的许多统帅将领如曾国藩、郭嵩焘、罗泽南、刘蓉都深

---

① 李元鹏：《曾国藩、胡林翼、左宗棠作战思想合论》，《船山学刊》2022 年第 4 期。
② 韩策：《北洋南洋一线牵：甲午战后围绕直督与江督的政争》，《福建论坛》2023 年第 7 期。

受湖湘理学浸淫，同时他们也将理学运用到军队管理之中，形成了湘军"兵儒合流""以礼治军""明耻教战"的军事管理理论。光绪《湖南通志》中有关湘军的碑记对湘军文化现象表现得十分明显，叙述湘军人物的生平和描写湘军的军事活动与日常管理，都谈到了理学思想。①

湘军集团作为中国近代史上具有鲜明时代和思想特色的人才群体，在内忧外患之际较早将经世思想转化为科技实践，极大推动了中国近代科技事业发展和国家现代化进程。文力浩、杨爱华考察了湘军集团开展科技实践活动的文化背景、科技背景、社会背景、群体背景，从器物、知识、人才三个层面归纳湘军集团科技实践活动的主要内容，从指导思想的求实与开放、发展动力的军事牵引、科技成果的自主可控、科技人才培养的持续性四个视角总结湘军集团科技实践活动的特点，有利于我们深化对于中国科技近代化的认识。②

《伊犁条约》的签订，让清政府收回了《里瓦几亚条约》中丧失的部分权益。李芳通过对《伊犁条约》签订前清军迅速收复新疆、平定匪患和调整东西四城布防等军事行动进行了梳理，重点分析了刘锦棠为何在谈判的关键阶段大规模调整东西四城的军队布局，将老湘军兵力集中连片布防在重点要隘的军事措施。进一步论证，清军军事行动的成功与《伊犁条约》最终签订的历史关系。③

"湘人江督格局"是晚清史上的重要现象。其形成和终结的历程，既反映了咸同以降清朝政治版图和派系权力的演变，也牵动着朝廷、北洋和南洋的关系，还体现了内政外交的互动。韩策指出，该格局虽奠基于湘军之崛起，但形成过程复杂多变，大体可以1880年为界分为前后两个阶段。1864年湘军攻破天京后，清廷尽力阻止曾国藩久

---

① 张步晴、张峰：《光绪〈湖南通志〉中碑记的类型及其文化内涵》，《湖南人文科技学院学报》2022年第1期。
② 文力浩、杨爱华：《湘军集团的科技实践活动及特点探微》，《自然辩证法通讯》2022年第7期。
③ 李芳：《清军在新疆军事胜利与〈伊犁条约〉的签订》，《新疆地方志》2022年第1期。

任江督，遂使曾氏七年三往返，难以稳坐江督。1872年曾国藩去世后，以李鸿章为首的淮系和以左宗棠为首的湘系都试图影响江督任用。而沈桂芬主政的清廷高层大体上有两个用人倾向：进士出身而非军功起家、非湘非淮；希望既能听命朝廷，又可兼顾湘淮。但这令江督既难得人，又动辄得咎，遂使江督人事极为纷更。直到19世纪80年代湘人江督格局才最终形成。这是中俄危机和中法战争形势、左宗棠和曾国荃刻意经营、东南湘系军政实力增强、慈禧和醇亲王平衡湘淮南北等多重因素促成的结果。湘人江督格局形成的历史表明，除了内外轻重和央地关系，南北关系的平衡和演变也是分析晚清权力格局的一条重要线索。[1]

美国学术界对曾国藩的功、德、言及其对中国近代的影响给予较高评价，可供国内学界借鉴与参考。近百年来，美国学者对曾国藩的研究逐渐发展为海外中国学的一扇窗口。卫三畏、马士、黑尔、濮兰德、巴克斯、费正清、安德鲁、卫德明、芮玛丽及列文森等众多美国学者都从这扇窗口中窥见中华文明在近世奋斗中的挣扎与转变。美国学者对于曾国藩的认识始于太平天国，并随着对中国近代化研究的深入而逐渐深化。在美国学者眼中，曾国藩是一个在儒家保守思想的传承中实践中国近代化改革的经典人物，是研究中国近代史开端的关键一环。曾国藩是享有卓越声望的传统道德卫士，是守护帝国统一的坚韧儒学信徒，是推动军事现代化的经世改革家。曾国藩对儒家文化的持守，不断加深美国学者对中华传统文化的解读和认知，也正是在这样的文明互鉴中，"他者"视域下的文化解构也给中国学界带来了丰富的回馈，不断加深我们对自身文化的认知与超越。对美国学界关于曾国藩的评价与研究进行梳理，有助于了解"他者"眼中的中国近代化历程及中华优秀传统文化的代表人物，拓展文化自我认识的深度和广度。[2]

---

[1] 韩策：《"湘人江督格局"的形成与晚清政治》，《史林》2023年第1期。
[2] 范丽娜：《美国学者眼中的曾国藩》，《人民论坛》2022年第2期。

（二） 对曾国藩的研究仍是湘军研究的热点

曾国藩是中国近代著名政治家、军事家、思想家，晚清重要的中兴名臣。在长达十年的战争以及洋务运动中，曾国藩展现出超越当时众人的眼界、心胸和判断的大格局。郑佳明总结了曾国藩的大格局：发布《讨粤匪檄》；另起炉灶、编练湘军，战略明确，艰难东征，攻克南京；屡败屡战、坚忍不拔；以拙诚聚人，团结众人一起奋斗；自剪羽翼、急流勇退；购"制器之器"到"师夷智"。认为这六个方面都体现曾国藩的大格局。①

水师是湘军平定太平天国的核心力量，不仅为陆军提供了强大火力支援，更为其稳定输出提供了强有力的后勤保障。钱仲慧指出，曾国藩充分发挥了湖湘文化"吃得苦，霸得蛮，耐得烦"的精神，想方设法筹集经费、招募人才，并且不畏皇权争取时间。在他的努力下短短数月之内就制造出了坚固耐用的战船，配以洋炮，从而使得湘军水师一举成为当时最为先进的内河水师。水师的建成，是湘军制定溯江而下平定东南战略的关键所在。②咸丰四年（1854），因率军攻打靖港太平军惨遭失败，曾国藩愤而投水，章寿麟将其救起。靖港惨败，对于整体局势而言无伤大雅，但对曾国藩意义重大。通过对整个战役的总结，他大刀阔斧整改队伍使湘军面貌焕然一新，为平定东南奠定基础。③

曾国藩素以"识人知人"著称，对于一些政治上不成熟、心性上有缺点的军事将领，他总是能够悉心给予提点，尽显其爱才惜才之意。其中，被曾国藩誉为湘军"第一著名骁将"的"霆军"统帅鲍超就是一例。刘少波指出，曾国藩曾三次在紧要关头对鲍超殷殷教

---

① 郑佳明：《曾国藩的学问与格局》，《书屋》2022 年第 6 期。
② 钱仲慧：《曾国藩化解三大难题创建水师》，《文史天地》2023 年第 2 期。
③ 钱仲慧：《靖港惨败何以成为曾国藩腾飞的起点》，《军事文摘》2023 年第 13 期。

导，使鲍超从出身穷苦的一介小兵，逐渐成长为独当一面的一代名将。① 钱仲慧以克复常州、长兴和金陵为不同时间节点，对李鸿章和曾氏兄弟的博弈进行分析，以揭示双方的心路历程和真实意图。正是通过这次博弈，曾国藩认定李鸿章为接班人，使得李鸿章顺利成为清末的关键人物。② 曾国藩与左宗棠决裂的起因，历来被认为是湘军攻下金陵后，围绕太平天国幼天王下落问题，两人各执一词、互不相让而彻底伤了和气。眭达明考察了对曾国藩和左宗棠均知之甚深的《湘军志》作者王闿运的认识，认为两人决裂起因于李元度和刘蓉。③

曾国藩以安分守拙的道德主义政治观为代表的政治思想发展演变及最终形成受到多方面因素的影响，特别是幕僚在其中发挥了不可忽略的作用。杨雨洁讨论了幕僚对曾国藩政治思想的影响，强调曾国藩思想来源的多样性以及思想体系自身的动态变化，提供了理解曾国藩政治思想的另一视角，也揭示了晚清经世派文人间的复杂关系。但必须指出，在曾国藩一生的事业中，我们都能看到他个人智慧的突出作用。在讨论幕僚对曾国藩的影响时，不能忽视其本人的主体性与能动性。恰恰是个人智慧品性、幕僚辅佐和历史机遇等多方面因素的共同作用，方才塑造了这位卓尔不群的晚清中兴名臣。④

（三）对左宗棠研究的新定位

作为晚清时期的湘军首领和洋务派代表性人物，左宗棠在他的青年时代，就开始钻研"经世致用"之学，注重研究实际问题。李冬指出，随着时代发展以及个人思想的与时俱进，左宗棠又逐步萌生了"面对现实、研究西方、寻求御敌"的自强之道，这些探索和领悟对

---

① 刘少波：《曾国藩三诫鲍超》，《书屋》2022年第2期。
② 钱仲慧：《李鸿章与曾国藩兄弟的"金陵之争"》，《炎黄春秋》2022年第10期。
③ 眭达明：《曾国藩与左宗棠决裂起因新说》，《书屋》2023年第1期。
④ 杨雨洁：《幕僚对曾国藩政治思想的影响——以李鸿章西洋武器观为例》，《西部学刊》2022年1月上半月刊。

左宗棠出仕后投身洋务运动产生了很大的影响。①

曾国藩、胡林翼、左宗棠在率领湘军作战的过程中，通过往还频繁的书信，对作战中的诸多问题进行了深入讨论。李元鹏指出，三人对传统兵学思想的吸收路径相似，且均以实践为基础；三人对作战本质的认识相近，互有印证，互有补充。他们的作战思想集中反映在三个方面：一是重视战前谋划，并对谋划的边界有清醒的认识；二是强调战略布局，即布远势，择要点；三是追求不战则已，战则必胜。以此为基础，逐步探索出一套行之有效的作战策略，即水陆相依和围城打援。这成为湘军最终取得战争胜利的有力武器。②

周寿昌与左宗棠同为晚清重要湘籍官员，先后参与了围剿太平军、抗击西方军事入侵等事件，同时在湘军崛起的过程中也发挥着重要作用。周寿昌与左宗棠来往频繁，关系密切，直接往来的书信现存有七封。王静钰以周寿昌与左宗棠之间的书信史料作为基础，结合其他信札、奏折、诗词等相关史料，分析信中所涉及的私人交往与时事政治，进而对晚清动荡格局下士人思想的发展进行探析。③

平定捻军后，清廷多次下旨添调淮军西征。李鸿章不愿再与左宗棠共事，极力避免淮军卷入西征事务，但清廷改命淮系将领潘鼎新赴陕。由于缺乏明确的饷源，潘鼎新迟迟不出，麾下鼎军亦遭裁撤。同治九年正月，左宗棠兵败金积堡，西北军情恶化，清廷改命李鸿章督办陕西军务，有意以李代左。恰在此时，天津教案与刺马案突然爆发，李鸿章取代曾国藩出任直隶总督，刘铭传接替李鸿章继续督办陕西军务。陕甘地区由湘淮二系共维大局。在既往有关西征的研究中，研究视角皆集中于左宗棠与湘军一方，淮军被视为西事的对立面，其与西征的内在关联始终未能得到深入探讨。有鉴于此，邹晗重新考订

---

① 李冬：《左宗棠"洋务引智"二三事》，《国际人才交流》2022年第4期。
② 李元鹏：《曾国藩、胡林翼、左宗棠作战思想合论》，《船山学刊》2022年第4期。
③ 王静钰：《周寿昌与左宗棠交游考——兼论二者对湘军的影响》，《湘学研究》2022年第2期。

同治七年至九年李鸿章与淮军的动向，将淮军视为西事的参与者，探讨其与西征的关联，并兼顾清廷中枢、左宗棠等各方势力的态度，以期改变既往研究中过分偏重左宗棠与湘军的取向，呈现出一个更为复杂的晚清西北军政格局。①

关于同光之交西北军政格局的演变，既往研究皆以左宗棠与湘系为中心，侧重强调左宗棠毅然承担收复新疆的热情，但对左宗棠实际所处的政治环境缺乏考察。邹晗认为，收复新疆始终面临两个问题：饷银如何筹措，军务由何人办理。而在同治十三年，因枢垣中恭王、文祥二人陷入困境，西北局势无人主持，清廷在饷银、人事两方面皆与左宗棠意见不一。具体而言，在饷银方面，清廷欲依仗原有的西征协饷；在人事方面，清廷仍循道光年间平定张格尔旧例，兵事、饷事各有分任，不欲专任左宗棠。因此，左宗棠无意统筹全局，接济关外诸军。而随后左宗棠与袁保恒、景廉的权力斗争，某种程度上仍是与清廷矛盾的体现。同治十三年八月，清廷命左宗棠督办粮饷转运事宜，袁保恒出任帮办。双方因争夺饷银支配权，围绕购粮、购驼等事纠葛不断，进而互相攻击。可谓"塞防"派内部之争。鉴于二人不和，清廷于光绪元年初重新调整西北人事布局，袁保恒、景廉被召回京，以左宗棠为首的湘系集团遂完全取得西北兵事、饷事的主导权。左宗棠一人兼任兵事、饷事，推动了日后收复新疆之役的展开。②

左宗棠于1866年奏请设立福州船政局，但在船政局建成之前就被调往西北平乱，在船政局的继任者问题上，左宗棠经过深思熟虑最终选定沈葆桢。其间左宗棠凭借清政府赋予的特权，虽远在新疆也可以影响到船政局，左、沈二人协调一致，积极合作，采取各种措施促进船政局的发展。而在沈葆桢离任之后，则是二人关系的转折点，沈

---

① 邹晗：《李鸿章与淮军西征（1868—1870）》，《近现代人物研究》2023年第4期。
② 邹晗：《从分任到集权：左宗棠、袁保恒之争与同光之交西北军政格局的变动》，《学术研究》2023年第9期。

葆桢将船政局交付与左宗棠不和的淮系进行掌控,导致了二人关系的恶化。赵皓明、闫思好进而指出,左、李二人的关系受到政治派别的影响,并不具有纯粹的私人交情。①

徐志频以左宗棠、李鸿章一生交集的故事为主线,以曾国藩、慈禧太后为参照,立足正史,还原纷纭时局里的斑驳现场,穿插逸史,丰富真实残漏的隐秘细节;以当代眼光全面深入比较两人十大方面的不同之处,点滴还原其中的合作与争斗、谋略与计算、复杂与诡异、无奈与挣扎,以期给当代读者以历史的借鉴和现代的启迪。②

左宗棠及其湘军集团在平定陕甘事变与收复新疆的过程中,为重建西北社会秩序,实施了一系列文治教化措施。左宗棠以程朱理学为圭臬,以期塑造共同价值体系,实现边疆与内地"一道同风",从而奠定西北长治久安的基础。其中,署甘肃静宁州知州余泽春,邀好友周汉作《教民歌》讽劝下层民众,以助益地方社会秩序重建与社会经济恢复。周汉以康熙《圣谕十六条》为蓝本,针对地方社会现实,略作增益与变通,以学做好人为主旨,以敦孝悌为纲,阐发崇正禁非、重农尚俭、回汉民族和睦等内容。杨红伟、董玫认为,湘军集团部属周汉所撰《教民歌》采用七言格式,以通俗易懂的方式较为集中地表达了崇尚礼教、回汉和睦的思想主题,一定程度上折射出左宗棠"治民则以王道行之"的为政之道。《教民歌》蕴含的则是湘军集团为代表的理学文治教化的价值与目标取向。③《教民歌》语言浅显易懂,可谓左宗棠湘军集团陕甘善后政策的通俗读本。这对于从新的角度理解左宗棠农为国本与经正民兴并张的教养合一政策、整饬吏治与视民如伤相合的安邦济民政策、回汉辑睦与同我华风的兴教劝学政策,以及蕴含其中的"道、学、治统一"的湖湘经世派文化特色与

---

① 赵皓明、闫思好:《左宗棠与沈葆桢关系探究——以福州船政局为中心》,《今古文创》2023年第5期。
② 徐志频:《左宗棠与李鸿章》,现代出版社2022年版。
③ 杨红伟、董玫:《一道同风:左宗棠湘军集团西北善后的文治教化》,《学术月刊》2022年第11期。

左宗棠湘军集团善后措施的整体性，具有重要意义。①

　　同治十二年九月湘军攻克肃州，清廷准备出兵收复新疆。关于粮饷的筹措，清廷不欲再行添拨巨饷，欲继续挪用西征协饷。在人事方面，清廷遵循道光年间平定张格尔之旧例，兵事、饷事各有责成。邹晗指出，左宗棠反对朝廷方针，对出关粮饷转运诸事消极抵制，无心任事。负责西征粮台的袁保恒支持朝廷主张，力主统筹全局，接济景廉等关外诸军。同治十三年八月，清廷命左宗棠督办粮饷转运事宜，袁保恒出任帮办。双方因争夺饷银支配权，围绕购粮、购驼等事纠葛不断，进而互相攻击。可谓"塞防"派内部之争。鉴于二人不和，清廷于光绪元年初重新调整西北人事布局，袁保恒、景廉被召回京，以左宗棠为首的湘系集团遂完全取得西北兵事、饷事的主导权。左宗棠一人兼任兵事、饷事，推动了日后收复新疆之役的展开。②

　　面对阿古柏在新疆的入侵、分裂活动，左宗棠担负起了驱除阿古柏势力、收复新疆的重任。熊晨曦、何永明指出，为完成这一重大任务，左宗棠以西方新式军械武器武装西征部队。左宗棠先是委托在上海的胡光墉从西方购买军械武器，但由于路途遥远，物资的运输规模和时间耗费大为增加。于是，左宗棠便创办了兰州制造局就地生产，在很大程度上解决了西征部队的军需问题。左宗棠所备的西方新式军械武器有效地保障了收复新疆作战的最终胜利。③

　　晚清咸同年间，时局动荡，财权下移。清代陕甘地区特别是甘肃贫瘠穷苦，太平天国运动爆发之前的陕西、甘肃财政均入不敷出，需要他省协济。太平天国运动爆发后，陕甘财政受到波及，驻防士兵缺饷严重，回民遂趁机起事。同治五年（1866）至光绪六年（1880），

---

　　① 杨红伟、董玖：《〈教民歌〉与左宗棠湘军集团的陕甘善后政策》，《青海民族研究》2022 年第 4 期。
　　② 邹晗：《从分任到集权：左宗棠、袁保恒之争与同光之交西北军政格局的变动》，《学术研究》2023 年第 9 期。
　　③ 熊晨曦、何永明：《左宗棠收复新疆过程中西方新式军械武器的来源及运用》，《西部学刊》2023 年第 19 期。

左宗棠任陕甘总督。左宗棠受任之初，陕西、甘肃战事频仍，府库匮竭，民生凋敝，更是已无财政可言。左宗棠要完成戡乱图治、收拾残局的一系列任务，就必须花费大力气整理财政。赵龙指出，在陕甘总督任内，左宗棠施行了以筹饷为核心意图的一系列财政举措，分向外争取和向内清理以及控制支出三部分。向外争取包括力争协饷、借款，向内清理则包括整理厘金、捐输、茶、盐等饷源，控制支出则是在掌控粮台的基础上控制军费开支和非军费开支。这些财政举措，既为左宗棠底定关陇、收复新疆的军事行动提供了基础，又为左宗棠恢复西北地方社会经济提供了物质保障，而且在左宗棠卸任后得以延续，影响了此后的陕甘乃至新疆地区长达二十年之久。[1]

拥有晚清"中兴名臣"之誉的左宗棠，始终以其对中国近代史的深刻影响而为世人所铭记。公众对其平定西北、收复新疆的历史功绩早已耳熟能详，学界更是对其从政经历、经世思想、军事理念乃至家风家训都做了详细梳陈。然而，对于左宗棠晚年担任两江总督期间（1881—1884年）对江苏地区社会振兴的施政过程，学界虽有所考述但仍显简略。[2] 后人对左宗棠之评价可谓毁誉参半，然左宗棠对国家治理的法治事功却是客观事实。左宗棠一生深受中国传统礼法思想的熏陶，亦经历了西法理念的冲击。在儒表法里的礼法观念下为护中国领土之主权，五奏清廷于新疆置省；西法东渐后，认识到海上管辖权之重要性，上疏两篇奏折请求移福建巡抚驻台湾；更是将中西法相结合，兴洋务抵外敌，以获国家之自强独立。左宗棠所为，不再局限于传统的经世致用，而是上升为经国济邦之大局，以国家为己任，推动了中国传统礼法的发展和转型。[3]

综合分析2022—2023年的湘军研究，无论是在深度上，还是在

---

[1] 赵龙：《左宗棠陕甘总督任内财政举措研究（1866—1880）》，硕士学位论文，武汉大学，2022年。
[2] 董大亮、杨园园：《崇古纳新：左宗棠治理江苏》，《唯实》2022年第6期。
[3] 夏新华、徐小芳：《儒表法里，经国济邦：左宗棠的法治事功钩沉》，《湘学研究》2022年第1期。

广度上，都取得了较大的进展。首先是研究的视野比较开阔，出现运用多学科的方法进行学术研究的新动态。湘军作为晚清一个重要的政治军事集团，虽然产生于湖南，但影响力并不局限于湖南地区，可以考察湘军在转战南北过程中对各区域以及对中国近代社会产生的影响。目前学术界对湘军的研究焦点继续保持在对曾国藩、左宗棠等核心人物身上，忽视了对大量湘军中下层将领的研究。需要学术界特别引起重视的是，要以科学态度研究湘军与太平天国的历史，摆脱神化或"妖魔化"的简单化模式，为今后的曾国藩以及湘军研究指明了正确的方向和方法。

三 维新、革命、自治与湖南近代政治的拓展

中国近代史上，对中国政治走向和政治制度产生重大影响的历史事件，一是维新变法，二是辛亥革命，三是自治运动。以上历史事件均与湖南密切相关，同时也促进了湖南政治近代化的历史进程。维新变法、辛亥革命、自治运动历年来都是史学研究的热点，综合分析2022—2023年关于维新运动、辛亥革命的研究成果，发现直接与湖南相关、突出湘学精神的文章主要集中在对谭嗣同、黄兴、蔡锷的研究上。近代国人的现代国家认同，是新生资产阶级登上政治舞台的产物。从戊戌到辛亥，其两大政治派别（维新派与革命派）先后分别导演了"维新"与"革命"两场轰轰烈烈的历史剧目，恰为我们考察此一课题提供了具体的历史场景。[①]

（一）维新运动与湖南的研究

栾晨认为，谭嗣同出生在封建官僚贵族家庭，原本可以过着锦衣玉食、无忧无虑的生活，却偏偏成长为一个资产阶级维新变法的激进

---

① 郑师渠：《近代国人的现代国家认同——从戊戌变法到辛亥革命》，《社会科学文摘》2023年第7期。

分子，这一重大转变与当时的社会历史背景有着密切联系，更离不开他个人的努力修养。谭嗣同自幼热爱读书，虽出生于官宦之家，但其在母亲的言传身教之下丝毫没有沾染上"公子哥儿"的不良习气，长大之后依然保持着热爱读书的好习惯，勤俭自励，时刻注重自己的品行修养和学业长进。虽然谭嗣同的思想中存在一些不合理的地方，但救国救民的历史责任心促使他在人生的不同阶段提升自己的修养。①

赵楠指出，谭嗣同在对近代中国出路的思考下，详细阐述了仁为万物本原的思想体系，并由此引出通而平等的观念，以达到其所设想的大同社会。谭嗣同将"通"划分为四个方面：中外通、上下通、男女内外通以及人我通，并且将通与平等联系起来，这就使"仁"首先是天地万物的本原，其次被赋予了平等的内涵。②魏承坤认为，谭嗣同的仁学在全球通商、通学、通政、通教的时代背景下应运而生，是中西思想资源会通的结果，是儒学的赓续与重建。它要求超越名教、权势和习俗的束缚，对"仁"进行再诠释，复归"仁"的本质。在谭嗣同的仁学体系中，"仁"即平等，平等即"仁"，平等的本质是爱。平等是仁学的核心精神，上可通达"仁"之本体，下可启发众生的慈悲和无畏，是"以心挽劫"的关键所在。平等的基本内涵包括人我平等、上下平等、男女平等、内外平等、中外平等。人我平等蕴含其他部分，是通达平等精神的枢纽，其形成要经过化异同、无我相、断意识三个境界提升的过程。其他四部分涉及传统宇宙论的解读——"阴阳"结构，"阳主阴从"的思维模式已然被时代所淘汰，"天理"的重塑成为必然。平等的内涵大致可以从思想和制度两方面来理解。仁学的平等观念在生成和论证过程中纠缠着援佛入儒、灵魂不灭、心物之争等问题，在诠释的过程中尚需进一步说明。虽然谭嗣同在自然观方面有唯物论的倾

---

① 栾晨：《谭嗣同的人生修养论及现实意义》，《牡丹》2022年第20期。
② 赵楠：《谭嗣同仁学思想中内含的平等观》，《名家名作》2023年第14期。

向，但在本体论方面仍然属于"道德—实践"进路。①

如果说以《仁学》的多版本刊行为代表，早期谭嗣同著述的出版带有较强的特殊性的话，那么此后的20年间，正值辛亥前后社会发生剧烈变化的时期，谭嗣同著述的出版与社会文化发展的互动则呈现出更为丰富的图景。张玉亮指出，革命风潮下以"烈士"形象为号召的热点追捧、基于抢占市场份额而形成的编纂特点、出版人的境遇，透过谭氏著述的出版情况，可以窥见出版与世风交互关系之一斑。②张晓林认为，谭嗣同《仁学》之核心概念"仁"是包括儒墨佛耶等中外各种思想元素互动的产物。谭嗣同在"北游访学"途中，接触了众多佛教学者，接受了相关佛教观念和思想，并将其融入构建《仁学》之仁。《仁学》之"仁"是对孔仁的扬弃，扬弃中借助了墨家兼爱、佛家性海和慈悲、耶家灵魂和博爱，其中佛家的性海和慈悲在其中发挥了统合作用。具体而言，在本体论意义上，"仁"作为以太本体之用，佛教的慈悲是其规定之一，并由"通""心力"等概念得到阐发，而通即佛教的"无人相，无我相"，"心力"则以慈悲为实体，为良用。在人性意义上，"仁"作为以太本体之用，被主要表述为基督教的灵魂和佛教的性海（佛性），两者的关系是，灵魂原理主要用于批判传统伦常，而佛性观念则用于扬弃基督教灵魂观的局限性。③苏欣冉指出，在谭嗣同的思想体系中，"仁"居于核心地位，是其实践理性的根本原则，"仁"即是本体、慈悲之心和平等，这显然与孔子所讲之"仁"已有较大不同。谭嗣同实践理性的基本规范具体体现在社会领域、家庭领域、人际交往和公共生活领域中。其实践理性的实现方式是"废军统、倡民权""冲决伦常之罗网"和"以心挽劫"，以求达到"大同社会"的理想世界。谭嗣同的思想受到中

---

① 魏承坤：《谭嗣同仁学平等观研究》，硕士学位论文，山东大学，2023年。
② 张玉亮：《慕英风而骛商机——谭嗣同著述在清末民初的编印》，《民国文献研究》2022年第1期。
③ 张晓林：《〈仁学〉核心概念的佛教因素》，《普陀学刊》2022年第2期。

西方两种文化的影响，在近代中国内忧外患的时代背景下显示出"批判性""平等性""情感性"的特征。理清谭嗣同实践理性的内在脉络可以更为直观地把握其思想的价值和不足之处。①

袁世凯是戊戌政变的关键人物，他在政变中所扮演的角色问题仍有学术讨论的空间。刘霆认为，诸多历史细节和袁世凯的种种言行表明，袁在八月初五日请训之前即在北京实施了告密，告密对象极有可能是礼亲王世铎。初五日晚些时候或初六日晨，慈禧向步军统领发出拿人口谕，此时的逮捕名单是个大名单，包括康有为、梁启超和军机四章京在内。谭嗣同于初六日即被捕，初八日被解送到刑部，这个时间与袁世凯在北京实施告密的时间也是完全吻合的。②

晚清科学话语是中国现代性建构的重要策略，中国现代性建构是在东西方多种政治、文化力量碰撞、融合下生成的。对以科学话语为中心的多元历史文化语境的分析，可以揭示本土话语对外来话语的利用策略。王寅生认为，科学在19世纪取得的巨大成绩和功效，让谭嗣同、康有为等晚清时期忧国忧民的士人相信科学的客观性、实证性以及合理性。以科学取代传统的常识理性作为他们思想体系的合理性基础，不仅仅是一种概念置换，而且蕴含着价值观念的革命。由于合理性不再需要和儒家道德保持一致，谭嗣同得以冲决一切罗网，否定君臣父子夫妇；由于科学的实证性与客观性，康有为将圣王教义重新组织到普遍的科学话语体系中，努力使儒学重新获得万世公法的普世效用。③

（二）辛亥革命与湖南的研究

章舜粤认为，辛亥革命极大地促进了中华民族的思想解放，传播

---

① 苏欣冉：《谭嗣同的实践理性》，《辽宁大学学报》2022年第5期。
② 刘霆：《袁世凯告密事新考》，《金陵科技学院学报》2022年第4期。
③ 王寅生：《以太与公法——论谭嗣同、康有为运用科学话语对儒学的转型与重构》，《湖北社会科学》2023年第1期。

了民主共和的理念，打开了中国进步潮流的闸门，撼动了反动统治秩序的根基，在中华大地上建立起亚洲第一个共和制国家，以巨大的震撼力和深刻的影响力推动了中国社会变革，为实现中华民族伟大复兴探索了道路。辛亥革命是中国人民在"三千年未有之大变局"的局面下奋起挽救危亡的一次有力尝试，研究辛亥革命相关人物的生平和思想，不仅有其自身的学术意义，也有利于总结历史经验，弘扬辛亥革命精神，凝聚民族复兴伟力。①

饶怀民新著《黄兴传》具有以下显著特点与创新之处：搜集总结了丰富的史料与以往研究成果，并作了细致严密的分析考证。全面系统地阐述并高度评价了黄兴革命一生的丰功伟绩，辨释了一些对黄兴的诬评，还历史以真实面目，弘扬了中华优秀传统文化与湖湘文化。②

李长莉指出，辛亥革命日本友人宫崎滔天家藏两件革命党人题签字幅，揭示了1914年孙中山与黄兴分裂时革命党人反应的新史实及新意义。孙中山、黄兴领导革命党人反对袁世凯独裁的"二次革命"失败后，流亡日本。1914年6月，黄兴由于对孙中山筹建中华革命党采取集中权力的做法不满，准备于30日离日赴美。这标志着二人公开分裂，革命党也面临分裂危机。这两张字幅的题词内容反映了革命党人对黄兴的尊重与友情，对其与孙中山分裂并出走多抱以谅解、包容态度。这一史实表明，革命党核心骨干群体在孙、黄二位领袖的示范和努力下，共同维护了革命党的团结局面。二位领袖的分裂，在革命党骨干群体层面并未产生大规模、普遍性、公开化的分裂和冲突等负面效应。③

曾业英认为，1910年10月下旬，广西省会桂林发生由陆军干部学堂第二期广西学生首先发难，迅速扩大到整个学界，持续十多

---

① 章舜粵：《回望宋教仁与民初政党政治——读宋月红〈清末民初宋教仁政党政治思想史〉》，《学术评论》2022年第6期。
② 饶怀民：《黄兴传》，岳麓书社2022年版。
③ 李长莉：《1914年革命党人对孙中山与黄兴分裂的反应新证——宫崎滔天家藏题字幅释读》，《河北学刊》2022年第2期。

天的"驱蔡"风潮,蔡锷在广西遇到人生旅途的第一道坎。迄今为止的蔡锷研究,皆依据60多年后的个人回忆,认为此次"驱蔡"风潮,起源于广西同盟会支部为对付"表面没什么革命味道"的蔡锷。但历史事实并非如此,引发这次"驱蔡"风潮的真正原因,首要的是清季以来盛行于各省的"省界"观念,其次是广西军界内部派系与个人之间的权力之争,与蔡锷革不革命毫无关系。真正的策动者是广西谘议局,而非广西同盟会支部。① 彭涛指出,蔡锷在昆明"重九起义后"被推举为云南军政府都督,针对云南在地缘政治、社会民生和经济等方面的内外交困形势,蔡锷以"建设"为目标,重在"安边",同步实施政治、社会、经济三方面具有民主革命性质的改革,主动缓和与英法方面的关系,使革命后的云南快速恢复秩序。为更好应对持续的边疆危机,为云南的发展争取更多外部资源支持,蔡锷又提出了修筑滇桂铁路、完善边地治理、组建西南军事联盟的"谋边"设想,试图将云南一隅之发展与国家整体治理战略相融合。蔡锷"治滇"在促进云南现代化转型、西南边疆稳固和五族共和理论发展上具有突出的时代意义,但仍在革命的彻底性上存在局限。②

邓江祁认为,为了寻求推翻清政府封建专制统治、抵御列强侵略的途径,蔡锷努力研习王船山著作,并在王船山全民战争思想、军队建设思想以及战略战术思想等军事思想的影响下,结合新的历史时期的军事形势和特点,先后撰写了《军国民篇》《曾胡治兵语录》《军事计划》等军事著作,在义务兵役制、军队建设、军区制等方面提出了一系列富有创见的军事思想和主张,为推动中国社会的进步和中国近代军事思想的发展作出了不可磨灭的贡献。③

---

① 曾业英:《蔡锷1910年为何在广西蒙冤遭驱?》,《抗日战争研究》2022年第3期。
② 彭涛:《"安边"与"谋边":西南边疆治理视角下蔡锷治滇实践研究》,《东北师大学报》2023年第3期。
③ 邓江祁:《论王船山对蔡锷军事思想的影响》,《衡阳师范学院学报》2023年第2期。

"驱蔡风潮"是清末广西新军编练中发生的重大事件，也是蔡锷人生轨迹的重要转折点，因而历来是蔡锷研究的重点之一。邓江祁强调，在过往有关"驱蔡风潮"的研究中，蔡锷似乎置身事外、毫无作为。但新发现的史料表明，蔡锷在事件中并未向恶势力低头，而是奋起反抗，撰写了长达两万余字的辩驳书，逐条批驳了广西谘议局强加在其头上的种种罪名，最后证明了自己的清白。蔡锷在"驱蔡风潮"中表现出来的不向恶势力低头、敢于抗争的勇气和胆略，为他后来成功地发动云南"重九"起义和反袁护国起义，从而奠定其在中国近代史上的重要地位，打下了坚实的基础。新发现的蔡锷的辩驳书，对于研究蔡锷在广西练兵期间的活动乃至清末广西新军编练史亦具有重要的文献价值和学术价值。①

吴仰湘认为蔡锷的《军事计画》是刘达武篡自蒋方震的《军事常识》。邓江祁经研究认为，蔡锷的《军事计画》是一部在蒋方震协助下完成的理论与实践相结合的军事著作，而蒋方震的《军事常识》则是其在《军事计画》基础上修改和扩充而成。②胡月梅指出，蔡锷与蒋百里，从1901年在东京结识到1916年蔡锷病逝，结下了十六年的生死友情。他们俩一生志同道合，以建设现代化国防为同一志趣，以救国图强为终生事业，在近代史上写下辉煌一笔。他们耀眼的才华、光辉的人格、深厚的友谊、传奇的命运，实令后人感叹与唏嘘。③

近代中国面临空前的民族危机和国家危机，宋教仁推崇政党内阁、批评皇族内阁、反对混合内阁和超然内阁，主张政党内阁的基本架构是政党与内阁紧密联系在一起，政党内阁由议会产生，内阁代替总统对议会负责，受议会监督，总统作为国家元首不掌握实际权力，不负实际责任。刘绍覃指出，宋教仁的政党政治思想具有明显的移植性、坚定的革

---

① 邓江祁：《论蔡锷对广西"驱蔡风潮"的应对》，《邵阳学院学报》2022年第3期。
② 邓江祁：《蔡锷〈军事计画〉篡自蒋方震〈军事常识〉吗？——与吴仰湘先生商榷》，《军事历史研究》2023年第2期。
③ 胡月梅：《蔡锷与蒋百里的生死情缘》，《书屋》2023年第1期。

第三章 政治与军事：湖南军政人物的湘学实践

命性、注重理论与实践相结合等特点。其政党政治思想在中国近代政党思想中具有十分重要的历史地位，他的政党思想启迪了国民的政治意识，提高了国民的政治觉悟，提供了政党推动民主政治发展的新模式，促进了民国初年民主政治的发展，为后继者提供了宝贵的政党理论与有益的实践经验。同时，宋教仁政党政治思想及其实践的失败又值得我们进行深刻的当代反思，历史和现实都告诉我们，资产阶级政党的上层政治路线并不能挽救近代半殖民地半封建社会的中国。①

宋教仁逝世后，有多部宋教仁文集出版，但是由于搜集不全、校对不严等原因，不仅存在诸多错讹，而且还多有遗漏。邓江祁推介《宋教仁全集》书稿运用求全、求原、求源、求真、求实的理念和方法，更正原文集中93篇文章的错漏350余处，发现并新增宋教仁各类佚著350余篇，应为迄今为止收集最齐全、考订最严密、规模最大的宋教仁著作结集，对于推进宋教仁以及辛亥革命史研究具有重要的历史意义和学术价值。②

蒋翊武，1884年12月出生在澧州（今澧县）一个城市平民家庭。蔡德东等人考察了其生平事迹：1903年秋，考入湖南西路师范学堂，先后结识林伯渠、刘复基和宋教仁等革命志士。1904年，参加华兴会起义。1906年春，就读于上海中国公学，并从事进步期刊《竞业旬报》的编辑工作，参与筹划萍浏醴起义等革命活动。1909年10月，化名伯夔，入湖北新军第二十一混成协第四十一标第三营左队当兵，秘密参加军中革命团体"群治学社""振武学社"。1911年1月，革命组织"文学社"成立，被推举为社长。9月，被推举为湖北革命军总指挥。10月9日下午，下达起义命令；次日，武昌起义爆发，随后革命军占领武汉三镇，起义成功。湖北军政府成立后，任军务部副部长，参与领导了汉口、汉阳保卫战，后出任武昌护理总司

---

① 刘绍覃：《宋教仁政党政治思想研究》，硕士学位论文，东北师范大学，2022年。
② 邓江祁：《〈宋教仁全集〉书稿的编纂及其学术价值研究》，《武陵学刊》2022年第6期。

令等职。"二次革命"期间先后领导了鄂、湘两省的反袁武装斗争，后遭袁世凯通缉。1913年8月29日，在避走广西途中被陆荣廷的部下截获；9月9日，遇害于桂林，年仅29岁。① 蒋翊武在桂林被听命于袁世凯的广西当局杀害，关于其就义前后的情况，多年来众说纷纭，描述不一。尹文军根据当时往来电报、新闻报道、当事人目击者的回忆、蒋的遗书遗像等史料进行考证，厘清误传，还原真相，全面展示了这一段重要史实。②

辛亥革命以武昌首义为标志。饶怀民、霍修勇强调，武昌首义之所以最终获得成功，当然离不开以孙中山、黄兴为轴心的同盟会的领导，离不开全体民军将士艰苦卓绝的斗争，离不开广大革命群众的大力支持，但蒋翊武作为较早的同盟会员，他在总结同盟会领导历次武装起义经验教训的基础上，在武昌首义前后以过人的胆略和英勇的献身精神两次出任民军最高军事统帅，在锁定首义地点、找准首义动力、整肃首义队伍、制订首义计划、下达首义命令、巩固首义成果等方面起到了举足轻重的作用，为武昌首义作出了不可磨灭的历史性重大贡献。③

1913年二次革命爆发，湖南都督谭延闿从宣布湖南独立到取消独立，中间经历了曲折复杂的心理变化。高航指出，袁世凯下令与国民党有隙的郭人漳入湘查办，遭到谭延闿强烈反对，他与总理熊希龄谋划"阻郭入湘"。由于南北势力悬殊，谭延闿为求成功"阻郭"，同意北洋军队入湘。与进步党关系紧密的海军次长汤芗铭被各方所接受，率军进入长沙。谭延闿和郭人漳同时被免职，湖南最终形成了汤芗铭入主湘政的局面。④

（三）湖南自治运动研究

湖南人在近代史上书写了浓墨重彩的历史篇章，纵观我国近代史

---

① 蔡德东、周星林、周勇：《首义功臣蒋翊武》，《湘潮》2022年第2期。
② 尹文军：《蒋翊武桂林就义事略》，《广西地方志》2023年第3期。
③ 饶怀民、霍修勇：《试论蒋翊武对武昌首义的重大贡献》，《湘学研究》2022年第2期。
④ 高航：《1913年谭延闿"阻郭入湘"与民初政局》，《广东社会科学》2022年第3期。

历程，从太平天国运动到戊戌变法，到辛亥革命，再到新民主主义革命，都少不了湖南人的身影。赵廷斌试图捋清湖南在中国近现代史上出现"逆袭"式爆发的时间，认为湖南在太平天国运动时期、戊戌变法时期、辛亥革命时期和新民主主义革命时期爆发过四次人才高潮，其中湖南特殊的地理位置、对教育的重视以及湖湘文化的经世致用内涵，为近代以来的湖南提供了机会与思想基础。①

胡忆红指出，清末民初湖南县政改革是一个连续的整体。清末的县政治理模式、镇乡行政设置和固有团体改良等制度和设施，为民初县政建设所继承与利用。民初县政建设重在行政组织建设上，发展到议行并立的县政治理格局，体现出近代中国县政民主化改革的最佳态势。建立起"县—镇乡"基层行政体制，使国家行政力量深入基层；改变清代地方行政的"简约治理"传统，建立现代官僚行政组织和机制；在地方公共权力组织与行政官厅之间建立起权力配置、监督制衡机制，构成了此后30多年近代中国县政改革与建设的基本内容。②

齐白石被以清末社会底层身份写入近现代艺术史，其身份进阶路径看似传奇，实际与近代湖南的发展趋势息息相关。张涛指出，晚清湘军崛起，使得之前在帝国行政疆域之中尚处边缘的湖南，一举成为国家权力话语的中心省份之一，并由此导致湖南绅士阶层的数量激增，齐白石正是依托湘潭绅士阶层完成了自我社会身份的第一次重要"进化"。"绅权"进一步扩张与民初共和制度的难产，使得湖南本省自治浪潮高涨，最终导致1920年湖南率先宣布独立并颁布省级"宪法"。齐白石却在南北势力胶着的夹缝之中，不得不于花甲之年北漂谋生。近代湖南的大历史，可谓一把双刃剑，既成就了齐白石，又裹挟了齐白石。③

以梁启超为代表的研究系参与20世纪20年代初的湖南自治运

---

① 赵廷斌：《惟楚有材，于斯为盛——试析"一部近代史，半部湖南书"的形成》，《佳木斯大学社会科学学报》2022年第2期。

② 胡忆红：《清末民初县政改革与基层治理体制的转型——以湖南为例》，《湖南科技大学学报》2022年第3期。

③ 张涛：《绅士、自治与近代湖南：大历史视野下的齐白石》，《美术》2023年第5期。

动，除践行地方分权的政治理念外，亦符合研究系自身发展之需求。林峥指出，研究系在湖南有一定势力基础，尤其是曾任保定军校校长的蒋方震对湖南军界的影响力，使研究系与赵恒惕的合作容易达成。召开联省会议、制定新的国家宪法的"第三政府"路线是最为符合研究系期望的，孙中山的动向则令研究系甚为警惕，为此，研究系在湘直战争中试图游说或诱使吴佩孚与湘军达成一致，表现出纵横家的色彩。对研究系在湖南自治运动中的历史作用及其功利性、策略性的一面，需要综合分析。①冯政龙认为，毛泽东早年深受古典民本主义和西方启蒙思想的影响。"五四"运动后，毛泽东回到长沙研究政治问题并参与群众运动。湖南自治运动兴起后，他以高涨的战斗激情投入其中，并在《湘江评论》《大公报》等报刊提出自己的早期政治主张，具体包括湖南的"门罗主义"、人民制宪、多党分权制和保障基本人权等。毛泽东寄希望于"湖南共和国"的建立能成为摆脱旧式军阀专制的"民主先驱"，但由于理论不成熟和浓厚的"空想主义"，最终导致运动失败。②

综上所述，关于维新变法、辛亥革命、自治运动的研究是史学界研究的重要方向，成果的分布主要集中在对谭嗣同、蔡锷、黄兴、宋教仁等名人的研究方面。尽管维新变法、辛亥革命以及自治运动与湖南密切相关，但综合分析 2022—2023 年的研究成果，与湖南以及湘学相关的成果并不多见，我们期望本领域学者厚积薄发，能够写出一批具有较高学术价值的著作和论文。

四　湖南抗日战争研究的新成果

近些年来，湖南区域抗战史研究逐渐受到学界重视，出版了一系

---

① 林峥：《研究系与湖南自治、湘直战争关系述论》，《汉语言文学研究》2022 年第 4 期。
② 冯政龙：《毛泽东早期政治主张探究——以"湖南自治运动"为考察中心》，《西部学刊》2022 年第 17 期。

列专著、论文、史料汇编，也召开了相关学术会议。综合 2022—2023 年关于湖南抗战的研究成果，有两方面的特点：一是充分利用湖南地方的抗战档案进行研究，取得高质量的研究成果；二是抗战文化成为研究的重点，注重湖南抗日战争研究的学科体系、话语体系与学术体系建构。

（一）湖南抗战文化与抗战精神研究

全面抗战爆发初期，长沙临时大学迁往云南昆明，这是抗战期间文化教育界的大事件。部分参加长沙临时大学（后更名"西南联合大学"）"湘黔滇旅行团"的学生随团写作的旅行记，对沿途各地的丰富见闻与真实感受做了即时记录，成为充分还原历史细节、帮助读者返回历史现场的重要一手材料，具有不可替代的史料价值。李辰力图通过重温战时学子身体力行丈量大地的实践历练，深入呈现此番新奇而艰苦的旅程如何促成他们实现精神成长，体察教育家对"读书种子"走出课堂、磨砺意志、深接地气的殷切冀望与良苦用心。在倡导"五育并举"的当下，重温联大学子横跨湘黔滇的三千里壮行及其"迁移本身即教育"的成长教育理念，无疑具有重要的启迪意义与借鉴价值。[①]

关于衡阳保卫战的影视作品很多，例如《英雄若兰》《还有后来人》《援军明日到达》《衡阳保卫战》《喋血孤城》等。高漪、卢多姿认为通过红色影视作品中的人物形象、情感风格以及精神主旨的展现，观众可以深切感受到衡阳抗战精神的坚毅刻苦与家国情怀，从而推动其内涵不断丰富、不断深入人心。[②]

抗战时期全国诸多城镇毁于炮火，战后如何进行城市重建成为国

---

① 李辰：《"迁移本身即教育"——抗战初期长沙临时大学学生的行记书写与精神成长》，《福建教育学院学报》2023 年第 4 期。
② 高漪、卢多姿：《红色影视作品中关于衡阳抗战精神的表现与传承研究》，《人生与伴侣》2023 年第 14 期。

家与社会的重要任务。衡阳在战争中损毁殆尽,为抗战胜利作出巨大贡献。郭辉、傅伟男指出,衡阳被国民政府命名为"抗战纪念城",与衡阳战争记忆的象征价值、战后城市重建的迫切诉求密切关联,衡阳地方官员的多方努力、蒋介石与国民政府的政治考虑均起到重要作用。但"抗战纪念城"筹建议案的出台与筹建过程并不顺利,地方与国民党中央几经博弈,终因经费问题止于"抗战纪念"这一形式。衡阳"抗战纪念城"关涉战争记忆的保存、人民生活的稳定、政治认同的塑造,但国民政府弊病丛生、救援乏力,筹建之路万分艰难,进而影响政局走向。①

全面抗战爆发后,中国红十字会作为以"博爱恤兵"为宗旨的全国性慈善组织,慨然投身于各战区的救护工作。曾桂林指出,1938年春,中国红十字会在汉口救护委员会基础上组建了救护总队部,专门负责战时军事救护。1939—1944年,日军屡屡大举侵湘,国民政府在湖南正面战场先后组织了四次长沙会战。在抗敌御侮、守卫中南门户的战斗中,开展战地救护、拯救伤兵是关乎持久抗战全局的重要一环。中国红十字会作为以"博爱恤兵"为宗旨的全国性慈善组织,在长沙会战爆发前就积极从事各战区的伤兵救护工作,并根据实际需要,及时调整救护策略,组建中国红十字会救护总队,建构新的战地救护体系,为后续长沙会战的救护积累了宝贵经验。长沙会战爆发后,中国红十字会救护总队第九大队各位队员随部队奔驰于前线阵地,冒着枪林弹雨之危,夜以继日地开展战地救护与防疫工作,为各次长沙会战的救护及持久抗战的最后胜利作出了独特的贡献。②

(二) 湖南抗日战争研究的话语体系与学术体系建构

郭辉详细叙述了湖南抗日战争史的研究动态,并在此基础上提出未

---

① 郭辉、傅伟男:《战争记忆与城市重建:"抗战纪念城"筹建议案的出台与流产(1946—1949)》,《福建论坛》2022年第10期。

② 曾桂林:《长沙会战期间中国红十字会的战地救护》,《地域文化研究》2023年第1期。

来如何推进湖南抗战研究的想法：据不完全统计，全面抗战时期，在中国抗日战争的正面战场上，中国军队与日军进行的大型战役共有20多次，其中湖南战场的大型战役主要有三次，长沙会战、常德会战、长衡会战，以及湘西会战等6次较大的会战，占据总数的1/4左右。湖南战场是抗战相持阶段的主要正面战场，该时期湖南军民表现出的大无畏的英雄气概、慷慨赴死的奉献精神以及战事的惨烈程度，均为历次战争所少见。但这些限于军事的战役难以囊括湖南抗日战争的全部内容，如中共抗战、国际援助、民众动员、战场互动、社会经济和学术文化的交融发展，也属于湖南抗日战争史研究范畴。80余年来，湖南抗日战争研究大致经历5个阶段发展。新中国成立前，学理层面的"湖南抗战"逐渐开始，可分成战事纪实性文字、战时各类材料汇编、时人湖南抗战论述。这些著述虽带研究性质，但学术性较弱，大多数亦可被当作史料看待。新中国成立直至1978年，湖南抗战研究多归于其他历史研究之中，专门研究较少。1979—2005年，伴随改革开放的春风，学术研究百废待兴，湖南抗战研究得到正常发展，但多为政治史和历史事件方面的宏观问题论述且偏于归纳总结，以史实陈述为主。2006—2015年，湖南抗战研究涉及更多领域，特别注重战时湖南的经济、教育、文化、社会现象，研究更趋全面细致。2016年以来，某些新领域和新方向的研究正在萌发，不少档案材料被发掘，史料来源更为丰富，学者们开始从理论上反思湖南抗战研究的话语体系。湖南抗日战争研究如果在拓展研究主题、丰富研究视野、加强史料整理、建设学术共同体等方面持续发力，取得更多高质量成果将指日可待。[①]

加强区域抗战史研究是深化抗战史研究的一种可能取向。傅伟男、郭辉指出，区域抗战史是指发生在特定地域空间内的抗战历史，与抗战区域史的概念有别，但有共通之处。以往学界研究区域抗战史多停留于"就事论事"，鲜有将区域性的抗战史纳入整体抗战尤其是

---

① 郭辉：《湖南抗日战争史研究的回顾和思考》，《兰州学刊》2023年第6期。

叠合区域的视野中考察。衡阳保卫战作为区域抗战的范例，兼为湖南抗战与豫湘桂会战的局部，将其研究述论置于湖南抗战史与豫湘桂会战史学术梳理中作整体观照，不仅有利探索衡阳保卫战研究的未来取径，亦为区域抗战史研究进路提供省思，进而深化对抗战史主旨内涵的理解。①

衡阳保卫战是中国抗战后期著名的守城战例，给世人留下了深刻记忆。傅伟男认为，衡阳保卫战记忆的建构与战时各政治力量的宣传塑造相关，体现了不同的政治诉求与利益博弈。战时宣传兼具军事与政治双重性质：国民党宣传衡阳保卫战旨在动员抗战、维持军队形象与政权合法性；中共在重庆与延安采取灵活的宣传策略，维护了抗日民族统一战线；汪伪政府竭力渲染"大亚洲主义"以美化侵略战争，用心险恶，遭国人唾弃；澳门爱国群众始终心系祖国，传递了抗战理念。衡阳保卫战在国统区、解放区、沦陷区与澳门等地呈现出不同的宣传话语，彰显了该战役的深远影响。②

柏晓斐指出，抗战进入相持阶段至第一次长沙会战前，国民政府努力通过苏联援华贷款使中国空军力量得到一定复苏。会战开始后，由于疲于应付日机轰炸重庆，国民政府对空军使用原则的规定，特别是将新到苏式先进轰炸机的飞行与作战任务交予苏联志愿队，中国空军一度缺位于战场，致使陆军对日作战遭受极大困难。会战后期，中国与苏联空军志愿队两次有力轰炸汉口日军机场，不仅配合了陆军的反击作战，迫使日军不得不重视华中地区制空权的掌握，更提振了国人的抗战信心，在国际上传播建构了中国抗战的正面形象，预示了中国空军配合陆军作战效果的阶段性提升。③

战争是人类剧烈活动的重要形式，与地理环境有着密切关联。马

---

① 傅伟男、郭辉：《区域抗战史述评与研究进路之省思——以衡阳保卫战为例》，《湖北理工学院学报》2022年第3期。
② 傅伟男：《衡阳保卫战的宣传塑造与政治博弈》，《衡阳师范学院学报》2022年第5期。
③ 柏晓斐：《战场内外：第一次长沙会战中国空军对日作战及其影响》，《历史教学》2023年第18期。

第三章 政治与军事：湖南军政人物的湘学实践

守丽认为，学界往往将第一次长沙会战中中国军队所赢得的"大捷"归因于"巧妙利用地形"，长沙也因此在历史上留下"易攻难守"的印象，这与第一次长沙会战前中国军队内部关于长沙战略地位的判断存在矛盾。第九战区代理司令长官薛岳在会战期间曾下令破坏道路、通信设施等以阻止日军。从中日军队实际战斗情况来看，中国军队对湘北地形的破坏却并非全然成优势。战前对地理环境的观察和判断十分重要，若非第一次长沙会战最终获得"胜利"，地理环境方面的破坏利用或更多属教训而非经验。事后诸多文献在记叙地理环境这一因素时，多将其作为"大捷"的重要助力。国民党高层在进行战后经验总结时，进一步强化了地理环境作为胜利因素的记忆。国民党军队在如此"易攻难守"之地竟赢得胜利，长沙地理位置的战略地位被重新定义，赋予其重要性。第一次长沙会战中对地理环境的认知涉及如何书写这次战斗，更与历史记忆的建构关联。①

自 20 世纪六七十年代以来，西方关于中国的叙事完成了从"西方中心论"到"中国中心观"的跨越。陈艳辉以第二次世界大战史的书写为例，着重论述了体现中国贡献的第三次长沙会战，以考察西方学者是否跨越了"西方中心论"。即使将中国置于一个与西方国家并列的体系中考察，这种跨越也并没有实现，"西方中心论"依然是主导。以近年出版或重版的西方第二次世界大战史著述为例，依然普遍存在较少述评中国贡献、对中国负面评价居多以及凸显同盟国对中国援助而淡化中国对同盟国支持等问题。除政治利益的考量外，"西方中心论"既是历史著述本身意味着选择的客观结果，也是后现代主义影响所致。中国必须从历史叙事到现实叙事都把握属于自己的主导权，以平等姿态与西方对话，才能打破"西方中心论"。②

---

① 马守丽：《战争书写与记忆建构：第一次长沙会战中的地理环境因素》，《湖北理工学院学报》2023 年第 1 期。
② 陈艳辉：《"西方中心论"的再检视——以西方二战史关于第三次长沙会战的述评为例》，《怀化学院学报》2022 年第 3 期。

(三) 中国共产党与抗日民族统一战线研究

抗日战争时期，在中国共产党的倡导和积极推动下，在抗日民族统一战线这面旗帜下，中华民族筑起了抗击日本侵略者的钢铁长城。但在建立和巩固抗日民族统一战线的实际斗争中，中国共产党党内曾出现一些右倾错误。对此，毛泽东专门作出过许多重要论述，予以剖析和批评。武志军指出，针对党内存在的对国民党无原则迁就退让等"阶级对阶级的投降主义"，毛泽东强调要把国共谈判当作政治斗争，在原则问题上绝不能让步，必须争取无产阶级在革命中的领导权；针对王明右倾错误，毛泽东强调"一切经过统一战线"是单方面地服从国民党，会使共产党降低到国民党方面去，必须坚持党在统一战线中的独立自主原则；针对党内存在的害怕统一战线破裂、不敢冲破国民党束缚的"政治上的软弱症"，毛泽东强调要发展壮大抗日力量，坚决同国民党顽固派作针锋相对的斗争，以斗争求团结。①

毛泽东于1938年所著的《论持久战》是关于中国抗日战争方针的军事政治著作，是中国共产党领导抗日战争的纲领性文献。高晓林、周克浩认为，毛泽东全面考察国际国内时局，集中全党智慧，系统阐明了党的抗日持久战战略总方针，为艰苦卓绝的抗日战争指明了方向，坚定了全国人民以持久抗战赢得胜利的信心，其所凝聚的科学世界观和方法论仍然能为解决当代人类面临的发展难题提供重要启示。②

黎田认为，瓦窑堡会议后，中国共产党正式提出制定抗日民族统一战线"共同纲领"的倡议，毛泽东在多个场合对其政治内涵与核心议题进行阐释。洛川会议后，毛泽东指出应以三民主义和《抗日救国十大纲领》作为"共同纲领"的主要内容。随着国共第二次合作

---

① 武志军：《毛泽东对党内关于抗日民族统一战线的右倾错误的反对和抵制》，《党的文献》2023年第5期。
② 高晓林、周克浩：《〈论持久战〉的思想魅力和现实启示——重读毛泽东〈论持久战〉》，《党建》2023年第5期。

正式达成，毛泽东进一步认为《抗日救国十大纲领》本质上即为三民主义，并号召国共两党应正确执行三民主义的"共同纲领"，但由于国民党坚持片面抗战路线，多次制造反共高潮，制定"共同纲领"的政治基础不断遭到消解。抗战胜利前夕，毛泽东依据国内政治形势变化，顺势提出同民主党派制定"共同纲领"，同时在党的七大政治报告中提出一般纲领和具体纲领的明确划分，为中国共产党关于成立联合政府的主张提供了理论依据。抗战时期，毛泽东制定"共同纲领"的战略构想，旗帜鲜明地表达了中国共产党人坚持全面抗战路线的政治立场和方针政策。①

综上所述，2022—2023 年湖南抗战的研究呈现出一些新的特点：一方面，对于三次长沙会战、衡阳会战、常德会战的研究进一步深入，挖掘新发现的抗战档案史料，形成新的研究成果；另一方面，对湖南抗战的研究不再局限于具体战役过程、影响的分析，开始更多地扩展到抗日民族统一战线、抗战文化、抗战精神的研究。更多的学者充分利用馆藏丰富的抗战档案资料，放宽研究的视野，将湖南抗战放置全国抗战甚至全世界反法西斯战争的格局中进行深入研究，揭示了湖南抗战的更多面向，提高了湖南抗战在全国抗战研究中的地位和分量，构建了湖南抗日战争研究的话语体系与学术体系。

五 湘籍无产阶级革命家的丰功伟绩

在湖南这片具有光荣革命传统的红色热土上，以毛泽东同志为代表的湘籍无产阶级革命家在创建中国共产党的开天辟地的斗争中建立了丰功伟绩，形成了坚持真理、坚守理想，践行初心、担当使命，不怕牺牲、英勇斗争，对党忠诚、不负人民的伟大建党精神。

---

① 黎田：《抗战时期毛泽东制定"共同纲领"战略构想的演进历程》，《延安大学学报》2023 年第 4 期。

（一）湘籍无产阶级革命家的建党精神与政治思想

李卫政指出，毛泽东是马克思主义中国化的代表人物之一，1920年年底以后，他基于马克思主义理论基础的政治哲学随着参与中国共产党的创建开始逐步成型，并开始展现出极具个人风格的特点。相信人民、依靠人民、人民至上的价值观，是毛泽东政治哲学的根本态度和根本立场。①

在实现中华民族伟大复兴的实践中，毛泽东思想不仅哺育了伟大建党精神，而且赓续与弘扬了伟大建党精神。邹武龙认为，《毛泽东选集》作为中国革命战争"血的著作"，集中展示了中国共产党的信仰信念、责任担当、意志品质和价值立场。基于对《毛泽东选集》文本内容的分析与对中国革命战争实践的考察，可以深入探寻《毛泽东选集》蕴含的伟大建党精神，为全面建设社会主义现代化国家、全面推进中华民族伟大复兴提供强大的精神动力。②齐卫平指出，毛泽东不仅以身体力行的毕生实践为弘扬伟大建党精神作出了光辉榜样，而且以丰富的思想形成伟大建党精神内涵各要素的理论阐述。以中国共产党人坚持真理代表了中国的命运、中国共产党人一切都是为了人民的利益、中国共产党人勇于奋斗到最后一滴血、中国共产党人的党性是一个重要问题等方面为理路，展开对毛泽东论述伟大建党精神的思想内涵的研究，有助于深刻认识伟大建党精神的精髓要义，从而为新时代新征程更加自觉地弘扬伟大建党精神提供精神动力。③刘少奇是伟大的马克思主义者、改造社会的现代担当者、艰苦奋斗的无产阶级革命家、忠诚于党的人民勤务员。邵雍认为，他的革命生涯在党史

---

① 李卫政：《从主张"湖南自治"到建党先驱——建党前后青年毛泽东政治哲学的几个特点》，《湘潮》2022年第10期。

② 邹武龙：《毛泽东同志对伟大建党精神的贡献——以〈毛泽东选集〉为考察文本》，《中学政治教学参考》2023年第40期。

③ 齐卫平：《毛泽东关于伟大建党精神思想内涵的论述研究》，《上海党史与党建》2023年第5期。

上占有重要地位，他的名字与伟大建党精神紧密相连。①

（二）毛泽东政治与军事思想研究的新成果

从北伐战争到土地革命战争，从抗日战争到解放战争，直至抗美援朝战争，一批批湘籍军事家南征北战，浴血战场，他们的英勇事迹、为国为民的高尚品格历来为人民所敬仰，对湘籍军事家以及英烈的宣传、研究和纪念，是党史研究专家义不容辞的责任。综合分析2022—2023年有关湘籍军事家群体研究的新成果，对毛泽东政治与军事思想的研究成果最为显著，其中不乏高水准的论文，提升了对湖南红色文化研究的学术价值。

在早期共产主义运动中，以毛泽东、蔡和森、何叔衡、李中等为代表的湖南一师革命家群体上下求索，较早实现了思想转变，成为坚定的马克思主义者和引领时代潮流的建党先驱。他们在一定程度上为早期共产主义运动指引了思想航向，提供了组织准备，培养了骨干力量，奠定了良好群众基础，对推动新民主主义革命取得伟大胜利作出了开拓性贡献。胡慧娥认为，相比同时代其他学校，湖南一师涌现出的革命家的数量、成就等是具有典型代表性的。②薛添仁指出，毛泽东根据近代中国革命战争的实际形势，以辩证唯物主义和历史唯物主义方法批判吸收了"知己知彼，百战不殆""避其锐气，击其惰归""攻坚则韧，乘瑕则神"、孙膑驷马之法和中国古代其他军事战略战术思想，并结合自身长期作战经验创造性地提出了积极防御理论、持久战理论、游击战理论等军事理论，为人民军队建立了一整套行之有效的军事战略战术，成功实现了对中国传统军事战略战术思想的继承和超越。③

---

① 邵雍：《刘少奇与伟大建党精神》，《党政论坛》2022年第5期。
② 胡慧娥：《论湖南一师革命家群体对早期共产主义运动的贡献》，《湖南第一师范学院学报》2023年第5期。
③ 薛添仁：《毛泽东对中国传统军事战略战术思想的继承和超越》，《毛泽东研究》2023年第5期。

王力、吴琼认为，毛泽东在领导秋收起义部队转向井冈山的过程中触及如何解决军队和人民群众关系的问题，在解决实际问题中提出了"三大纪律，六项注意"，这成为构建军队与人民群众关系的基本原则，军队赢得了根据地人民群众的充分认可和全力支持。毛泽东指导军队帮助建立农民武装和工农兵政权，开展土地革命，让农民认识到共产党的军队是贫苦工农的化身，誓为工农利益奋斗。共产党领导的新型军队的重要任务是宣传群众、组织群众、武装群众，为人民利益打仗。军队为人民解放而战，广大人民无私支援人民军队，人民军队与人民群众建立起鱼水关系，在抗日战争和解放战争中发挥了巨大作用。①唐彦林、李蒙佐指出，毛泽东群众路线思想是毛泽东思想的重要组成部分，这一思想在土地革命战争后期到抗日战争时期逐渐走向成熟，这一思想的主要内容被凝练为"一切为了群众，一切依靠群众，从群众中来，到群众中去"。以毛泽东为主要代表的中国共产党人在全面抗战时期把群众路线思想广泛运用在经济、政治、文化各领域，带领群众实行减租减息政策和开展大生产运动；实行"三三制"原则，开展整风运动；推动文化与抗日群众相结合，取得了抗日战争的全面胜利。全面抗战时期毛泽东群众路线思想的成功运用也为新时代探索群众路线新的实践方式，满足新的群众利益在思想和实践上提供了宝贵的经验和启示。②

人民战争这一制胜法宝作为毛泽东军事思想的重要组成部分，是在中国共产党领导人民军队的光辉历程中逐渐发展为符合中国实际且具有时代特征的人民战争战略战术的。高博认为，毛泽东人民战争思想主要围绕人民战争目的、人民战争性质和人民战争主体的逻辑展开，形成了人民战争是"为人民利益而战""为正义而战""兵民是

---

① 王力、吴琼：《建军初期毛泽东的军民关系思想及其价值》，《湖南科技大学学报》2023年第4期。

② 唐彦林、李蒙佐：《全面抗战时期毛泽东群众路线思想的实践与现实启示》，《思想战线》2023年第2期。

胜利之本"的基本内涵。新时代的伟大实践对发展人民战争战略战术提出新的要求，特别是在党领导全国各族人民迈上全面建设社会主义现代化国家新征程之际，深刻阐释毛泽东人民战争思想的时代化发展，对于推进马克思主义中国化时代化、实现第二个百年奋斗目标具有重要意义。[1] 金民卿提出，在领导党和人民进行长期革命和建设的过程中，毛泽东强调，没有一支人民的军队，就没有人民的一切，并创立了系统完整的人民军队建设思想，这一思想的重要发端，就是"枪杆子里面出政权"。这一著名论断在重大历史转折关头开始孕育，在实践展开中得到深化和丰富，具有重要的思想创新价值，对推进新时代人民军队建设、实现党的军事理论创新、弘扬伟大斗争精神具有重要启发意义。[2] 曹前发、杨明伟指出，"兵民是胜利之本"这个重要论断，出自毛泽东写于1938年5月的论著《论持久战》。从这一重要论断提出的思想初衷、深刻内涵到现实指向，可以清晰地看出，毛泽东侧重思考的是当我们的队伍面临严峻挑战和巨大困难时，我们靠什么取得最终的胜利。这个重要论断的提出有着复杂的历史背景和极为重要的指导意义。[3]

向鑫认为，毛泽东在马克思主义海洋观的理论指导下，汲取近代以来"重陆轻海"海洋观与"有海无防"消极性海洋防御战略的沉痛教训，提出了"以海图存"的积极性海洋防御战略，呈现了理论逻辑与历史逻辑的统一性。毛泽东海洋防御战略以党的绝对领导为政治原则，以坚决捍卫国家利益为最高准则，以维护最广大人民群众的根本利益为核心要义，坚持海洋建设与经济建设、科学技术发展统筹兼顾的战略思维，形成了收回海关、港口与沿海岛屿，建立人民海军，制定近岸防御方针，开展海防斗争，拓展海上贸易等

---

[1] 高博：《毛泽东人民战争思想的时代化发展》，《理论导刊》2023年第11期。
[2] 金民卿：《"枪杆子里面出政权"——毛泽东建军思想的重要发端》，《中国党政干部论坛》2023年第11期。
[3] 曹前发、杨明伟：《"兵民是胜利之本"——解读毛泽东的一个重要论断》，《中国党政干部论坛》2023年第11期。

一系列系统的海防实践路径。这不仅为社会主义改造与社会主义建设的国家总体战略规划赢得了有利的国家安全环境和海洋战略空间，也为新时代海洋强国战略提供了丰富的现实启示。① 冯金波、于玲玲指出，在领导我军加强革命化现代化正规化建设、维护国家安全与发展利益的军事斗争中，毛泽东极为重视海军建设，从战略高度系统深刻地论述了海军建设带根本性、方向性、全局性的重大问题，为人民海军扬帆起航破浪前行指明了前进方向。值此纪念毛泽东同志诞辰130周年之际，重温毛泽东关于海军建设的论述，对于全面建成世界一流海军，切实维护国家海上方向的安全与发展利益，具有重大而深远的意义。②

新中国成立后，毛泽东对世界战略形势和国家安全形势进行了战略分析和判断，在此基础上提出一系列关于遏制战争的思想和战略。孟国丽、付朝霞指出，毛泽东遏制战争战略思想的核心是通过增强实力、营造环境、以战止战、防止战争升级，来遏制帝国主义、霸权主义可能发动的大规模侵略战争；根本目的在于争取更长时间的和平，为中国能够集中力量进行社会主义革命和社会主义建设创造环境和条件，从而也为进一步遏制战争奠定基础。③

抗美援朝战争是世界大战与现代局部战争的分水岭。这场战争也是一场双方力量极不对称的战争。潘宏指出，面对极为复杂的国际国内形势，毛泽东和中共中央对抗美援朝战争实施了正确的战略指导，根据国际战略形势和国家利益的需要，明确了抗美援朝战争的战略目标，通过战争进程以及各阶段不同战略任务，使战略目的具体化。根据战略目的和战略任务要求，对不同的作战对象、依据不同作战条件，制定具体的战略指导方针。以国家综合国力为后盾，以中国人民

---

① 向鑫：《毛泽东海洋防御战略的核心要义、实践路径及其现实启示》，《山西高等学校社会科学学报》2023年第11期。
② 冯金波、于玲玲：《毛泽东关于海军建设论述探要》，《政工学刊》2023年第12期。
③ 孟国丽、付朝霞：《毛泽东遏制战争战略思想研究》，《军事历史》2022年第5期。

志愿军为武装力量核心，正确运用战略力量和战略手段，赢得抗美援朝战争的最后胜利。①

古琳晖、吕晓勇认为，毛泽东在引领人民军队建设发展的波澜壮阔征程中，创造性地提出军队建设由"中国型"向"世界型"转变。在这一探索过程中，坚持在历史长河与时代大潮的交汇中确立"世界型"军队建设目标，在外部挑战与内部困难交织中坚定"世界型"军队建设决心，在以我为主与借鉴他人的交互中夯实"世界型"军队建设基础，在继承传统与勇于创新的交融中加快"世界型"军队建设步伐。②

张树德、闵霞认为，毛泽东军事思想作为中国共产党领导中国革命战争、军队建设、国防建设和反侵略战争的指导思想，开创了马克思主义军事理论中国化的新纪元，奠定了党的军事指导理论的理论基础；是把辩证唯物主义和历史唯物主义创造性地运用于军事领域的典范。它贯穿着实事求是、一切从实际出发的思想路线，充满求实精神，以回答和解决现实问题为起点和归宿，具有很强的实践性。在信息化、智能化的新时代，毛泽东军事思想依然是指导新时代我国国防和军队建设、赢得信息化战争智能化战争的重要法宝；新时代坚持用毛泽东军事思想指导中国国防和军队建设必须把握的一些重要问题。③

---

① 潘宏：《论毛泽东对抗美援朝战争的战略指导》，《政工学刊》2023年第12期。
② 古琳晖、吕晓勇：《毛泽东引领人民军队向"世界型"迈进的实践探索及其启示》，《思想理论战线》2023年第5期。
③ 张树德、闵霞：《毛泽东军事思想与新时代战争、国防和军队建设》，《毛泽东思想研究》2023年第1期。

第四章 经济与社会：湖南经济社会发展的丰富特点

湖南地区物产丰饶，故而自先秦时期开始，便有了十分频繁的经济交流行为，由此形成了经济模式固定、经济发展多元的湖南经济社会。这就使得湘学研究的讨论不可避免地要重点讨论湖南的社会经济发展史。2022—2023年有关湖南经济的研究成果较多，涉及面也较广，主要集中在历史上湖南业社会的发展、湖南丰富的社会经济生活以及新中国湘籍领导人的经济思想与实践之上。基于这一系列研究，在新时代的湘学研究上，湖南经济社会的新架构与历史文化的新特性由此建构起来。

一 湖南商业社会的产生与发展研究

（一）关于商业城镇的出现与发展

湖南的商品交换行为发展较早，早在先秦时期便有原始的商品交换的记载。但是其商贸经济开发较晚，在较长一个时期，湖南地区的主体经济是由以自然经济为基础的农业经济所带动。不过，零星的商贸行为并不妨碍湖南地区出现早期的商业社会，至迟在五代两宋时期，湖南的商业城镇就开始了其自身独有的发展道路。根据袁钰莹的研究，晚唐五代至两宋时期是湖南地区商业起步的关键时期，也正是在这一时期，湖南地区开始有了一些小规模的商业城镇。究其原因在于，五代时期，军阀割据，各自为政，但湖南地区作为南北方商贸往来，尤其是茶叶贸易的重要通道，其经济上的区位优势愈发凸显。湖南不少城市借助这种优势，展现出了较为强劲的发展势头。其中，长沙抓住这一发展契机，大力发展经济，开始成为一个枢纽性的全国商品集散地，占据了湘江流域商业中心的地位。由此，在中部地区就形成了一个以长江流域为横轴、湘江流域为纵轴的商贸网格格局，长沙发展成中部地区最大的商业城镇之一。[①]

除了商业城镇的出现与发展，古代湖南商业社会成型的另一个标志，便是开始在社会中形成了稳定的"贫富观"。张建民在论述中国传统社会贫富观时提到了湖南地区贫富观念的转变，他指出：在宋代，辛弃疾宦湘之时提出了"劫禾者斩，闭籴者配"的思想，即保护富户不受冲击，防止贫户哗变，这一思想在当时整个湖南的士大夫阶层十分流行，其产生原因在于，当时湖南的商业城镇已有一定的发展，而这些商业城镇保持稳定发展的基础便是必须保留一部分富户的存在，使其不受到贫户的冲击，才能使地方政府的重要工作有序进行。虽然这样的想法与传统儒家思想有异，也受到了一些当时和后世儒学大家的批评，但是依然改变不了这样的贫富观成为商业城镇地方政府的主要施政思想，并一直维持着湖南商业城镇的持续发展。直到晚清时期中国的商业城镇成批出现时，湖南社会的贫富观才再次发生改变。张建民列举了道光年间湖南著名乡绅邓显鹤在其家乡新化县所经历的地方政府劝诫富户减价出卖存粮保护身家安全，以及禁止贫户违法掠夺富户的事件，以此说明当时的贫富观念不再完全以富户为宗的社会状况。其实，这也从另一个方面证明了这一时期湖南商业城镇的大量存在，可以不再像之前一样对富户进行严密的保护了。[②] 可见，

[①] 袁钰莹：《五代两宋荆湖地区商业城镇发展及其格局演变》，《中国经济史研究》2022年第5期。

[②] 张建民：《贫富相须与保富救荒：中国传统社会后期贫富观的新趋向》，《中国经济与社会史评论》2022年第1辑。

晚清时期湖南的商业社会体系已有一定规模。

在近代，湖南又发展出了一个特大的商业城市，与长沙南北呼应，这便是衡阳。与古代长沙发展成大型商业城市的轨迹类似的是，衡阳城的商业之旅亦是伴随着当地交通道路系统的成型展开的。在近代中国铁路系统飞速发展的时期，铁路系统的搭建也被认为是当时国家重新富强的关键所在。张卫东、黄志萍的研究就表明，20 世纪 30 年代，粤汉铁路修至衡阳境内，就此拉开了衡阳近代化的大幕。基于这一历史契机，衡阳在此时有了"城市规模扩大、城市面貌改善、城市商业水平提高、货物集散能力大为提升、附属铁路工业发展"[①]等近代商业发展的特点。随着时间的推移，当地分别建立了粤汉铁路管理局与湘桂铁路管理局，这将衡阳的区域优势完全发挥出来，使得当地出现了人口飞速增长、工业相关企业大量建立、商业利润巨大等经济繁荣的特点。衡阳就此成为湖南又一具有鲜明特点的大型商业城市。

（二）关于近代湖南商业团体、管理组织的成形

湖南商业社会发展的另一个表现便是在近代出现了一系列的商业团体和管理组织，并且能够通过法律手段维护自己的合法权利以及推动商业资源的合理配比与利用，这使得其组织架构逐渐趋于成熟。长沙是湖南最早兴起的商业城镇之一，故而其商业团体在近代也是最早成形的区域之一。早在 1904 年开埠后，长沙便开始筹办商会，并于 1906 年正式建立了湖南商务总会。虽然历经坎坷，最终还是在南京政府时期，以长沙商会的形式存留了下来。胡若男把民国时期的长沙商会组织作为研究对象，发现在这一时期，其为了应对严峻的社会危机，即抗战所引起的通货膨胀、经济萧条、市场低迷、商业失序等社会状况，逐渐有了独立的行事能力。如，他们会维护长沙商人的合法权益，代长沙商人向地方政府交涉商业经济的相关事宜，协助地方政

---

① 张卫东、黄志萍：《粤汉铁路与民国衡阳城市发展述论（1933—1945）》，《安徽史学》2023 年第 6 期。

府管理当地混乱的商务状况等。这使得抗战期间，在战乱之中，由于长沙商会的努力，当地的商业还能乱中有序，获得短暂的繁荣发展。另一方面，长沙市商会还联合地方政府努力压制飞涨的物价，并要求地方政府减少税收，以此维护战时经济市场稳定。抗战胜利后，长沙市商会也未就此蛰伏，而是多方奔走，为战后长沙地区损失惨重的商人们争取大量的低息贷款，带领他们恢复生产。① 正因为长沙商会组织在非常时期的四处游走，积累了大量的社会活动经验，不但为长沙商业企业在乱世争取了相对宽松的生存空间，还为自身发展成型，在之后的长沙乃至湖南的社会经济发展中担任重要角色奠定了基础。

近代湖南地区另一个比较重要的商业团体便是湖南民船同业团体。在近代以前，湖南就有民船联合起来的零散组织，以应对河运航路上的垄断行为。到了近代，由于人民法治观念的萌芽与发展，湖南各个船帮组织开始依法成立船商工会和公会组织，这为抗战期间湖南民船同业团体的发展奠定了组织基础。陈瑶就认为，抗战时期以湘潭船主为代表的湖南民船同业团体在陆路交通线以及交通工具被破坏殆尽的情况下，依靠自身水运的特点与优势，积极配合政府抗战，完成了对前线军人和物资的输送，就此获取了政府的信任，并获得了政府颁布的合法组织的称号。基于此，陈瑶进一步下结论："战争给民船同业团体和船民带来组织和身份上的重大转变，长期游离于体制之外的民船组织立案为同业工会；以往被看作江湖匪盗的船民群体，成为支援抗战及复员运输的内河船运工人。抗日战争对于同业团体的组织性质和底层民众的身份认同影响深远。"② 可见，湖南民船同业团体的飞速发展为抗战胜利后湖南航运事业的发展拓宽了道路，给湖南经济的多元推进增添了新的动力。

矿产是战时必备的军用原始物资，故而在战争期间，各地政府必

---

① 胡若男：《危机与应对：长沙市商会研究（1937—1949）》，硕士学位论文，南昌大学，2022年。

② 陈瑶：《抗战前后湖南民船同业团体的嬗变》，《中国经济史研究》2022年第1期。

然对矿产的管理与运输十分重视。湖南一直是有色金属之乡，这使得在抗战期间，地方政府对当地有色金属资源十分重视。尤其是湖南钨矿的开采与利用，对民国政府坚持持久抗战并获得最终的胜利，发挥了积极的作用。基于此，湖南地方政府在这一时期成立了资源委员会钨业管理处来统筹当地钨矿的开发利用。徐成利用地方档案馆馆藏民国档案、中国第二历史档案馆整理出版档案以及民国期刊、著作等资料研究发现，正是因为有了资源委员会钨业管理处在抗战时期的合理调配，才让湖南钨业体系不至于在这一时期崩塌，为抗战时期湖南钨业乃至中国钨业的现代化发展、中国抗日战争的胜利以及战时对外经贸合作的发展都作出了重要贡献。①

基于湖南在近代时期发展出的诸多商团与管理组织，出现了政府调查局对其行为的调查分析。近代以来，湖南便有两次大规模的民商事习惯调查行动。一次是清末时期湖南调查局的调查行为，一次是民国初年湖南民商事习惯调查会的民商事调查行为。夏新华、丁广宇专门列举分析了这两次调查行为的过程与意义。他们认为："近代湖南民商事习惯调查多数与民事立法保持一致，在意思自治领域起到补充民事立法的作用。调查问题能够向民间普及近代民事法律概念，调查内容能够展现清末民事纠纷解决实践，为民事审判提供参考。"② 这也凸显了清末民国时期，湖南的商业行规已逐步成型，商业自治行为初见端倪，为这一时期当地经济的全面发展奠定了基础。

总而言之，2022—2023 年关于湖南商业社会的产生与发展的研究，多以湖南各个商业城镇出现、发展成型的历史脉络以及商业城镇成型后其内部商业团体、管理组织的组织化过程为研究对象。其结论基本是，商业城镇的出现是维系地方商贸系统的关键节点，对中国古

---

① 徐成：《抗战时期资源委员会钨业管理处研究（1936—1945）》，硕士学位论文，南昌大学，2022 年。
② 夏新华、丁广宇：《近代湖南民商事习惯调查疏论》，《湖南师范大学社会科学学报》2022 年第 1 期。

代以及近代商贸经济的发展意义重大。商业团体、管理组织在抗战时期发挥了重要作用,使得在失序的社会环境下却进行着相对有序的经济活动,为战后湖南地区的经济重建奠定了基础。

二 湖南社会经济生活的多元化发展研究

湖南商贸经济的发展带动了湖南商业社会的形成,而在较为成型的商业社会中,不同人群的经济生活方式不尽相同,这就使得湖南社会经济生活朝多元化方向发展,并在不同的经济发展板块呈现出不同的特点。

(一)湖南社会民生经济的发展研究

社会经济生活的发展,最为直接的体现就是在民生经济的发展方面。民生经济是人民群众日常生活紧密相关的经济要素,包括人民的衣、食、住、行、文、娱等各种基本元素。湖南历史上社会经济的发展,亦体现出了民生经济的各种发展要素,其中古代社会的瓷器以及近代社会的布匹、伞业的发展最有特点。陆晓娜在其硕士学位论文中就以唐代长沙窑的瓷器销售为例,向读者展现了唐朝政府对外贸易工作的开展状况。唐代长沙窑是我国历史上著名的瓷器炼铸窑,其瓷器成品不但在湖南地区、全国各地销售,还通过海上交通销往了世界各地,有着广阔的区域市场、内地市场和国际市场。尤其在对外贸易上,长沙窑的外销瓷器十分引人注目,见证了唐朝基于对外贸易的文化交流的频度和广度。另一方面,长沙窑的瓷器在销往当地、内地、海外等不同市场时,积极吸收了不同民族、不同种族、不同区域、不同国家的文化要素,并逐渐内化,就此形成了既有其他文化色彩又兼具本土特色的瓷器成品。[1] 反映了当时以长

---

[1] 陆晓娜:《对外交流视域下的唐长沙窑瓷器文化艺术》,硕士学位论文,山东工艺美术学院,2022年。

沙窑为代表的湖南瓷器文化在民生经济上的繁荣。

到了近代，湖南地区随着域内县市开埠的影响，民生经济更加繁荣，尤其是在布业、伞业等民生基本生活品的发展上，展现出独有的特点。熊元彬以《湖南实业志》等地方志为中心，探讨了这一时期浏阳夏布与醴陵夏布的区别。他认为湖南夏布生产主要集中在浏阳和醴陵地区，其中又以浏阳的夏布更为有名。虽然早在清末时期，醴陵的夏布就已在销量上领先于浏阳，但受各种因素制约，当地的人们依然将浏阳夏布作为湖南夏布的代表。直到民国年间，由于湖南开埠的影响，醴陵商人开始将当地夏布外销各地，醴陵夏布才开始闻名遐迩。由此，浏阳、醴陵夏布都成为湖南夏布的典型代表，直到后来战乱、自然灾害等各方面因素的影响下，才逐渐衰落。[①] 但是这也不妨碍湖南夏布产业的飞速发展，在湖南近代史上写下了光辉的一笔。

近代湖南伞业的起步则较晚于沿海地区，但是后劲十足，飞速发展，逐渐成为湖南民生经济的特色产业之一。其间，尤以民国时期发展最快。根据熊元彬的研究，"民国时期，在传统益阳明油纸伞、湘潭石鼓镇纸伞继续发展的同时，还出现了欧美驰名、多次荣获嘉奖的长沙菲菲纸伞和油布伞。民国初期虽然因军阀混战湖南等地，制伞业受广伞庄、洋伞市场垄断，但还是有所发展。抗战爆发后，湖南制伞业在战乱受影响的同时，由于洋伞输入被中断，因而在国内生活需求的刺激下得以一定程度地发展。解放战争及新中国成立初期，益阳制伞业发展至顶峰，制伞业作为独立的手工行业一直延续到1956年公私合营"[②]。由此可见，当时湖南的制伞业已发展成具有社会基础的民生产业，并一直影响到新中国成立后的湖南经济社会。

（二）湖南茶叶经济的发展研究

茶叶一直是湖南地区的特产之一，较为著名的茶叶产品有安化黑

[①] 熊元彬：《近代浏阳与醴陵夏布比较研究——以〈湖南实业志〉等地方志为中心》，《中国地方志》2023年第5期。

[②] 熊元彬：《论湖南近代制伞业的产销及其特点》，《都市文化研究》2023年第1期。

茶、君山银针、保靖黄金茶等，其中尤以安化黑茶影响最盛、销量最高、销路最广。2022—2023 年关于湖南茶叶商贸经济的相关论文有两篇，全部与安化茶叶相关。赖惠敏、王士铭以清代陕甘地区的官茶与以安化各类茶叶为代表的私茶的贸易竞争为切入口，说明了清代官茶与私茶两种截然不同的销售渠道，以及其对国家税收体系的影响。作者提出湖南茶叶主要产自洞庭湖沿岸，尤其是在湘江和资江两河的入湖口流域，有面积广阔的茶田。这使得湖南的主要产茶区集中在安化、湘乡、湘阴、长沙、浏阳、宁乡等县。其中，安化茶品质最好，也是北销的重要茶叶产地。由于商业贸易的需要，使得以安化茶叶为中心的区域茶叶加工体系由此建成。安化邻近的桃源、新化、沅陵等县都成为这一茶叶加工体系的重要一环。基于此，湖南西北部地区的茶叶产量飞升，至清末，湖南的茶叶总产量已高达 208250 箱，如果每箱以 100 斤计算，共约 20825000 斤。再加上湖南的茶课十分低，仅有 240 两，这就让湖南茶叶市场带动起湖南西北部地区的经济发展，当地人民的经济生活水平显著提升。[①]

其实，安化茶叶有如此辉煌的发展状况还是在于其历史上便有一套成型的生产销售渠道。郭孟良以明朝万历年间，曾任瑞州府通判的安化人林之兰的《明禁碑录》《山林杂记》二书之记载为依据，深入分析了晚明时期，安化茶叶的流通渠道以及经济管理的一般过程，深入剖析了明代中期洞庭湖茶崛起后，当地以安化茶叶为代表的湖茶的生产加工程序、征办解运程序、流通管理程序的一般过程。除此之外，在贸易过程中，也展现出了湖茶贸易的特点。其中有中介的垄断弊端，其作假与欺骗的弊端，这也造成了湖茶有时会被中央政府申禁，造成一定的损失。[②] 不过，总的来说，这一时期安化茶叶的商贸

---

① 赖惠敏、王士铭：《清代陕甘官茶与归化"私茶"之争议》，《内蒙古师范大学学报》（哲学社会科学版）2022 年第 1 期。

② 郭孟良：《晚明茶叶流通与管理的个案研究——以湖南安化茶为例》，《农业考古》2022 年第 2 期。

流通是顺畅的,为清代的辉煌打下了基础。

安化茶叶在清代销售的火爆,也必然带来管理上的严格,尤其之于地方政府而言,茶叶贸易的管理成为他们的头号重大问题,这也成为如今相关学者关注的焦点。黄柏权、平英志以安化茶业碑刻资料为中心,揭示了安化茶区——"万里茶道"的管理体系。在这一区域内,"安化地方政府在茶叶生产、运输、贸易和采办贡茶等方面采取了许多应对措施,试图构建在政府管控下的茶叶市场秩序,以保障茶叶市场的正常运行,这些措施对安化茶业发展产生了积极影响"①,为安化茶叶远销我国西北、蒙古草原和俄罗斯等国家和地区夯实了基础,扫清了障碍。

(三)湖南少数民族经济生活的发展状况研究

湖南自古以来便是多民族聚居之地,这也使得当地历来被中央王朝视为"化外边地",以"苗疆"与"土司区"最为典型。然而,清康熙年间开辟苗疆以及雍正年间改土归流后,清朝统治者调整湘西地区的治理政策,取得较好成效。乾嘉苗民起义后,国家再次调整政策,使得自乾隆至清朝统治结束,湖南民族地区的秩序大体稳定,再无大的冲突。地方安定后,湖南民族地区开始了各民族交流、交往、交融的进程。基于此,这一时期湘西地区的经济生活也有了一定程度的发展。尤其在米粮的经济贸易行为上,由于湖南地区是清代著名的商品粮基地,其相邻的广东则粮食短缺,故而时常南销粮米以解广东之困。由于这一行为也有广西的参与,故被称为"西米东运"。徐家贵的研究就表明,在"西米东运"的过程中,作为粮食原产地的湖南地区,其米粮大规模、持续性流入销售区域广东地区,是一个大区域、长时段的过程,这就使得米粮运输的沿途人民群众参与度极高。而在湖南和广东地区粮道附近则有多民族人民聚居,他们不可避免、不同程度地参与了"西米东运"事宜,就此推动了"湖南—广东"

---

① 黄柏权、平英志:《清代地方政府对"万里茶道"茶源地茶业的经营管理——以安化茶业碑刻资料为中心》,《中南民族大学学报》(人文社会科学版) 2022 年第 1 期。

间带状区域市场的发展。另一方面，区域市场的繁荣增加了湖南地方政府的财政收入，并且对保障广东地方的政治稳定和社会安定起到了积极作用。总之，"西米东运"因政治互助、经济互补、文化互鉴而形成，增进了区域内各民族的交往交流交融。①

湖南地区的这条"西米东运"道路的南段被称为"骑田岭古道"，是自古以来湖南通往广东地区的商道。除了有运粮作用，亦有运送矿产的作用，陆秋燕就展现了这条古道的运矿功能。作者在文中指出，从宋代开始，广西的矿产资源就被中央王朝所重视，被开采的矿产很大一部分被外运给国家进行重新分配。其中，湖南地区就是被分配的重要区域之一。矿产通过由骑田岭古道所组成的官道运到湖南，被湖南地方政府所利用，进行社会建设。并且由于广西和湖南都是少数民族较多的区域，这使得广西矿产的运输也带动了两地少数民族群众的民族融合，改善了民族间的关系，调和了民族间的矛盾，提升了各民族群众的经济生活。② 总之，从古代社会到近代社会转型时期，湖南地区少数民族的经济生活时刻伴随着多民族间的交流交往交融行为，促进着区域间的民族融合。

三 新中国湘籍领导人的经济思想与实践

历史上湘人中涌现了诸多思想巨擘，对中国历史的发展产生了重要影响。在这些湘人代表的思想中，经济思想成为他们思想精华的重要组成部分。尤其是近代以来，湘籍名人超前的经济思想在湖南近代历史上成为指导经济社会向前发展的指导思想，也成为湖南相关人群进行经济活动的基本行为准则，具有经世致用的现实意义。2022—

---

① 徐家贵：《交往交流交融视域下清代"西米东运"研究》，《玉林师范学院学报》2023年第4期。
② 陆秋燕：《宋至清代广西金属矿产开发研究》，博士学位论文，北京科技大学，2022年。

2023年学界关于湘人经济思想的相关研究较多，不过基本集中在新中国成立后，毛泽东、刘少奇等湘籍党和国家领导人的经济发展思想的研究上。

（一）毛泽东的经济思想与实践研究

新中国成立后，湘籍党和国家领导人的经济思想在新中国成立初期促进了新中国社会主义经济的发展，为我国社会主义三大改造以及第一个五年计划的顺利完成奠定了基础。在这些湘籍党和国家领导人中，毛泽东无疑是代表性人物，他的经济思想是当时我国进行经济活动的思想来源和理论指导，影响深远。

纵观2022—2023年毛泽东的经济思想的研究成果，主要集中在四个方面。

第一，毛泽东关于社会主义经济制度的思考和探索。乔惠波认为，新中国成立后，毛泽东在经济体制、所有制、分配制度等各方面都提出了重要的经济思想和观点，为改革开放后社会主义基本经济制度的形成和发展提供了一定的经验，也能总结出一定的教训。[1] 代红凯指出，毛泽东在坚持辩证唯物主义与历史唯物主义方法论的基础上，围绕生产力与生产关系、经济基础与上层建筑等各个要素，形成了"生产力—社会关系"这个二元联系的经济模式，构建了一套生产力发展的经济思想。毛泽东经过分析和实践认为，社会关系的变革而不是生产关系的变革，才是其发展生产力的根本举措，社会关系之变革的聚焦点为"人与人之间社会关系的变革"。[2] 孟捷在自己的论文中提出了"在何种意义上毛泽东是当代中国社会主义制度经济学的先驱"这一问题。他认为，毛泽东在经济理论的贡献上，

---

[1] 乔惠波：《毛泽东对社会主义基本经济制度的探索、贡献及其启示》，《湖南科技大学学报》（社会科学版）2022年第4期。

[2] 代红凯：《生产关系变革还是社会关系变革——关于毛泽东发展生产力思想的再思考》，《现代哲学》2022年第5期。

主要有三个主要成就：其一是有创新历史唯物主义原理的举措，为理解十月革命以及中国革命的性质与意义，奠定了方法论上的基础；其二是通过反思集体模式的经验与教训，批判了教条式的政治经济学，指出了将马克思主义理论和中国实际相结合的必要性；其三是界定了新民主主义革命成功后建立的社会主义社会的基本矛盾，将变革生产关系、上层建筑以及发展生产力看作革命后社会主义社会制度变迁的基本规律。[1]

第二，毛泽东关于推进社会主义现代化的思考和探索。围绕实现中国式现代化，以毛泽东为首的中国共产党人进行了理论和实践层面的不懈探索。毛泽东关于中国式现代化的构想，在其工业化思想之中有着较为鲜明的体现。徐坤认为，毛泽东的工业化思想是从中国近代以来各个阶级派别探索工业化的曲折实践中总结而来的。这一过程大致经历了两个阶段，即革命战争时期对中国工业化未来发展道路的理论设想；新中国成立后实现了"从原先的理论想象或规划转向现实实践、从原先根据地的区域性小规模试点转向了全域性整体实践"的范式转变，再到以苏联模式为鉴，塑造有自身经济特点的中国工业化过程。[2] 韩喜平、郝婧智提出，毛泽东中国式现代化思想的逻辑起点便是运用马克思主义现代化理论，批判西方资本主义现代化模式的过程以及借鉴苏联工业化的实践。毛泽东的社会主义现代化理论，则是人与社会全面发展新的、现代化的方案。而毛泽东领导的现代化道路，则为日后中国的现代化建设奠定了时代的主题、发展的目的以及奋斗的方向。[3] 赵丛浩则从毛泽东针对新中国核工业创建过程中，铀同位素分离工厂的技术争论所作出的原则性指示"先写正楷，后写草书"入手，揭示了这一工程推进过程中

---

[1] 孟捷：《毛泽东与社会主义制度经济学》，《复旦学报》（社会科学版）2022年第4期。
[2] 徐坤：《论毛泽东工业化思想的历史生成》，《湖南科技大学学报》（社会科学版）2022年第6期。
[3] 韩喜平、郝婧智：《毛泽东对中国式现代化理论和实践的双重探索》，《毛泽东研究》2022年第2期。

毛泽东提出的工作方法,概括了毛泽东的经济工作思想。①

第三,毛泽东经济思想的宏观讨论。陈克清认为,毛泽东的经济思想十分注重解放生产力和发展生产力,强调人民至上。并且坚持自力更生,主张独立自主地进行我国的经济建设。基于这些思想,他制定了把我国建设成为一个强大社会主义国家的发展战略,其中包含着内涵十分丰富的真理性认识,直到今天对于党和国家的具体工作都有很强的现实指导意义。②杨琰提出了毛泽东的经济思想是毛泽东思想体系的重要组成部分的看法。作者按照毛泽东的经济思想的生成基础、理论内涵以及实践成就的逻辑维度等方面系统阐释了何谓毛泽东的经济思想。并从生成源流、理论构想、政策实施、实践成就四个方面入手,深化、细化了四个环节的联系,对其进行了系统的学理阐释,在专题性和整体性方面做了进一步深化研究。基于此,作者完整且准确地让读者们理解了何谓毛泽东的经济思想。③周绍东选取了毛泽东的经济思想中一个重要的研究课题——国民经济综合平衡思想,进行了再探讨,认为在新的历史条件下,"毛泽东国民经济综合平衡思想具有重要启示:一是在供给侧结构性改革与扩大内需战略有机结合的基础上要实现供需动态平衡;二是推动宏观经济调控转向更为全面的宏观经济治理;三是坚持党对经济工作的集中统一领导,坚持'两个毫不动摇',为国民经济综合平衡提供领导力量、制度保障和微观载体"④。由此确定了国民经济综合平衡思想是毛泽东的经济思想的重要组成部分。

第四,毛泽东在中国共产党宏观经济思想中所作的贡献。贺城、谢地在研究"三农"经济思想的演进与政策轨迹时认为,毛泽

---

① 赵丛浩:《"先写正楷,后写草书"——毛泽东关于我国核技术研究指示蕴含的工作方法》,《党的文献》2022年第5期。

② 陈克清:《毛泽东经济思想及其当代价值》,《云南师范大学学报》(社会科学版)2022年第6期。

③ 杨琰:《毛泽东经济思想的生成基础、理论内涵与实践成就研究述论》,《毛泽东邓小平理论研究》2023年第1期。

④ 周绍东:《毛泽东国民经济综合平衡思想再探讨》,《毛泽东邓小平理论研究》2023年第8期。

东在《中国社会各阶级的分析》一文中初步分析了当时中国农民的构成和生产资料占有情况，应该被看作是中国共产党真正意义上深入农村的调查研究。毛泽东的这篇文章从理论和实践上观察、认识和分析、凝练中国农村、农业、农民问题，为中国共产党关于农民问题的经济思想的形成作出了杰出贡献。① 王昉、张宁研究新中国成立初期经济思想的逻辑体系时提出，毛泽东在当时认为工厂分工形成了新的生产力，那么中国的合作社统一经营也同样会形成这种新的生产力，而这样的生产组织形式可以替代个体小农生产。随后，毛泽东通过实践证明了中国的合作化道路确实促进了农村生产力的解放和农村经济的发展。毛泽东这一思想最后形成了《关于农业合作化》一书，就此将农业合作化和农业机械化的关系进行了辩证统一。② 朱巧玲、杨剑刚、侯晓东论述并总结了中国共产党经济安全思想的历史演进与启示。他们认为毛泽东在抗战时期所作的《抗日时期的经济问题和财政问题》报告，明确提出了"发展经济，保障供给，是我们的经济工作和财政工作的总方针"。这样的看法成为中国共产党抗日根据地时期经济政策的主要内容，可以被认为是毛泽东对经济安全问题的深刻认识，也是中国共产党的经济安全思想在当时阶段的高度总结。③ 江勇在研究中国共产党经济伦理思想演进时，引用了毛泽东在中央苏区成立后倡导的经济建设要围绕革命需要开展的言论，揭示了毛泽东为中国共产党的经济伦理思想注入了"个人利益应服从革命利益"的思想内核，并随之发展成为中国共产党经济伦理思想的重要组成部分。④

---

① 贺城、谢地：《建党百年"三农"经济思想的演进与政策轨迹》，《海派经济学》2022年第1期。
② 王昉、张宁：《新中国成立初期经济思想的逻辑体系与时代价值》，《江西社会科学》2022年第2期。
③ 朱巧玲、杨剑刚、侯晓东：《中国共产党经济安全思想的历史演进与启示》，《财经科学》2022年第2期。
④ 江勇：《中国共产党经济伦理思想演进研究》，《道德与文明》2022年第3期。

(二) 刘少奇的经济思想研究

除了毛泽东，刘少奇的经济思想亦是被重点研究的对象之一。2022—2023年关于刘少奇经济思想研究的高质量学位论文便有两篇。一是陶芝铭的《建国初期刘少奇经济建设思想及当代价值研究》，该文认为，新中国成立初期，"刘少奇在结合马克思主义理论与我国经济发展状况的基础上，提出了一系列经济建设思想。他的思想有效地指导了经济建设工作，调整和恢复了建国初期国民经济发展，改善了人民的生活水平"[1]。由此总结了刘少奇经济建设思想中蕴含的重大价值，在新时代的发展背景下仍具有重要意义。

钱崇君研究了苏俄"新经济政策"在新中国的发展状况。其中，刘少奇在新中国成立后对苏俄"新经济政策"表达过自己的想法，即提出了过渡理论，主张在之后的很长一段时间内，中国共产党的重点工作应是"巩固新民主主义制度"，不要急于过渡到社会主义。[2]这被认为是中国共产党内部分析研究苏俄"新经济政策"第二次高潮的代表性思想。

综上所述，2022—2023年学界关于湘籍著名人物的经济思想与实践方面的研究主要聚焦在新中国的湘籍领导人身上。究其原因，一方面是前人对于这一群体的研究成果颇丰，材料较为集中，形成了庞大的研究群体与研究范式，便于后来者进行进一步的深化研究，易于形成有价值的成果。另一方面是这些湘籍领导人的经济思想极具实践性，秉承了湖湘文化中"经世致用"的原则，更易与当代经济发展的策略相结合，能够为新时代的经济发展提供理论借鉴，以便深入贯彻以人民为中心的经济发展思想，最能代表最广大人民的根本利益，是理论联系实际的最好思想武器。

---

[1] 陶芝铭：《建国初期刘少奇经济建设思想及当代价值研究》，硕士学位论文，辽宁师范大学，2022年。

[2] 钱崇君：《苏俄"新经济政策"中国研究史》，博士学位论文，扬州大学，2022年。

第五章　宗教与民俗：民众信仰与传承的视角

宗教本质上是一种社会意识，是一种信仰，其社会功能主要是一种社会关怀和精神寄托。民俗是一种文化，也是一种信仰，与社会生活紧密相关。无论是宗教信仰，还是民俗文化，都蕴含着民众集体的心愿、意识，反映着区域群众生产生活情形和精神文化观念，对社会具有巨大的规范和制衡作用，是一种约定俗成的习惯力量，一种具有约束力的精神力量。在新的时代，宗教工作者应当遵循爱国爱教的传统，推动宗教中国化，为国家建设和社会和谐发展服务；民俗从业者和民俗学家对传播中的民俗、民间信仰，应进行细致的分析，作出扬弃，不断使中华民族的文化基因得以良性传承与发展。2022—2023年的宗教民俗研究聚焦宗教中国化的推进，关注宗教的演变历史，也关注当今社会民间信仰、民俗活动的演化、传承以及对于社会的影响。

一　宗教中国化的湖南实践和研究态势

湖南有天主教、基督教、佛教、道教和伊斯兰教五大宗教。近年来，湖南宗教界继续高举爱国爱教的旗帜，在党的领导下，弘扬社会主义核心价值观，发挥好宗教的自身优势，为造福社会、服务社会作出了宗教界的贡献。

2022—2023年，湖南宗教活动继续坚持我国宗教向中国化、现代化、规范化方向发展并为此做了大量的工作，主要体现在以下方面。一是全面贯彻落实党的二十大精神，依照党中央关于宗教工作的决策部署开展宗教工作，坚持宗教中国化方向，积极引导宗教与社会主义社会相适应，依法管理宗教事务，支持引导宗教界全面从严治教，为实现中华民族伟大复兴贡献力量。省基督教"两会"召开专题会议，集中学习党的二十大精神，并表示要全面从严治教，深入推进全省基督教中国化考评活动落地见效，坚决贯彻党的宗教工作理论方针政策，用中华优秀传统文化浸润基督教，积极引导基督教与社会主义社会相适应，不断推进基督教中国化的湖南实践走深走实。省佛教协会召开会长（扩大）会议，动员部署学习宣传贯彻党的二十大精神，并围绕"坚持我国宗教中国化方向，积极引导宗教与社会主义社会相适应"进行了交流，确定了省佛协当前和今后一个时期的首要政治任务，是组织全省各寺院僧众、居士学习宣传贯彻党的二十大精神，确保党的二十大精神在湖南佛教界深入人心。二是深入开展主题教育活动，以主题教育推动宗教工作高质量发展。具体体现在宗教工作者深入调查研究，深入宗教活动场所，深入信教群众中，以宗教工作"九个必须"为根本遵循，开展好"三送三解三优"行动，引导全省宗教界开展"四正四清"行动，持续开展"五进五好""爱党爱国爱社会主义"等活动，不断增进"五个认同"。三是在中国式现代化进程中，提高宗教工作法治化水平，推进宗教治理能力现代化。

为落实2021年12月全国宗教会议精神特别是习近平总书记重要讲话精神，2022年1月，湖南全省宗教会议召开，全会号召牢固树立马克思主义宗教观，坚持我国宗教中国化方向，努力提高全省宗教事务治理能力，团结和引领宗教界人士和信教群众同全省人民一道，为全面建设社会主义现代化新湖南凝心聚力。3月，全省性宗教团体联席会议在长沙召开，进一步深入贯彻落实全国宗教工作会议、全省宗教工作会议精神，全面落实从严治教要求，加强宗教团体自身建设，维护宗教领域和谐稳定，为团结和带领宗教界人士和信教群众服务建设社会主义现代化新湖南作出积极贡献。[①]

为树立马克思主义宗教观，马克思主义宗教学研究基地建设大力展开。在全面调研的基础上，湖南省民族宗教委员会在湖南大学、湘潭大学、湖南理工学院建设了首批马克思主义宗教学研究基地。建设马克思主义宗教学研究基地是湖南省深入学习贯彻习近平总书记关于宗教工作的重要论述，认真落实全国、全省宗教工作会议精神的一项重要举措，可为推动新时代全省宗教工作高质量发展提供理论支持。

在宗教管理方面，为贯彻落实党的宗教工作方针政策，提升宗教系统坚持宗教中国化方向的发展能力，2022年7月和2023年5月，湖南民族宗教委员会在长沙举办了两期"全省宗教界坚持我国宗教中国化方向培训班"，明确了宗教中国化的主要方向、目标任务和基本要求。2022年12月，湖南民族宗教委员会举办了"深入推进基督教中国化工作研讨班"，以促进全省基督教中国化走深走实、落细落地。2023年8月，省基督教"两会"在湖南圣经学校举办了"坚持基督教中国化方向"轮训班，进一步推动基督教中国化。2023年7月，为弘扬中国佛教优良传统，不断深入推进佛教中国化进程，南岳佛教协会举办了"南岳佛教与佛教中国化学术研讨会"。本次研讨会分为"南岳学"与南岳佛寺研究、南岳佛教与天台宗研究、南岳佛教与禅宗研究、现当代南岳佛教研究四个部分，主题鲜明、焦点集中，是一场围绕南岳佛教与佛教中国化研究的思想盛宴，对推进佛教中国化在南岳的实践走深走实有重要意义。

为在新形势下加强民间信仰场所及其活动的规范和引导，提升湖南民间信仰工作规范化、法治化水平，湖南省人民政府办公厅印发了《湖南省民间信仰活动场所管理办法》，2022年10月23日起施行。该管理办法共二十条，主要包括制定文件的目的和依据，民间信仰工作基本原则和机制，场所建档、登记编号和信息化管理要求，场所内

---

① 湖南省民宗委：《学习贯彻全国宗教工作会议精神 推进我国宗教中国化的湖南实践》，《中国宗教》2023年第1期。

部管理、活动管理、建设管理和行政监管制度等内容。具体有以下四个特点：一是坚持对标中央新精神新要求，具有鲜明的时代特色。二是坚持以问题为导向，针对性强。三是坚持以提升基层治理效能为落脚点，操作性强。四是坚持与湖南实际相结合，特色性强。管理办法的出台，对于维护社会和谐稳定具有十分重要的意义。[①] 2023年3月，为推动《湖南省民间信仰活动场所管理办法》落地见效，省民宗委在长沙市举办了"贯彻实施《湖南省民间信仰活动场所管理办法》培训班暨现场交流推进会"，进一步提升了基层民间信仰事务治理体系和治理能力现代化水平。

湖南宗教基层工作也卓有成效。湖南永州以"三强三促"推动宗教工作三级网络两级责任制。所谓三级网络指的是县乡村三级宗教工作网络，所谓两级责任制指的是乡村两级宗教工作责任制。其主要做法是，在市县党委常委会领导下，细化市县相关部门的职能职责，以"主体在县、延伸到乡、落实到村、规范到点"为目标，明确乡镇街道村等基层社区宗教协理员的责任分工，有效确保宗教工作在基层"有人抓、有人管"，最终形成上下联动、左右协调工作格局。[②] 湖南安仁县创新工作法，抓细抓实宗教活动场所规范管理工作，取得了很大成效。其具体做法是："一个办法"，即制定《安仁县宗教活动管理办法》，以此为宗教活动准则；"一个机制"，即实施"月初排查摸底、月中集体'会诊'调度、月末督导化解"机制，深入化解涉宗教矛盾纠纷和信访问题；"三个平台"，即搭建县委统战部、县佛协、县道协三个监控平台，监管宗教场所风险隐患。[③] 湖南省平江县采取"三严"措施，推进从严治教专项整治行动，取得了良好成效。其具体做法主要有：通过评、讲、导

[①] 湖南省民宗委：《〈湖南省民间信仰活动场所管理办法〉解读》，《中国宗教》2022年第10期。

[②] 中共永州市委统战部：《湖南永州以"三强三促"推动三级网络两级责任制落地落细》，《中国宗教》2023年第7期。

[③] 谭小勇：《湖南安仁县创新工作法确保宗教领域安全稳定》，《中国宗教》2023年第2期。

学的方式严抓学习，准确把握党的宗教政策，积极引导宗教与社会主义社会相适应；强化政治责任，严格宗教戒律，推进自律；实行明责、问责和严肃追责制度，促推宗教工作规范化、法治化。①

应该说，2022—2023 年，全省无论是宗教工作者，还是信教人员，均全面贯彻党的宗教工作基本方针，主动自觉地实践宗教中国化、现代化并使之深入，各项工作和研究卓有成效。

二 宗教文化演进的历史性、区域性和时代性

宗教信仰具有历史性、时代性和区域特性，这是宗教信仰传播中的一般规律。2022—2023 年，有关湖南宗教的研究主要涉及佛教、道教以及由西方而来的宗教演进的历史、区域特性以及时代变迁等方面。

（一）佛教演进的历史和时代特性研究

中国历史表明，道教、佛教和儒学既有各自的特性，又有相互借鉴、吸收甚至部分融合的特性，共同构成了中国传统文化，2022—2023 年的佛教研究探讨了这些借鉴、吸收、融合的情形。居士是佛教出世入世的桥梁，他们以不同方式帮助和促进了佛教的发展，对近现代湖南佛教居士在多方面促进了佛教的发展和力倡东方文化的研究也有很大进展。

1. 佛教与中国传统思想文化

佛教传入中国后，与中国传统的儒家思想出现了交融关系。在此背景下，宋明理学家在批评佛教的同时，又对佛学有所借鉴和吸收。湖湘学派胡宏的思想就有这种明显特征。胡宏与禅僧往来频繁，对于佛理有一定的研究，其"性本论"明显是受到佛教思想的影响。孟

---

① 张生才：《湖南省平江县采取"三严"措施推进基层宗教治理》，《中国宗教》2022 年第 5 期。

玲认为，一是胡宏"善恶不足以言性"是受佛教"性无善恶"论启发的结果。其受影响的路径，依照朱熹的解读，大致是东林常摠禅师关于"性无善恶"的观点影响了杨时，胡宏曾受学于杨时，同时胡宏的父亲胡安国也与杨时义兼师友，无论是从家学，还是所从师学，胡宏都接受了东林常摠禅师的"性善论"。不同的是，胡宏所言的性是"实性"，主要还是遵从了孟子的"性善论"思想，而佛教所言的性是"空性"，所以胡宏的援佛入儒是批判性吸收。二是胡宏"性本论"对佛教"心本论"的借鉴，主要借鉴了佛教"心本论"凸显主体性因素的理论。三是胡宏"性一分殊"论主要是吸收了华严宗理事论的内在理路和思辨方法。① 总体而言，胡宏吸收佛学，主要是吸收其逻辑理路和辩证思维方法，以此构建儒家本体论体系。

佛教强调"报恩"思想，其中即有"报国土恩"一种，这对于爱国思想的形成并付诸行动是有积极意义的。于鸽、刘茹认为，佛教的报恩爱国思想有其鲜明的时代特征与民族特性，并且身体力行予以实践。作者研究了抗战时期以巨赞法师等为首的宗教界人士发起成立"南岳佛道救难协会"，开展抗日救亡活动的情形。"南岳佛道救难协会"在抗战时期集中僧道力量，参加战时工作，以挽救国难为宗旨，率"佛教青年服务团"奔赴长沙前线，开展一系列抗日救亡活动，即是其报国土恩最好的注脚。② 佛教这一报国土恩的爱国主义思想，是其能在中国绵延发展的根本原因之一。

禅宗是佛教与中国传统文化结合的典型形态。万里研究了唐宋时期湘赣南禅"五家七宗"的重要寺庙、禅会以及参访情形。通过对湘赣地区 38 个禅宗寺院、16 个禅会道场和众多僧人活动的研究后认为："五家七宗"与湖南江西因缘深厚。湘赣地区是南宗所有主要宗派的重要发源地和繁衍地，在佛教史、禅宗史乃至中国文化史上均有

---

① 孟玲：《胡宏"性本论"的佛学渊源探析》，《法音》2022 年第 10 期。
② 于鸽、刘茹：《佛教的爱国思想与实践 以抗战时期为中心的考察》，《中国宗教》2022 年第 11 期。

重要地位和影响,并对海外如日本、韩国及东南亚国家佛教禅宗宗派产生了重要影响。①

2. 佛教居士和人物研究

居士即不出家的佛教信徒和修道之士。自古以来,居士占佛教徒的绝大多数,他们职业各异,以不同方式帮助和促进佛教的发展,在社会上具有很大的影响力。王兴国历经20余年研究,出版了《近现代湖南佛教著名居士传》②,对湘籍居士和外省在湖南活动且有影响者38人作传,记述了他们对佛教发展的作用,具体而言主要是以下几方面:魏源首编净土四经,推动了净土教义的系统化和规范化;魏耆和曹耀湘支持金陵刻经处创立,开中国佛教近代化的先河;郭振墉居士的湘阴郭氏家族对敬安法师的关照和栽培,为这位中国近代佛教复兴先驱者的成长创造了条件;谭嗣同首倡"应用佛学",开中国近代佛教重"入世"的先河;熊希龄和吴嘉瑞出任全国性或地方性佛教会会长,开创了中国佛教的一种新组织形式;唐大圆、张化声等人赞助太虚大师的弘法事业,促进了近代佛学研究的繁荣和佛教教育事业的发展;顾伯叙、陈健民加入学密热潮,并取得了显著成就;聂云台由耶转佛,反映了民族工商业者迫切需要接纳近代文明的民族宗教的支撑;喻谦和苏晋仁对佛教人物和史籍的研究,在全国学术界占有重要地位;杨度以路德自居,创立"新佛教论";谭仁山、叶曼在海外研究和弘法,促进了中外佛教文化交流;赵恒惕、张清扬为中国台湾佛教护法,促进了台湾佛教的振兴;张龄、张曼涛、王熙元积极推动中国台湾佛教学术研究,成效显著;彭楚珩、刘国香致力于佛教通俗化宣传,成就瞩目。这些人护法、弘法、研法,促进了近现代中国佛教事业的发展。③

---

① 万里:《唐宋时期湘赣禅宗网络研究》,宗教文化出版社2022年版,第9页。
② 王兴国:《近现代湖南佛教著名居士传》,宗教文化出版社2023年版。
③ 王兴国:《近现代湖南佛教著名居士传》,宗教文化出版社2023年版,前言第1—24页。

田汉在推动、宣传南岳僧众抗日中的作用，也值得研究。陈瑶光、周婷指出，在衡山，田汉率领抗日救亡演剧队在衡山演出期间，不仅以文艺演出的形式揭露日军暴行，宣传抗日；还上山会见巨赞法师，支持其抗日行为，并发表演讲，谈佛理，鼓斗志。① 欧阳维认为，田汉与巨赞法师在抗战的艰苦岁月里，在南岳共叙艺术抗战与佛道救亡理念。巨赞法师提出"佛家之救亡抗战论"思想，田汉对此十分赞同，他赞扬了法师"锦衣不着着缁衣，又向人间惹是非"的抗敌精神。田汉研究佛教、了解佛教，向巨赞法师提出用通俗易懂的佛教语言撰写佛教抗日救亡的文稿的建议，并大力支持南岳佛教界建立抗日救亡组织。爱国佛理和抗战艺术在此共写救亡篇章。②

（二）道教与民间信仰文化关系研究

梅山文化无疑是湘中最具地方特色的文化之一，梅山文化与道教文化的关系研究长盛不衰。李慧君认为，梅山文化圈的"四界功曹"信仰受道教"四值功曹"的影响。其中《梅山图》显示的梅山"四界功曹"是指天、地、水、阳四界功曹，别以白鹤、麒麟、龙和马为坐骑；梅山功德画、牌位画中除了"四界功曹"，还显示出明显的道教三清四帝、天官元帅以及佛教佛祖菩萨等外来信仰；梅山巫衣上的画像在功曹外还显示张天师、真武大帝和八卦、三十六雷等大量道教神祇与符号，这些都说明梅山文化圈受道教影响较深。但梅山文化圈"四界功曹"与汉地有明显区别，汉地四界功曹主要是文职，而梅山文化受楚巫信仰较深，其四界功曹起的是武职的作用，具有通灵显应、召集各界神灵赶赴坛场的象征性符号和法力的集中体现的作用，因而梅山四界功曹的地位显然比汉地的地位更高，可看作是梅山师公与道教传令功曹的合体。所以说梅山文化圈画像的"四界功曹"实

---

① 陈瑶光、周婷：《田汉与南岳衡山的不解情缘》，《湘潮》2022年第6期。
② 欧阳维：《田汉与南岳佛道界抗日救亡运动》，《抗战文化研究》第14辑，中共党史出版社2022年版，第123—127页。

际上承载着地方性知识和历史文化信息，对于梅山后裔维系认同感和历史感有重要意义。①

瑶族宗教信仰与道教关系密切。杨姗姗考察了江华瑶族祈求趋福避祸、消灾解厄的打醮仪式，认为其来源于道教斋醮的祈禳类法事，经过世代演变，吸收了多种宗教元素，形成了独具瑶族特色的打醮信仰。据她的调查，湖南江华瑶族自治县打醮仪式在南岭走廊中较具典型性，其打醮仪式过程主要是：发文→请圣→奉寒林、奉太岁、奉厨官→请佛→诵经→结经→肃坛→早朝→树幡→架桥迎圣→封禁→行香参庙→天下颁赦→祈谷拜醮→禳星法事→晚朝→小普食→颂雷祖→燃诸天烛→上《初奏词》→拜三元忏→上《中奏词》→散醮→上《满奏词》→放水灯→蒙山赈济→倒厨官→倒幡→倒孤魂→倒太岁→送船→交辈→安龙→送圣→还愿→驻扎阴兵。打醮仪式中有大量的道教元素，如所用道场、经咒、所请神灵等，当然亦有佛教元素以及地方土神元素。显然，瑶族的打醮仪式极为烦琐，显示出了宗教信仰仪式需要覆盖不同民众的心理需求，从而实现整合社会的功能。另外，多种信仰元素的同时出现，也说明瑶族宗教信仰是一个开放的体系。②

土家族文化与道教关系密切，如道家的神仙观念、神仙谱系渗入土家族，道士深入土家族丧葬和祭祀活动，土家族医学也受道家思想影响。李贵海、曾楚华探讨了道教对土家族医药的影响，认为土家族医史文献中关于太上老君派弟子下凡为民治病、"药王菩萨"为白虎、仙鹤、龙王治病等传说，以及神农氏、扁鹊、孙思邈等道医采药行医故事，实际上反映了道教"以医传教""借医弘道"的史实，也反映了道教对土家医的深刻影响。③

---

① 李慧君：《梅山文化圈祭祀画中"四界功曹"图像探究——兼论其与长沙楚墓战国帛画之间的关联》，《湖南人文科技学院学报》2023年第1期。

② 杨姗姗：《瑶族打醮仪式的宗教内涵与象征意义——基于湖南江华县涛圩镇荷家塘村的田野考察》，《宗教学研究》2022年第1期。

③ 李贵海、曾楚华：《从土家族医史文献探讨道教对土家医的影响》，《世界宗教文化》2023年第3期。

土司制度是元、明、清封建王朝管辖少数民族地区的制度之一，其特点是"世官、世土、世民"，即有世袭的政治权力、世袭的土地所有权和世袭统治权。明代对于湘西地区主要也是采取土司制度，其中，永顺土司的治理范围大致是今湘西永顺县、龙山县和古丈县，境内主要有土家族、苗族、汉族、侗族等民族。郭峰对湘西永顺土司与道教的关系进行了宏观研究，指出永顺土司世为彭氏政权，不仅尊奉道教，甚至有土司入道或入山修行，且在永顺土司境内积极推行道教文化。永顺土司尊奉道教主要是利用道教控制社会，并以此弥合土司与中央王朝、土司文化与汉文明之间的间隙，促进各民族之间文化交流交融。①

渝、鄂、湘、黔四省武陵山区道教信奉由来已久，其中湘西地区早在明代就形成了以真武信仰为核心的南武当——五雷山，土司社会则围绕真武信仰形成了道教民俗。湘西的志书中记载了芷江县明山的真武殿、慈利县的五雷山、麻阳县的镇阳宫、沅州府的双江道院、芷江县的元妙观、桃源县的玄岳行宫等真武建筑。周晓萌、郭峰研究了明代武陵山区真武信仰情形，指出明代真武信仰发展方式主要通过重建或新修"真武庙"来恢复、增加真武信仰，其目的是通过真武信仰统治社会、安慰民众。②

在澧阳平原的澧州，道教深刻地影响了鼓乐艺术。澧州大鼓又称为"鼓盆歌"，来源于几千年以前的楚文化，也与道教文化渊源颇深。向志强、熊任之从澧州大鼓的文化功能、文化风格的角度考察了澧州大鼓与道教的关系，认为澧州大鼓有三种演唱形式：孝鼓、说书、寿鼓。其中，孝鼓最能体现荆楚祭祀文化和道教文化中的祭天求神祈丰年、拜神驱鬼保子孙安康以及重生乐生的社会功能。澧州大鼓鼓词、音乐风格、表演形式体现了道教神话和其斋醮法事科仪特色。总之，澧州

---

① 郭峰：《明代永顺土司与道教》，《宗教学研究》2023年第3期。
② 周晓萌、郭峰：《明代真武信仰在武陵山地区的传播与发展》，《汉江师范学院学报》2022年第4期。

大鼓展现了湘楚信巫而好祠的特色，也展现道教文化风格。①

（三）其他宗教研究

近代以来，随着基督教在华的逐步传播，其教堂建设也逐渐展开。值得注意的是，近代基督教堂既具备西方特色，也具备与地域相适应的特性。陈奕含以近代长沙的基督教堂为例作了研究。作者考察了长沙的基督教会城北堂、潮宗街基督教堂、北正街基督教堂、西长街教堂等教堂后认为，长沙现存近代基督教堂在建筑形式上大多"化繁为简"，淡化了西方教堂建筑色彩，融合了较多的湖湘地域性建筑元素。如，湖南省现存规模最大、保存最完善、最具代表性的基督教堂——基督教会城北堂，融中西建筑文化于一体，其外观形态的主立面造型、屋顶构造极具中国传统建筑特色。在建筑装饰上，潮宗街基督教堂、基督教西长街教堂采用清水青砖或红砖外墙，门窗采用中式式样、装饰，充满中国传统建筑的韵味。近代长沙地区的基督教堂即使是仿西式样式，比如仿哥特式的北正街基督教堂建筑，也做了调整和简化处理，没有繁复的纹饰和雕刻；还使用了长沙独特的麻石砌筑，体现长沙本地的建筑特色。②总体而言，在特定的历史环境和地域条件下，长沙近代基督教堂建筑体现了这一时期其教堂建筑文化在中国的适应性转变。

伊斯兰教在中国有着上千年的发展历史，中国伊斯兰教团体的出现却是晚清民国的事。张雪松探讨了清末民初出现的伊斯兰宗教团体，其中关于湖南的伊斯兰宗教团体，作者研究了1880年成立的湖南桃江鲊埠南李救婴会，这是一个反对重男轻女溺杀女婴的组织。次年还成立了桃江鲊埠李育婴会。这两个育婴堂只资助生女婴的贫困李氏家庭，并不完全具有近代社团的性质。真正具备近代社团性质的是后来成立

---

① 向志强、熊任之：《道教与民间艺术——以澧州大鼓为中心的研究》，《中国宗教》2022年第12期。

② 陈奕含：《近代基督教堂建筑文化在中国的适应性转变——以20世纪初湖南长沙为例》，《中国宗教》2022年第9期。

的"敬畏堂",这是一个救助教内贫困孤老和帮助困难穆斯林办丧事的慈善团体,其历史经验至今仍值得我们总结和吸取。①

关于基督教对于文学的影响,盛紫薇指出,沈从文的情爱昭示与"雅歌"式表达受到了基督教影响。20世纪30年代,沈从文接触到《圣经》,也从中汲取了写作上的营养。尤其是《圣经》旧约的《雅歌》记载的良人与牧羊女苏拉密女的爱情,对沈从文启发颇深,其后来的"浪漫传奇小说"中的叙述方式多与《雅歌》采取象征人类情欲的喻象仿用方式以体现情爱的张力相似。另外,《雅歌》所用的平行体式的连用也注入沈从文的创作中。②

总体来说,2022—2023年有关宗教研究的文章不少,除了佛教居士研究、道教研究有比较细致的田野考察外,有关其他宗教信仰的研究还很不足。关于湖南佛教、道教历史及其经典文献的研究几乎没有,至于不同宗教间的交融、交流、交汇研究及其和中国传统文化的关系研究非常少,宗教研究的学术性也不足。

三 民间信仰的交融性、地方性和实用性

官方和民间信仰大体体现为对天、地的信仰,对神化的英雄人物的信仰,以及祖先信仰,这些信仰在官民之间、各民族之间、各信仰之间会产生一些交集交融交流,有共性的一面,也有民族特性和地域特性的一面。官方和民间信仰的主要功能是维持社会、族群、区域社会的稳定,同时也对个体起慰藉作用,其神秘性、神圣性和实用性交织在一起。2022—2023年的民间信仰研究主要集中在对瑶族、苗族、土家族以及天地之神灵、梅山信仰的研究。这些研究通过对官方、各族民间信仰仪式的观察,探讨了各种信仰之间的交融特性、地方特性

---

① 张雪松:《清末民初中国伊斯兰教团体的类型与作用辨析》,《中国穆斯林》2022年第1期。

② 盛紫薇:《沈从文浪漫传奇小说的多元文化溯源》,《贺州学院学报》2022年第2期。

以及其娱神娱人、维护社会的功能和演变历程。

（一）官方信仰与民间信仰的仪式性和文化话语

对天地的信仰，一方面体现在对于掌管天地的诸神的祭祀，另一方面体现在对于天地的具象山河的崇拜。无论哪种信仰形式，对人世间的官方和百姓来说，或为获取超自然的力量的支持和庇护，或为维护国家、地方秩序。"国之大事，在祀与戎。"五岳祭祀是中国传统祭祀中官方特别重视的一环，湖南衡山作为五岳之一，历来被官方所重视。关于南岳衡山的祭祀研究一直不断，从历史的角度而言，官方确定南岳为衡山大致是在隋朝。[1] 此后，对于南岳的祭祀主要就是对于湖南衡山的祭祀。严春华认为，唐代统治者通过常祀、因事特祀，使自然环境神圣化，一方面在南岳衡山一带形成区域性的神灵信仰，另一方面奠定了衡山与其他四岳并立从而确立了衡山在国家祭祀的正统性地位。[2] 李浩楠研究了北方金代统治者遥祀、代祭南岳衡山的历史，认为金朝祭祀南岳旨在表达国家的正统诉求，这一政治诉求对后世元、明两朝有重大影响。[3] 俞蕾湘进一步揭示了明清时期对南岳衡山的山岳信仰。作者从明清所画图像出发，在探讨衡山空间在想象中的构建的同时，也探讨了佛教、道教以及祝融信仰的"造岳意识"对衡山空间构建的信仰诉求，最终将相互交融的信仰体现在构建的南岳图像中。[4]

在湖南的英雄人物信仰中，雷万春成为官方和民间共同信仰之神。杨鸿光对雷万春信仰有比较全面的研究，作者认为唐武将雷万春信仰在湖南、广东等地尤为兴盛，其祠庙多称作雷将军庙、雷公庙等。就湖南而言，明清时期岳州府的巴陵县和平江县、长沙府长沙县和善化县、衡州府的安仁县和衡阳县、郴州府的兴宁县、永顺府龙山

---

[1] 魏斌：《"山中"的六朝史》，生活·读书·新知三联书店2019年版，第349页。
[2] 严春华：《论唐代南岳祭祀体系及神圣空间之建构》，《地方文化研究》2022年第2期。
[3] 李浩楠：《金代南岳祭祀考》，《北方文物》2023年第1期。
[4] 俞蕾湘：《再造南岳：明清时期衡山的空间、图画与想象》，硕士学位论文，广州美术学院，2022年。

县、沅州府的黔阳县、永州府的祁阳县、辰州府的溆浦县等都有雷将军庙、雷忠烈庙等各类称呼的祭祀唐将雷万春的场所。究其原因，大致是官府的推动和民间的诉求，所谓官方的推动主要是借助雷万春武将威名平复战争，如平少数民族之起事、平吴三桂之乱和湖南岳州人邓廷瓒为提督时讨平两广的饥民、诸蛮起事；另有湖南西部如溆浦官方（县令）依民间信仰确立唐将雷万春为司田黑神，这是官民之间信仰互动的结果；再有湖南桑植县白族移民久有祭祀"黑神公公"雷万春的传统习俗，这是因"黑神"能够帮助人们安全移民而将之奉为神灵的一种信仰；还有因雷万春的"雷"姓而奉为雷神的信仰，这又与道教相关。总之，诸多因素下，雷万春信仰成为散布于湖南不容忽视的官方和民间共同的信仰。①

苗族巴岱信仰历来为研究者所瞩目。梁宇潇以田野调查的研究方式，深入湘西保靖县南部水田河镇，探究了苗族的传统民间信仰——巴岱信仰在村落社会中的演变和相互影响。水田河镇的巴岱分为三类：巴岱雄、巴岱札和巴岱卡。巴岱雄被称为"苗巴岱"，其神辞全是古苗语，其最主要的活动是祭祖。巴岱札是"客巴岱"，用汉语为主，偶尔间杂苗语，其主要为还傩愿、赎魂、敬天王、祭财神等。巴岱札在进行仪式时，以站立为主，其动作姿态比巴岱雄丰富多样，乡间称其为武教。巴岱卡是水田河特有的巴岱分支，主要存在于水田河地区梁姓族中，与巴岱雄的仪式和功能基本一致。巴岱文化主要有规约社会秩序、凝聚社会力量、维护心理安全的社会功能、生态维护功能以及教育规训作用。②

湖南纸扎艺术与民间信仰相关，是当地人们信仰崇拜的一种表现形式，也是一种民俗信仰。张惠芳探讨了湖南纸扎对神性的构建与表达。湖南纸扎展现的是佛教、道教与当地民间信仰相融合的神灵系

---

① 杨鸿光：《唐将雷万春信仰的流播与变迁研究》，《宗教学研究》2022年第2期。
② 梁宇潇：《村落社会的巴岱文化研究——以水田河镇为例》，硕士学位论文，吉首大学，2022年。

统，是一种多神、多信仰系统。这种融合特质既体现在纸扎制作的艺术形象上，也体现在仪式中，如湘南瑶族的"还家愿"、湘中的"还都猖愿"等就展现了纸扎所表现的信仰。纸扎既体现巫风楚韵，也体现了一种超越时空缅怀过去、展望未来的美好愿望。纸扎是宗教性与艺术性的完美重合，体现了民间信仰神圣性与世俗性的高度融合的本质特征和文化价值。① 张慧芳、李尧嵲则以新化"还都猖愿"仪式中的纸扎实例说明，纸扎民间信仰是人神沟通的媒介，是通过建构神性秩序来形塑乡村社会秩序，这是纸扎作为宗教物彰显的意义所在。②

（二）梅山信仰的多样性、丰富性研究

梅山信仰不仅是湘中地区独具特色的宗教信仰仪式，也是辐射于周边广大区域的一种多神信仰，还是众多行业的信仰，梅山信仰的多样性、丰富性历来为众多研究者所关注。

关于梅山信仰的综合研究，有张泽洪、廖玲的《中国西南少数民族梅山教研究》。③ 此著作采用综合研究范式，并深入湖南、广西、云南、贵州、广东等地区进行了长期的田野调查。在此基础上，对于湘中古梅山地区的梅山教及其传播，梅山教与瑶族、壮族、仫佬族等民族沿南岭走廊的迁徙的关系，梅山信仰与茅山教等道教的互相影响及融合的关系，梅山教在不同民族中的形态特征及内容等作了充分的研究。总体而言，是融合了多学科理论，形成了一种多元综合的研究范式，对于理解南岭走廊区域空间中梅山教的传播与发展状况有着重要的学术意义和时代价值。

梅山傩文化是梅山信仰的重要内容，关于傩文化的研究主要集中在傩戏的起源、发展与传承以及剧本、女神形象的研究上。杨欣彤认

---

① 张惠芳：《物质文化视阈下的湖南纸扎研究》，博士学位论文，中南大学，2022年。
② 张慧芳、李尧嵲：《物的能动性及其意义世界的建构——以湖南新化"还都猖愿"仪式中的纸扎为例》，《世界宗教研究》2022年第3期。
③ 张泽洪、廖玲：《中国西南少数民族梅山教研究》，宗教文化出版社2022年版。

为，傩戏是原始的图腾崇拜、巫傩文化、宗教文化、民间歌舞艺术的综合体，傩戏的"乐态"则与此密切相关，同时也反映了古梅山傩文化信仰在时代变迁中的演变与传承。①刘丹认为，梅山傩戏剧本中的神灵塑造十分有凡性、俗性，剧本中人与神的交往又多通过具"巫""艺"身份的师公来联结，构成戏剧文学中的一类特殊现象；其剧本创作和演出在浓厚的宗教信仰氛围中有着民间的粗犷、通俗与风趣，为受众所喜闻乐见。②

梅山地区信仰的女神众多，体现了原始先民对女性的极度尊崇和独特地位。田程程、段湘怀的《论梅山地区女神信仰的原始母权内涵》③和段湘怀、刘紫翎的《梅山地区女神信仰内涵研究——以猎神梅嫦为中心》④两文主要从原始母权探讨了梅山女权的内涵，如：对太上老君的女儿——唧唧女（桃源洞三霄娘娘）的信仰，则体现了梅山地区女性对爱情的热烈追求；对梅嫦神、李三娘的信仰，则展现了梅山女性身手不凡、武艺高强的能力，是原始母权时代女神至高无上地位影响的遗存；对梅婆蒂主的信仰，则体现了梅山地区的生殖崇拜。研究梅山地区女神信仰的母权内涵可以提高女性自觉和自信意识。李新吾、田彦通过对祭祀女性祖先的"大宫和会"傩仪的田野考察，认为梅山信仰中女性祖先栖居的所谓"桃源仙境"的描绘，足以说明梅山信仰中对于女权氏族城邦社会历史的群体记忆是崇拜女神、尊崇女权，这是一个饶有兴味的历史文化信息。⑤

猎神是梅山信仰土神中最突出的代表，也是原始渔猎文化的集体记

---

① 杨欣彤：《从"乐态"维度浅论梅山傩戏的起源、发展与传承》，《大众文艺》2022年第5期。

② 刘丹：《梅山傩戏剧本研究》，硕士学位论文，湖南科技大学，2022年。

③ 田程程、段湘怀：《论梅山地区女神信仰的原始母权内涵》，《文化创新比较研究》2023年第10期。

④ 段湘怀、刘紫翎：《梅山地区女神信仰内涵研究——以猎神梅嫦为中心》，《文化创新比较研究》2022年第35期。

⑤ 李新吾、田彦：《梅山傩俗中的女权城邦社会记忆》，《贵州大学学报》（艺术版）2022年第2期。

忆。李慧君以梅山文化圈木雕猎神神像为研究对象，归纳出清代以来梅山木雕猎神像的主要类型主要是"人神"梅山神，即猎手；另一个是梅山始祖神张五郎；再一个就是张五郎与梅山神的组合。前者梅山猎手与其说是神，更像是颇具人性的普通猎户；后者张五郎则是以手撑地，双脚朝天的倒立造型为辨识性标志；而组合形式则是张五郎居中、左右两侧是梅山郎君（普通猎户），体现的是若干猎神群体同坛。很明显，梅山文化圈猎神信仰的这种具有鲜明的地域特性，正是巫遗风观念影响的结果。各村猎户高手可以封为梅山猎神，又表明不同区域的梅山神的祭祀对象是因地而异的，呈现出多样化的特征，如上梅山猎神胡（扶）大王、中梅山放鸭神李大王、下梅山打鱼神赵大王等。各地所敬梅山神不同，表明梅山信仰有明显的地域性和实用性特征。①

湖湘民间信仰的多样性使得相关的研究也很丰富，关于这些民族民间的信仰田野调查颇多，研究也较为深入，这对推动湖湘多样文化共存的研究是有积极意义的。

四 民俗文化的仪式性、乡土性和创新性

民俗文化一般都有仪式性活动，有约定性的行为、程序和道具，但也会入乡随俗、融入地方习俗而具有乡土性特色，又因自身发展和时代需要而具有创新性。2022—2023 年的民俗文化研究主要聚焦于民俗文化的仪式性活动考察，同时观察其乡土特色、历史变迁和时代创新。

（一）民俗活动仪式性及其变迁

南岳神戏是展现民情风俗的一种仪式性戏剧，它是古代巫傩文化的遗存，随着时代变迁，逐渐融进了多种文化。田彦、李刚认为，南岳神戏名称来源于师公主持的酬神仪式，是以驱鬼逐疫、酬神纳吉为

---

① 李慧君:《清代以来梅山文化圈猎神神像的类型与地域文化特征》,《中国民族美术》2022 年第 4 期。

目的的巫傩文化中的傩戏遗存，宋、明历史文献中均有记载。随着时代的发展，南岳神戏发生了变化：一是体现在师公兼学道士，两派内容兼学、仪式互补，神戏中融入了道教仪式。二是体现在师公与本地花鼓戏艺人的合作表演，这主要体现在音乐、唱腔、服饰互相影响以及女性艺人也参与傩戏表演。所以说，地方民众称之为神戏，研究者称之为师道戏、师公戏的南岳神戏是一种师、道融合的体现民间风俗的仪式戏，整体上属于傩的范畴，也是傩戏的发展。①

梅山傩戏是独具地域特色的傩戏。刘丹、李跃忠通过观察湖南隆回的"抛牌过度"仪式，认为梅山傩戏大多镶嵌于仪式之中，其仪式仰仗梅山"信巫尚祀"风气遗存和尊师重道的文化传统。该活动是以师公为主导塑造神性空间，达到人神互通的目的。整个表演都充满仪式感，且傩戏表演随时代发展融入了世俗日常生活中的事象，本是神圣的东西表现得更接地气，这种仪戏相杂的活动呈现出神圣与世俗共存的特点。②

"跳香"是湘西苗族人为了庆祝丰收和酬谢"五谷神"而演绎的一种风俗性祭祀仪式。熊晓辉通过探索跳香祭祀仪式过程——祭祀法事、表演舞蹈、吟唱山歌，揭示出"跳香"仪式是苗巫祭祀、巴岱旋场（独舞）以及民族音乐融合的结果。这一结果实际是民间宗教与地域、民族、民间风俗习惯的结合，具有民俗性特色和民众性典型特征，将祭祀性、民俗性、表演性、娱乐性融为一体。③

（二）非物质文化民俗的传承和创新

民俗文化可以增强民族认同和塑造民族品格。正因为如此，很多

---

① 田彦、李刚：《南岳神戏的历史渊源与发展变化》，《衡阳师范学院学报》2022年第1期。
② 刘丹、李跃忠：《"抛牌过度"仪式中的梅山傩戏》，《中国非物质文化遗产》2022年第2期。
③ 熊晓辉：《书写"跳香"：湘西苗族祭祀舞蹈的意义建构》，《武陵学刊》2022年第5期。

民俗不仅是非物质文化遗产，更需要传承和创新，为中华民族的发展服务。2022—2023年，湖南非物质文化民俗研究取得了一定的成就。

体育民俗是近几年研究较多的方面。吴秋来、白晋湘、吴湘军研究了作为体育非物质文化遗产的送财神、表吉祥的瑶族"棕包脑"民俗的传承情况。"棕包脑"民俗的中心在湖南洞口县的长塘、罗溪、月溪、渣坪等瑶族乡，流传于周边隆回县、怀化市、黔东南等区域。"棕包脑"民俗融入了梅山武术的动作形式，也融入了蚩尤文化中的舞蹈神韵。其表演形式分为个人、双人与集体，器械为刀、棍、板凳等。"棕包脑"民俗于2014年被列入第4批国家级非物质文化遗产，属于传统舞蹈类遗产。乡村振兴战略下，"棕包脑"民俗需要创新性发展，应从整合区域旅游资源，统筹好传承、旅游以及发展等方面，走入校园，进入社区，与学校体育结合，与群众健康锻炼结合，在社会的需要中得到发展。① 许多探讨了包括湘西土家族在内的武陵山区土王、祖先祭祀，英雄崇拜的祭祀舞蹈和土司时期因政治军事需要的土司体育文化等，认为这些都是土家族体育非物质文化遗产的本源。② 陈才发指出，包括湘西在内的武陵山区民族体育应和发达的旅游业结合起来，一方面推进全民健身深入开展，另一方面使体育文化与生态旅游相互促进。③

手工艺民俗门类繁多，有强烈的地域特色和民间信仰特色。雷强对流传于汝城的香火龙制作进行了探究。汝城香火龙作为"活着的"民间工艺，已有一千多年的历史。香火龙是由竹子、稻草、龙香、木棍、粽叶等制成的，其在夜间燃烧时呈现出震撼的视听效果，即所有的龙香点燃并舞动时就是一条腾飞的火龙，寄托着人们对于美好生活

---

① 吴秋来、白晋湘、吴湘军：《乡村振兴战略下湘西南瑶族"棕包脑"体育非物质文化遗产的活态传承》，《湖南人文科技学院学报》2022年第2期。
② 许多：《武陵山片区土家族体育非物质文化遗产研究：本源考辨、时代价值、传承路径》，《湖北师范大学学报》（哲学社会科学版）2022年第5期。
③ 陈才发：《武陵山片区民俗体育与生态旅游产业融合研究》，《西部旅游》2022年第9期。

的向往。① 袁飞对土家织锦的民俗文化进行了考察。土家族代代相传的织锦是使用一种土制的木腰机，以棉纱为主要原料，完全用手工织成的手工艺品。其称呼历代不同，主要有表布、溪布、溪峒布、土锦、西兰卡普、打花铺盖等。土家织锦以图纹表达宗教、伦理、民俗等信仰，如独特的造型纹样"阳雀花"是"朱雀""凤鸟"的化身，是巫文化的信奉，寓意春鸟回归、万物繁荣。而图腾纹样四十八勾图，则蕴含着驱秽辟邪、去灾纳祥的寓意。土家织锦体现了淳朴自然的民族个性与精神祈求，在新的时代应吸纳更多的民间新俗，创新发展，成为中华民族的精神寄托。②

从民俗的发展而言，新时代的民俗活动基本上完成了传统向现代的过渡，民俗文化的地域性、乡土性特色也由封闭逐渐走向开放，其所要阐扬的精神价值与社会生活、经济发展逐渐适应，呈现出纷繁多姿的面貌。但是随着人口流动加速，社会变迁加速，民俗文化的传承和发扬遇到了很大的问题，大多只保存在少数非物质文化传承者那里。2022—2023 年的民俗研究者也敏锐地观察到了这些问题，一方面在研究中试图寻找更好的办法帮助民俗文化融进校园、社区，另一方面也呼吁政府、社会给予更多的扶持、保护和发展，以传承中华文化和民族精神。

总体而言，2022—2023 年的宗教信仰工作和研究紧密围绕宗教中国化、现代化、规范化、廉洁化主题，研究了宗教中国化在湖南的实践，也研究了湖南宗教文化的历史演进和时代发展。民间信仰和民俗文化研究主要探讨了新时代民间信仰的变化、民俗文化的传承和发展问题。相关研究总体上虽说取得了一定成果，但是深度和学术性还很不够。在今后的研究中，我们呼吁加强学术性的深度研究和细致研究，加强宗教信仰文化和民俗文化与时代的结合研究，推动其传承和发展。

---

① 雷强：《非物质文化遗产视阈下汝城香火龙传承研究》，《武术研究》2023 年第 1 期。
② 袁飞：《湘西土家织锦艺术的精神依托与发展》，《湖南包装》2022 年第 1 期。

第六章　史志与文献：湖湘千年文化的交融与积淀

湖南自然禀赋优越，生活在这片大地上的一代又一代的湖湘儿女用自己的汗水和智慧创造了光辉灿烂的湖湘文明，缔造了"惟楚有材，于斯为盛"的文化奇观。2022—2023 年，学术界对于湖湘史志的探寻和对湖湘文献的挖掘方兴未艾，从不同视域审视湖南精彩的历史进程和独特的文化特质。

一　地理环境、历史记忆探讨中的湖湘史志研究

地域文化是一定地域人类活动的产物，地理环境在一定程度上影响着地域文化的形成、发展。湖湘独特的地理环境孕育了灿烂的湖湘文明，随着历史的发展，湖湘文明逐步融入中华文明发展大潮之中，所创造的湖湘文化更是顺应了中国文化发展的历史趋势，充分表达了中华文化主体性建构的要求。2022—2023 年关于湖湘史志的研究成果频出，既有揭示湖南光辉耀眼史前文明的研究，也有反映千百年来湖湘人士上下求索，立功、立德、立言艰难历程的研究。

（一）稻米飘香八千年：光辉灿烂的先秦时期湖南研究

湖南是华夏文明的重要发祥地之一，是多元一体中华文明的重要一元。道县玉蟾岩、澧县彭头山、洪江高庙等重大考古发掘，使得湖

南历史的轴线向前大幅延伸，大致构建起了湖南较古老的考古学文化谱系和年代序列，在增强湖南历史信度的同时，为廓清湖南地区上古时期的社会与历史文化发展基本概貌提供了有力支撑。2022—2023年，学界围绕湖南考古遗存的年代、环境与作物、聚落形态与社会组织、精神文化等内容开展了广泛而深入的探讨，为深化湖南先秦史志研究奠定了良好的基础。

新中国成立以来，湖南的考古发掘工作取得了长足进展，随着多处古文明遗址的发现，距今50万年至1万多年间的旧石器时代考古学文化的区域类群和年代序列逐步构建，距今1万年至3800年间的新石器时代文化与社会的时空谱系较为完整地建立。正如郭伟民所言："湖南的史前时代由此变得清晰，湖南史前史可据此书写。考古成果展示了湖南史前文化在中华文化中的地位和作用，考古发现揭示了湖南史前人们对于统一多民族国家形成与发展作出的杰出贡献。湖南史前的辉煌创造，不仅是湖湘文化之源，还积极融入和引领了多元一体早期中国文明化的进程。"① 史前湖南在中华文明起源中的重要地位和作用也得到充分彰显。②

范宪军等人通过近年来的调查、勘探与试掘，对鸡叫城聚落群的年代、结构演变及聚落布局有了新的认识。彭头山文化中期和大溪文化早期，聚落已有人类定居。油子岭文化晚期，发展为环壕聚落。屈家岭文化早中期扩建为城壕聚落。石家河文化时期，形成具有三重环壕和大量附属聚落的聚落群，达到鼎盛。肖家屋脊文化时期，聚落继续沿用。③ 郭伟民等人对鸡叫城遗址发现的大型木构建筑进行了调查研究，认为这座保存较完整的屈家岭文化中晚期大型木构建筑遗迹，对研究中国史前建筑的形态与特点具有重要价值。④

---

① 郭伟民：《湖南史前时代的考古学观察》，《船山学刊》2022年第1期。
② 郭伟民：《吾道南来——中华民族共同体中的史前湖南》，科学出版社2022年版。
③ 范宪军、吴瑞静、石涛等：《湖南澧县鸡叫城聚落群调查、勘探与试掘》，《考古》2023年第5期。
④ 郭伟民、范宪军、吴瑞静等：《湖南澧县鸡叫城遗址新石器时代大型木构建筑F63》，《考古》2023年第5期。

2019—2020年，湖南省文物考古研究所对七星墩遗址进行发掘，发现城垣、池塘、窑址、房址、瓮棺葬、灰坑、灰沟等，出土陶器、石器、木器和漆木器。七星墩城址始建于屈家岭文化时期，兴盛于石家河文化时期，其"外圆内方"的布局结构在长江中游地区属首次发现，是长江中游文明进程研究的重要个案。① 其后，有学者对该处遗址的房屋建筑材料进行了探讨，王庆宇等人采用 XRD 法、XRF 法、磁化率法和色度法，从物相组成、元素成分、磁化率、色度等方面对湖南七星墩遗址出土的不同文化时期的烧土样品进行综合分析。结果表明，6 件红烧土样品应均为就地取土，并在泥料中加入了稻壳和稻草等植物残骸作为羼和料，经人工烘烤而成的建筑材料，等效烧成温度区间为 550—700℃。这些强度与耐水性能显著提升的烧土建筑材料，极大地改善了居住环境。②

杜心宇等人运用 ArcGIS 空间分析、位序—规模法则和聚类分析方法对洞庭湖区史前聚落遗址规模及聚落群时空演变进行研究，指出各时期以中小型和大型规模聚落为主，不同规模类型聚落随时间推移不断增长，特大型聚落多具有城址的性质，且逐步演变为区域中心，各规模类型聚落向南迁移趋势明显；随着人口总量不断增加，平均生存面积减少，生存压力增大，新石器中晚期聚落之间分布的均衡性逐渐下降；古人倾向于生活在澧水区域和洞庭湖区域，大型城址主要分布在主体聚落群内，聚落群总体由西向东再向南迁移，演变方向呈倒"L"形。③

进入商周时期，湖南发掘的遗存显著增多，如 2016 年 4—7 月对炭河里遗址新屋湾地点的发掘，发现西周、东周和六朝时期遗存。以西周时期遗存最丰富，遗迹主要为灰坑，出土遗物有陶器、硬陶器、

---

① 王良智：《湖南华容县七星墩遗址 2019~2020 年发掘简报》，《考古》2022 年第 6 期。
② 王庆宇、吴又进、毛龙江等：《湖南七星墩遗址中红烧土建筑材料的科学分析》，《文物保护与考古科学》2023 年第 2 期。
③ 杜心宇、龚维、胡希军等：《洞庭湖区史前聚落规模及聚落群时空演变》，《地域研究与开发》2023 年第 6 期。

铜器、石器等，与炭河里城址出土遗物相近，年代在西周早中期。这些发现反映了炭河里文化的年代与分期，以及黄材盆地商周时期的文化序列与聚落变迁。①

关于湖南东周越系墓葬腰坑葬俗的来源，学界有两种认识：一种认为湘、桂、粤地的腰坑与中原殷商墓葬中的腰坑有本质差异，只是形制类似而无承袭关系；另一种认为是湘地越人接受了中原的殷商遗俗，并随越人的南迁传入两广。张强禄认为，湖南越墓的腰坑葬俗其实与湖北楚墓的腰坑葬俗各有源头，应区别开来。前者当是本地土著文化在周文化影响下发展出来的产物，而后者则属殷商遗俗，是商礼复兴的表现。②

中国南方地区金属资源的使用和流通是中国青铜时代考古学的焦点话题之一。罗喆等人对湖南邵阳地区出土部分东周青铜器的金属材质和铅同位素比值进行研究，发现所有青铜器的铅同位素数据均符合普通铅的特征，经与相关地区金属矿床数据比较，初步确定这批青铜器所用铅料除小部分来自河南西南部和江西北部的矿山外，大部分特别是其中的越式铜器，所用铅料主要来自南岭地区的矿山。这一结果揭示了南岭地区金属资源在东周时期青铜生产活动中的重要性，并证明湖南土著越人在南岭地区金属资源的开发利用上扮演了重要角色。③

吴桐探讨了两周时期"江南—岭南"之间的文化交流线路及其变迁，指出这种文化交流以江南因素的南传为主，以直口豆及敛口豆、曲壁豆、碗（杯盅）类及"米"字纹陶器为代表，其主要线路大致呈现出"东南沿海—内陆赣江流域—东南沿海"的循环往复的态势。这一变动不仅是江南地区文化交流主体空间位移的客观要求，更是越、吴分别面向海洋与面向陆地的文化与社会特性深刻影响的产物，

---

① 盛伟、赵亚锋：《湖南宁乡市炭河里遗址新屋湾地点发掘简报》，《考古》2023 年第 8 期。

② 张强禄：《再论湖南东周腰坑葬俗的来源》，《文博学刊》2023 年第 1 期。

③ 罗喆、金正耀、胡国海等：《湖南邵阳东周青铜器的铅同位素比值研究》，《江汉考古》2023 年第 3 期。

而这种差异在导致东南沿海内部文化联系密切程度起伏、反复的同时，更导致越、吴于两周时期呈现出不同的社会图景及其融入"中华一体"进程的先后与方式之别。①

随着楚文化南渐，长沙地区战国墓开始出现一定数量的玉器及仿玉器，且不同材质的仿玉器在不同阶层的墓葬中使用差异明显。廖薇以考古材料为基础，以不同阶层的墓葬为分类依据，对长沙地区战国墓中的玉器、仿玉玻璃器及仿玉滑石器进行比对分析，寻找其规律，并探讨楚地用璧、两种仿玉器的功能差异、"琉璃即玉"、长沙战国墓用玉及仿玉之风盛行原因等相关问题。②

里旺城遗址位于湖南株洲攸县网岭镇里旺村，是近年来湘东地区较为重要的考古发现之一，经考古确认为战国至两汉时期的古城址。在古城址周边的丘陵中还发现了大量同时期的墓葬，也许这些墓主都曾穿梭来往于这座古城和乡野之间，创造属于他们的历史。③

湖南株洲在先秦时期一直是古代越人的重要居住地，发现有众多越文化遗存。文国勋选取了株洲境内近几十年来零散出土的越式青铜器，器形有铜镈、铙、鼎、剑、刮刀等，年代从西周跨越至汉代，这些器具反映了中国西南和越南等地可能与湖南地区存在文化上的交流。④

胡平平在辨析几处典型墓地的年代、确立墓葬文化性质判定标准的基础上，以春秋早中期、春秋晚期至战国早期、战国中期、战国晚期四个阶段，分别对湘江下游、湘江中上游和资水下游三个地区楚、越文化的融合过程进行了探讨，并总结出了三种融合的模式，即"细水长流"型、"花开两朵"型和"取而代之"型，并简要解释了其成因。⑤

---

① 吴桐：《山海之间：两周时期"江南—岭南"的文化交流线路及其变迁》，《东南文化》2022 年第 3 期。
② 廖薇：《长沙地区战国墓用玉及仿玉现象探析》，《文博学刊》2022 年第 3 期。
③ 文国勋、陈帅钦：《湖南攸县里旺城遗址发掘记》，《大众考古》2022 年第 6 期。
④ 文国勋：《湖南株洲出土越式青铜器初步研究》，《中国国家博物馆馆刊》2023 年第 4 期。
⑤ 胡平平：《湖南地区楚、越文化融合过程研究》，《江汉考古》2022 年第 3 期。

瑶族是一个历史悠久的民族，是从九黎、三苗部落集团的一个分支发展而来，其民族源流可追溯到三皇五帝时代。湖南瑶族织锦工艺与我国古代的纺织历史一脉相承，瑶族织锦纹样与中华民族上古纹样具有相同或相近的特征。从上古时代的瑶族先民生活开始追溯，谢筱冬通过对新时期陶器纹饰与瑶族织锦纹样的比较，分析二者文化精神的紧密联系，揭示了瑶族织锦从古至今的发展规律及其蕴含的中华民族文化基因。[①]

这些研究成果在丰富中华文明研究成果的同时，为我们认识湖南古文明提供了全新的视角，如何充分发掘考古成果，将湖南古文明研究置于华夏文明研究的时空框架之下，将是未来相关研究人员需要进一步思考的方向。

（二）清寂中的重音：颇具特色的湖南古代史志研究

湖南尽管拥有光辉灿烂的古代文明，但是在中华文明的进程中，尤其是唐宋以前，并不醒目，许多历史图景往往要通过其他历史文献才能勾勒一二。不过令人兴奋的是，新中国成立以后，湖南各地出土了大量的简牍，这些简牍为研究湖南，乃至中国上古史、中古史提供了极具价值的史料，很好地弥补了传统纸质文献的不足。2022—2023 年，学界广泛运用出土文献，努力破解前人所未解决的疑难问题，以全新的视角审示中国古代史研究，并进一步深入挖掘蕴藏在出土文献中的历史经验、思想价值和文化意蕴，结合当前形势予以解说和阐释，为坚定文化自信、传播中华优秀传统文化提供具体鲜活的例证。

1. 硕果累累的先秦两汉时期湖南史志研究

经过几代学者的耕耘，秦汉历史研究的纸本资料整理已十分完备，研究也相对成熟，随着以湖南为代表的地方简牍大量出土，秦汉

---

① 谢筱冬：《从史前陶符解读湖南瑶族织锦中的中华民族文化基因》，《湖南科技学院学报》2022 年第 6 期。

第六章 史志与文献：湖湘千年文化的交融与积淀

史研究领域也随之拓展，丰富的简牍文献让湖南成为秦汉史研究无法回避的存在。

简牍文献中大量的政府公文为秦汉史志研究提供了宝贵的政治史料，为探究基层政权运作打开了全新的视角。

秦朝确立了在地方上设"道"对少数族群聚居区进行治理的制度。郭涛基于岳麓简和里耶简等简牍资料，对秦"道"进行了考证，认为作为县级特殊政区的"道"，最初可能取义于政治文化引导的期望，"道"制是秦的军事扩张和郡县化过程中折中的产物，实行"道"制的地区，由中央派遣官吏和部落君长联合治理，是为中国古代民族管理政策之源头。[①] 在其另一篇论文中，作者探讨了秦简所见秦代地方行政运行的空间结构，指出宏观层面，从战国秦到天下秦时期，疆域范围由不断东进到南北扩张，结构从中县道小圈层逐渐演变为全国性的五大圈层，组织形态从封君郡县并存到海内为郡县，平行与垂直管理系统交叠，多元组织单元互补造就了帝制早期地方行政的条块结构。中观层面，郡县之"都"是秦汉地方行政运行落地的核心场域，都与邑、乡与聚不仅存在地理上的空间分野，也保持着行政上的联结和互动；离邑和城墙之外的散村聚落受到中心城市和城内的制约，无法脱离地方行政独立运行。微观层面，县乡之"廷"是帝国末端行政的中枢机构。道路交通网络是秦汉地方行政运行的渠道，体现并促进了帝国权力在地方的纵深；国家权力的主导构筑了一个不断变动的多板块、多类型、多层次的地方行政运行空间复合体。[②]

秦干官系统的组织机构复杂，符奎指出，《汉书·百官公卿表》所载西汉大司农属官"斡官"实为"干官"。东汉干官被省废后，关于其组织机构及职能等详情，已经不为人所熟知，遂以"斡"字"主领"的义项解释其职能，致使"干官"逐渐被误为"斡官"。除"竹箭干"之外，制造各种器物所需木材亦应由干官掌管。因为需要

---

① 郭涛：《秦"道"新证》，《中国边疆史地研究》2023年第2期。
② 郭涛：《出土简牍所见秦代地方行政运行的空间结构》，《学术月刊》2023年第4期。

储藏、调配、输送各种木材，干官又具备了"均输"的职能。《岳麓书院藏秦简（肆）》中的"均输"应作动词"调配""输送"解，而不是行政机构名称。①

仓官是秦代县下辖的重要机构之一，鲁家亮通过里耶秦简相关记载，探讨了秦县他官的刑徒、粮食、小畜等事务的部分管理职能。他指出，仓与司空共同管理刑徒；仓向县内多个其他机构让渡了部分粮食管理权限；仓分担了小畜的管理事务。他认为，秦代各类物资、人员的管辖权在县内不同机构中被分割，又通过县廷加以集中，在权力的分合之际，秦县的行政运作实现了一种较为高效的模式。②

岳麓秦简所见《卒令》内容与文书行政高度相关，尹嘉越认为其令名应理解为与作为二千石官属吏的卒史（或卒人）职能相关之令。就《卒令》与相关秦令的关系而言，一方面，《郡卒令》《尉郡卒令》《廷卒令》《四司空卒令》等几类"卒令"规定的是卒史（或卒人）接受郡长官派遣负责具体机构事务时承担的职能，《卒令》规定的则是卒史（或卒人）未负责具体机构事务时承担的其他职能；另一方面，几类"卒令"适用于其令名所涉机构中卒史（或卒人）负责的事务，"共令"则一般适用于其令名所涉机构中的其他事务。③

张以静重新释读里耶秦简"义陵调库县用"文书，厘清文书的传递路径，结合岳麓秦简令文，还原义陵库和迁陵库在物资付受活动中如何进行符的发放与文书的传递。指出秦代通过律令和文书，对物资付受机构、流程、参与人员等实行严格的监管，利用信符与文书进行双重核验，保证物资付受的准确性和安全性，但这类流程主要适用于县际物资付受及付受物资类型为军需甲兵的情形。县内物资付受及与生活用度相关的物资付受流程和手续

---

① 符奎：《岳麓秦简"均输"释义——兼论少府干官组织及职能》，《简帛研究》2022年秋冬卷。
② 鲁家亮：《里耶秦简所见秦县仓官的基本职能》，《古典学研究》2022年第2期。
③ 尹嘉越：《岳麓秦简〈卒令〉及相关秦令令名考》，《出土文献与法律史研究》第12辑，法律出版社2022年版。

第六章 史志与文献：湖湘千年文化的交融与积淀

则相对简化。秦代县级官府依据不同的现实需求，建立多元化的物资付受方式，将物资付受制度与文书行政有效结合，推动了秦代地方基层政务的运作。①

"单独简"是里耶秦简中典型的文书形态，即一枚内容已经写完而不需编缀成册的木牍。刘自稳依据文书格式的复杂程度，将单独简牍所载文书分为单一公文和组合公文两类，单一公文在呈送、转发和追文等场合下可形成组合公文。里耶秦简中还大量存在由多枚简牍组合而成的文书，他又依据文书所用简牍形制将之分为单行简册文书、两行简册文书和组合简牍文书。他认为根据里耶秦简中多简牍文书的存档方式以及汉初告地策文书的组合方式，秦代基层组合简牍文书可能使用编联或捆扎的方式形成完整文书。② 在他的另一篇论文中，根据里耶秦简 8—78、8—133 是其他县出差到迁陵的吏员与迁陵县产生的往来文书，发现繇使吏员必须以县廷为中介与县内诸官进行业务沟通，繇使吏员办公所居的传舍可能位于县廷所在的城内，里耶古城一号井因而出土有大量县外机构寄给繇使吏员的封检③。

里耶秦简中有丰富的和秦代上计制度运行密切相关的"计""课""志"类文书，张岗细致地梳理和分析了这三类文书，依据"计"类文书在政务运行中所起的作用为分类标准，将这些文书分为县廷诸官按一定周期所制作的统计文书和县廷所制作的专项"计簿"文书；依据"课"类文书在日常行政中的具体功用为标准，将里耶秦简所见"课"类文书分为"诸官课"文书、带有考核评语的考课文书及其他的"课"类文书。他指出，里耶秦简所见"志"类文书是一种单独的文书类别，其不同于学界所习称的"课志"文书或

---

① 张以静：《秦代物资付受制度研究——从里耶秦简"义陵调库县用"文书的释读说起》，《古代文明》2023 年第 3 期。

② 刘自稳：《秦代地方行政文书的形态——以里耶秦简为中心》，《文史哲》2022 年第 5 期。

③ 刘自稳：《里耶秦简所见秦繇使吏员的文书运作》，《出土文献》2023 年第 2 期。

"课志简"。依据"志"类文书的具体功能，可把其分成记录某官考课条目的某官课"志"文书，以及记录某具体事项的"志"文书。①在其另一篇论文中，他通过分析"计"类文书在县廷官曹机构间的运转情况，探讨了秦代上计制度在地方基层运行的一般过程。②曹天江则深化了对《岳麓书院藏秦简（肆）》"县官上计执法"令文的解读，他勾勒出了秦县上计事务的面貌，认为秦代官府的年末统计与上报工作乃是多样多次进行，随要求变化不断调整，应视作一个以"上交计文书"为轴心、不断变化其外延的事务群。③

《里耶秦简牍校释（二）》发现了秦始皇二十八年使用"正月"，二十六年至二十八年使用"皋"，二十六年、二十八年使用"臣妾"的明确记录，将秦始皇统治时期"正月""端月"使用情况串联，并佐证了秦代改"皋"为"罪"、改"臣妾"为"奴婢"一事及其改称时间。景灿涛认为里耶秦简所见用语的年代特征显示出秦代官府文书的行政特点，也反映了秦代专制集权、以法治国和秦代政策高效、严苛的政治特点。④

长沙五一广场东汉简牍中的"白草"简属于公文书的一类。舒显彩认为"白草"是县曹史向令长呈递文书时的谦辞，应理解为"呈上初步意见"，他敏锐地意识到东汉中期临湘县政运行已发生的微妙变化，认为诸曹史地位突出且深受令长倚重，合议成为县廷决策的关键。⑤

秦人非常重视军功爵制，军功爵制的设置，对秦国的发展起到了重要作用，其历史意义为学界所瞩目。

---

① 张岗：《里耶秦简"计""课""志"类文书所见秦代上计运行研究》，硕士学位论文，河北师范大学，2023年。
② 张岗：《里耶秦简所见秦代"计"类公文书》，《大庆师范学院学报》2022年第3期。
③ 曹天江：《〈岳麓书院藏秦简（肆）〉"县官上计执法"令文考释——兼论汉以前的"上计制度"》，《出土文献》2022年第3期。
④ 景灿涛：《〈里耶秦简（二）〉所见用语的年代考察》，《昆明学院学报》2022年第4期。
⑤ 舒显彩：《五一广场东汉简牍所见"白草"文书探研》，《古代文明》2022年第4期。

第六章　史志与文献：湖湘千年文化的交融与积淀

刘鹏结合岳麓简、里耶简等简牍，探讨了秦人爵的变动，指出秦人爵位的晋升主要有军功拜爵、纳粟拜爵、捕盗授爵、积劳得爵、特定赐爵等途径，秦人爵位的降等主要有继承降爵、赎免解爵、犯法夺爵等方式。一方面，这些获爵途径与降爵方式的切实存在，一定程度上增益了秦人崇尚实功、开拓进取的精神；另一方面，秦人爵位变动中"难得而易失"的不平衡性，也凸显了普通秦人社会政治生活的艰辛。①

《岳麓书院藏秦简（柒）》中出现了"冗爵"的记载，罗昭善探讨了这一制度，他认为"冗爵"是指秦官府征发冗者时约定冗作期限，冗日期满后授予的爵位，"冗爵"制度较早创设于统一战争中的秦王政时期，秦朝建立后一直沿用。秦代的"冗爵"与军功爵存在同样的效力，除授予方式不同外，其与军功爵并无差别，"冗爵"与军功爵的授予与管理，应属同一系统。秦代"冗爵"的授予以冗日期满为限，冗者若在冗日期限内犯罪，应视犯罪轻重程度，以及冗者身份是否转变成为刑徒来确定期满后是否授爵。岳麓秦简所见"冗爵"制度应是秦为新地或他郡募集人手而出台的特殊举措，其与传世文献中秦募民、迁民或入粟拜爵等特殊授爵政策的出台或具相似性。②

秦简中存在的大量司法案例文书更是引发了学界的广泛关注，2022—2023年，关于这些案例文书的研究成果不少。

目前所公布的《岳麓书院藏秦简（叁）》收录了秦代的司法案例文书，第四卷至第六卷皆是秦代的法律文本，其中涉及女性犯罪的法令屡见于文本之中。杨蕾梳理了这些女性的犯罪行为的相关法令、案例，将之分为谋反、诈伪、盗、匿赀、行贿受贿、奸非、不孝、擅杀子、亡为人妻、舍匿罪人、受牵连以及再婚等多个罪名，根据罪行的轻重会被判以相应的处罚。指出考虑到犯罪群体的性别

---

① 刘鹏：《简牍所见秦人爵位的变动》，《北京社会科学》2023年第9期。
② 罗昭善：《岳麓秦简所见秦代"冗爵"制度考论》，《古代文明》2023年第1期。

差异，统治阶级会对女性罪犯在一定程度上给予刑罚方面的宽免或体恤。①

岳麓书院藏秦简《亡律》公布后，学界提出了与整理者不同的排列复原方案。刘自稳结合对"舍罪人"律条中一般逃亡和犯罪逃亡人员类型的分析，认为"匿罪人"律条中存在缺简，且其律文结构也不同于"舍罪人"律条，舍匿诸条中以日期起首的律文是对原有简文的追加规定，秦至少通过两次补充规定才使得秦律关于舍、匿罪人律条得以完备。②

张梦晗注意到了秦及西汉前期私人畜养未成年奴婢风气颇盛的情况，指出小农经济难以克服的脆弱性、买卖奴婢的市场广泛存在、秦汉律令对奴婢所有者权利的保护、未成年奴婢的平均售价明显低于成年奴婢、未成年奴婢可分担成年奴婢的部分工作，是造成私人畜养未成年奴婢之风盛行的主要原因。在奴隶制生产关系的支配下，未成年奴婢难以得到应有的保护。③

长沙走马楼西汉简司法文书中涉及颁行于长沙王纪年五年至九年之间的正月壬寅赦、四月丙辰赦、五月乙未赦三次汉代的赦令。邬文玲根据相关文书纪年，对年代进行了考察，她认为走马楼西汉简中关于因赦令而减免刑罚的司法文书，进一步彰显了赦令与复作之间的关系，体现了赦令在免除刑事责任和民事责任方面的效力。④

长沙五一广场东汉简牍反映了东汉中期长沙地区县级行政、司法的运行面貌。刘运杰以该简牍所见临湘县为中心，拓展考察东汉中期县级司法官吏群体与司法程序，发现东汉中期的县级司法在承袭前制的基础上，还有新的发展与特点：贼曹、辞曹等曹属成为此时县廷内

---

① 杨蕾：《〈岳麓书院藏秦简〉所见秦代女性的犯罪与优恤》，《南都学坛》2023年第5期。
② 刘自稳：《岳麓秦简〈亡律〉所见舍匿诸条律文解析》，《西部史学》2022年第1期。
③ 张梦晗：《秦及西汉前期私人畜养未成年奴婢之风探析——以简牍材料为中心》，《民俗研究》2023年第4期。
④ 邬文玲：《走马楼西汉简所见赦令初探》，《社会科学战线》2022年第4期。

部处理案件的主要机构，县中诸多掾、史构成了处理具体司法事务的执行主体，但无司法论决之权。原有的县丞、尉、狱吏等官吏的司法权力则相对有所削弱，而县令（长）通过批复决议来指挥掾、史处理司法活动，在司法程序中的威权有所增强。尽管"因事差遣"的掾、史提高了县廷对外部司法案件的处理效率，一定程度上强化了县对乡里的直接控制，但也对旧有乡吏体制的瓦解起到了一定的推动作用。审讯调查环节中更加注重对身份信息的认定，多端、多次、多层级的合验、勘验用来保证调查、审讯结果的真实性，均体现了此时县级司法在规范层面对司法的审慎与证据的重视。①

刘骁在编联长沙五一广场所出东汉简牍的基础上，复原出两件与盗墓相关的案件，断定盗墓罪行所适用的律令为盗律，判决应为弃市。他指出，汉朝虽明令禁止且舆论谴责盗墓的行径，但相关现象仍屡禁不止，发展出了官盗与民盗。在具体的管理过程中，官盗逍遥法外，民盗严加苛责，法律在执行程序与结果上呈现出反常与变态，其背后是皇权全面凌驾于法律之上的统治秩序。②

林琦婧根据《长沙五一广场东汉简》中的八件木牍，对东汉时期临湘县廷的告和劾的行为主体和对象、形式和内容、性质进行了分辨，认为劾只能是书面形式，其内容更为详细，但涵盖的事项范围较窄；在性质上，告的性质相当复杂，包括当今语义下的起诉、检举、报案、纠举等；劾的性质则相对单一，与当今语义下的"公诉"相类似，是官吏履行职务的行为。虽然告和劾有诸多不同，但二者并不完全是各自独立的，当告的事项为官吏提供可能的犯罪信息时，案件信息发生流通。③ 姚远对《长沙五一广场东汉简牍选释》中一至二十

---

① 刘运杰：《五一广场东汉简牍所见县级司法研究》，硕士学位论文，河北师范大学，2022年。

② 刘骁：《由〈长沙五一广场东汉简牍〉盗墓案看汉代的盗墓》，《南方文物》2023年第1期。

③ 林琦婧：《东汉县廷的告与劾——以五一广场简为中心的讨论》，《出土文献与法律史研究》第11辑，法律出版社2022年版。

支简的文字进行了注释并翻译简文，对其中涉及的法律名词、术语以及司法内容进行了解读，讨论了东汉时期的基层司法制度及其中所涉及的法律问题。①

《长沙五一广场东汉简》中的"元"遗产案的人物关系较为复杂，文霞通过解读"元"遗产案牵涉的家庭及财产管理关系，既帮助我们深入了解东汉前中期商人家庭的生活情况以及家庭内女性的姓氏记录变化，还可以看出个体家庭中的婚姻关系与扩大家庭的宗法关系之间的紧张和矛盾，这影响到家庭生活的方方面面。②

《长沙五一广场东汉简》中有一组关于赦赣等人劫诗林等案的资料，这些简牍记载的劫案是跨郡县作案，至少包含造谋、伺候、劫掠、埋赃、逃亡、返回、分赃、运输等多个环节，涉及人员众多，案犯落网时间相隔颇久，供辞差异颇大，案情审理有相当难度。任攀对该案作了初步复原和分析，并对若干名物词作了解释，如"把刀""吴镯刀""桱""央物"以及丝织物的名称等。③

刘同川对《长沙五一广场东汉简》所见"吴请等盗发冢案"文书进行爬网考订，补释"掘""与"等字，疏解"债""小蒜"等含义，大致厘清案件原委，对东汉时的民间盗墓行为有了比较具体、细致的了解。④

陈松长以长沙走马楼西汉简中出现的"狱"为考察对象，并结合几批已刊秦汉简牍资料，发现"狱"的本义当是争讼之义，而《说文解字》将其解读为狱所，当是据其本义引申的结果。秦汉时期"狱"的规模因级别不同而有所差异，秦代的狱治中有县狱和都官之

---

① 姚远：《〈长沙五一广场东汉简牍选释〉注释译（一）》，《出土文献与法律史研究》第11辑。
② 文霞：《〈长沙五一广场东汉简〉的"元遗产案"识微》，《石家庄学院学报》2023年第1期。
③ 任攀：《五一广场东汉简牍所见赦赣等人劫诗林等案复原》，《国学学刊》2022年第3期。
④ 刘同川：《五一广场东汉简"吴请等盗发冢案"文书考释》，《简帛》第25辑，上海古籍出版社2022年版。

狱，两汉中央官署中都设有中都官狱，走马楼西汉简中出现的"廷狱"可能是有廷的狱所，"宫司空狱"主要负责鞫狱、覆狱。①

简牍中同样存有大量社会、经济生活的记载，为研究人员了解秦汉时期的生活提供了丰富的资料。

贾丽英通过里耶秦简"产子课"及"徒簿"记载，探讨了秦代奴隶生活。她指出，里耶秦简"徒隶产子课""舂产子课"是对徒隶生育率的核查，显示此时徒隶的生活状态与后世"诸妇人在禁，皆与男夫别所"之罪囚的情形不同。隶臣、城旦、鬼薪身份的徒隶，既可有黔首身份的妻，也可有徒隶身份的妻，男性徒隶与女性徒隶之间确实存在婚姻关系。徒隶劳作主要有行政杂役、伐材土功、作务手工、田作畜牧、赋献贡敛等几大类。而行书、守府、守门、廷走、吏养、禀人等行政性杂役由自由度较高的隶妾或隶臣承担。徒隶所做事役在一定时段内相对稳定，他们与迁陵县其他吏员共同维持着地方行政的运转。此外，秦律允许徒隶"从事私"，他们有一定私财。里耶"祠先农"简显示，祭品"余彻"多被徒隶购买，交易常发生在城旦、隶臣之"所"。隶臣妾活动相对自由，或为庸取钱，或市贩得利；城旦舂鬼薪白粲等司空徒活动自由被严格限制，其"从事私"的时间、空间极小，私财来源不太明了。②

里耶秦简中有"槎田岁更"的记载，对于"槎田"的田地类型、"岁更"的含义，学界还未有一致意见。王星光、李平考虑到秦迁陵县地处今湖南湘西土家族苗族自治州地区，这里山林密布，自古以来就是民族地区，认为"槎田"应该是一种当地民族适应山林环境而实行的农耕方式。里耶秦简中的"槎田"应当是"刀耕火种"农业的耕作形式，采用的是砍烧山林而播种的一种轮歇型

---

① 陈松长：《再论秦汉时期的"狱"——以长沙走马楼西汉简为中心》，《华东政法大学学报》2022年第1期。
② 贾丽英：《里耶秦简"产子课"及"徒簿"反映的徒隶生活》，《文史》2022年第4期。

农业耕作制度，属山地森林民族适应生态环境而创造并长期留存的独特耕作方式。秦迁陵县可能存在"槎田"和"垦田"两种土地形式和耕作制度。①

岳麓秦简《县官田令》是秦代针对县官田及管理者"田官"颁布的法令条文，苑苑认为法令条文一方面保证田徒的供应，并以考课督促"田官"勤于生产；另一方面对"田官"为自身业绩侵害其他部门、低级官吏和百姓权利的行为进行禁止，在统一的新形势下，秦代国家仍沿用农战体制，对"田官"吏课殿者予以严惩，必然导致资源抢夺事件的发生，而对此类事件的禁令又增加了"田官"吏受罚的可能。②

谢伟斌探讨了岳麓秦简中所见的秦代官府建筑材料，指出秦朝县官官府掌控的材料称"县官材物"，为"县官材"和"它小物"的省称。"县官材"指官府所属的建筑木材，"它小物"指官府内部采集制作的低价值物品。"丽邑材竹"指供丽邑使用的建筑木材、竹材，用于秦始皇陵及其附属建筑建设。"丽邑材竹"可能由"木功右□守丞"在秦岭北麓组织人员砍伐，再由灞河顺流而下，供东园主章和主章长丞调度和使用。③

董飞通过里耶秦简，探讨了"垦草"相关问题，指出"草田"并非"荒地"，而是官府掌握的无主荒田，故"垦草"所开垦的并非荒地，而是荒芜的田地。商鞅变法颁布"垦草令"，与当时秦与三晋间流行的"尽地力之教"即"任地"的治理观念有关，对土地进行规划与管理，最大限度地垦辟土地、繁殖人口，以此达到富国强兵的变法目的。秦将"尽地力之教"的观念应用于新占领地即"新地"

---

① 王星光、李平：《从民族农业史视角看里耶秦简中的槎田》，《中国农史》2022年第5期。

② 苑苑：《秦代县官田管理——以岳麓秦简〈县官田令〉为中心》，《农业考古》2022年第3期。

③ 谢伟斌：《〈岳麓书院藏秦简（柒）〉中所见秦代官府建筑材料研究》，《简帛》第25辑，上海古籍出版社2022年版。

的治理，具体而言便是以城邑为据点，尽力垦辟土地以扩大人口承载力，以此巩固对"新地"的控制。①

里耶秦简中有与捕鼠活动相关的简文，张瑞通过分析"鼠券"所见捕鼠地点、人员身份与人员姓名之间的关系，进一步指出捕鼠人员的捕鼠行为都是限定在自己常规的活动场所内进行的。在应对鼠患时，迁陵县以地方官府行政干预为主导展开行动，"鼠券"的记录涉及相关捕鼠人员的奖惩，这应是捕鼠登记的主要原因。这既体现了秦文书行政之严谨性，也反映了秦对新地统治措施之灵活性。②

长沙走马楼西汉简《卯劾僮诈为书案》是一起与大农田管理相关的案件。杨芬、宋少华通过考察相关简文，认为该案中的"将田"不是独立的职官之称，而是指任职者兼领了"率领雇佣劳动者劳作"的任务，将田者是县的基层仓吏，他们由本县根据上级指令派遣到指定县域管理王国大农田，雇佣他人劳作，并按工作量付给雇佣劳动者佣金。③

王勇等人基于走马楼西汉简所见无阳蛮人的记载，指出官府在无阳组织的垦种，显现出其诱导当地蛮民从事农耕的意图。西汉官府导蛮务农，目的是改善蛮民生计，促使其迁出山谷，同化其语言习俗及改造其心性，以提高国家对蛮人地区的控制力度。随着西汉国家权力对蛮人族群的渗透，到走马楼西汉简所属的汉武帝时代，无阳部分蛮人已处于编户体制之内，其日常生活受到王朝行政制度、身份秩序、国家义务、法律规范等影响，并且与政府官吏常有接触。在习惯并逐渐认同官府管理的同时，这些编户蛮人对汉王朝的态度亦日益有别于游离于编户体制之外的蛮人。④

---

① 董飞：《里耶"垦草"简与秦"垦草令"相关问题研究》，《简帛》第25辑，上海古籍出版社2022年版。
② 张瑞：《里耶秦简"鼠券"再研究》，《秦汉研究》2022年第1期。
③ 杨芬、宋少华：《长沙走马楼西汉简〈卯劾僮诈为书案〉所见"将田""部""将大农田"诸问题小议》，《简帛》第25辑，上海古籍出版社2022年版。
④ 王勇、杨芬、宋少华：《西汉国家权力对蛮人族群的渗透——基于走马楼西汉简所见无阳蛮人的探讨》，《社会科学战线》2022年第8期。

秦浩翔通过长沙五一广场东汉简牍所见张、李、黄、王、陈、区等十余长沙大姓，探讨了这些大姓与乡里社会，指出他们家资不菲、蓄养奴仆，并凭借家族声望，或参与乡里选举，或担任属吏乡官，在地方社会具备一定影响，对基层社会治理亦有重要贡献。然而，部分大姓掾吏目无法纪、知法犯法，部分大姓族人肆意妄为，或盗窃、抢劫，或械斗、仇杀，对地方社会治安造成严重影响。文章认为汉代江南地区的宗族尽管在地方社会实力强大，但规模有限，其影响力不及中原豪族。①

简牍中有关地理的记载同样引起了学者的注意，他们对职官设置、地名等进行了考订。

郑威、李威霖综合已有成果的基础上，根据新近出版的《岳麓书院藏秦简（柒）》中有关江胡郡的设置过程进行了考证，认为江胡郡与会稽郡在秦末合并为一郡，其背景是加强对越地、越人的管控，以实现对江东地域的整合。②

张姝祯以长沙五一广场东汉简牍中的地名为研究对象，从五一广场简地名的梳理、地名的批注和地名的分析三个方面对五一广场简进行研究。③

"定邑"一词史书未载，长沙走马楼西汉简中却多次出现。陈松长通过梳理简文中与定邑有关的材料，认为定邑当为第一代长沙王刘发生前仿效其父辈所建陵邑的规制所建，当时应该另有专名，死后才以其谥号为名。此外，定邑不只是一个守陵的邑所，而是吏员配置齐全，具有独立司法职权，与一般县邑平级，由长沙国辖管的一个特殊治所。④陈松长、陈湘圆则以走马楼西汉简为研究对象，从长沙王国、

---

① 秦浩翔：《长沙五一广场东汉简牍所见地方大姓与乡里社会》，《长沙大学学报》2022年第3期。

② 郑威、李威霖：《岳麓简中的江胡郡与秦代江东的地域整合》，《江汉考古》2022年第6期。

③ 张姝祯：《长沙五一广场东汉简牍地名研究》，硕士学位论文，济南大学，2022年。

④ 陈松长：《长沙走马楼西汉简中的"定邑"小考》，《出土文献》2022年第1期。

侯国以及属县三个层面对长沙国的职官设置及其职能进行初步考察，并就各种职官的职掌、配置以及隶属关系等问题分别予以论述。① 陈湘圆认为根据走马楼西汉简中出现的里名资料可大体复原西汉武帝时期长沙国临湘县乡里建置的基本面貌，有助于推进对寿陵、沅阳、南阳、材等县邑的考证，也为研究马王堆一号汉墓《地形图》、《长沙五一广场东汉简》等出土数据所载临湘县里的源流演变起着承上启下的作用。②

湘江沟通珠江与长江两大水系，航运历史悠久。近年出土的长沙五一广场东汉简牍表明东汉商人常利用湘江从事贩运活动，那么当时湘江的航运速度如何？2019 年年底刊布的五一广场简 975 为我们提供了珍贵史料。张朝阳结合相关信息，得出两点结论：简 975 记录了自长沙郡临湘县至桂阳郡便县的航运；彼时湘江逆流航运速度是 84.25 汉里/每天。③

胡生平认为《岳麓书院藏秦简（伍）》所记《秦始皇禁伐湘山树木诏》以及出土数据所见秦二世继位文告等，皆为秦末胡亥、赵高之流的政治宣传，秦国史官所撰《秦记》应都有记载。在依然充斥着秦代遗留宣传品的汉初环境中，司马迁不采信《秦始皇禁伐湘山树木诏》，不采信《秦二世元年文告》，不采信"二世继位诏书"，拒绝《秦记》，正确地记述了秦末的史实。④

2. 颇具特色的三国吴时期湖南史志研究

三国时期风云动荡，湖南作为多方角力的主战场，为学界所瞩目。秦汉国家在地方统治中推行郡县制，而在县以下诉诸分部的治理

---

① 陈松长、陈湘圆：《走马楼西汉简所见长沙国职官建置论考》，《社会科学战线》2022 年第 4 期。
② 陈湘圆：《走马楼西汉简所见里名及相关问题考论》，《简帛研究》2022 年春夏卷。
③ 张朝阳：《新刊五一广场简牍所见东汉湘江航运速度初探》，《中国农史》2022 年第 1 期。
④ 胡平生：《史迁不采〈秦记〉始皇诏书说——也说岳麓秦简〈秦始皇禁伐湘山树木诏〉》，《简帛》第 25 辑，上海古籍出版社 2022 年版。

手段。除由县（或郡）派出属吏驻于固有地域单元，形成诸如乡部、亭部等管理系统外，县廷事务的办理多采用在界内依方位派出直属吏巡行的模式。对县下分部，学界以往的认识停留在廷掾"监乡五部"的制度史层面，而固定片区简牍文献的密集发现，为解剖麻雀式观察县下治理场景提供可能。徐畅依据出土汉、吴简牍对长沙郡首县临湘辖乡与分部情况进行的研究，先借助统计手段，考证东汉、三国临湘辖乡的数量和名称、乡部属吏的设置；继而考察县下方位部的划分：东汉临湘县置左、右（城中）、东、西、南、北（城外）六部，桑乡单为一部，以行监察诸务，部内大吏以劝农贼捕掾或邮亭掾为名，无固定治所，常以亭为"在所"；至三国，乡部及其属吏系统隐退，县内事务主要由县分部派出执役者办理；以嘉禾四年（235）八月为例，临湘侯国的辖乡组合为六部，各置劝农掾。在方位部执役之吏，服务于县的性质凸显，以往多被归于诸曹吏，实应属外部吏，与门下吏、诸曹吏构成分立的县廷属吏格局。①

我国古代先后使用过两种财政年度：一种是秦汉时期的"计断九月"，即以当年十月初至来年九月底为一财政年度；另一种是至迟唐代就已实行的"岁终为断"，即以当年正月初至十二月底为一财政年度。张荣强基于走马楼吴简，结合近几年先后出土的几批秦汉时期的上计材料，对孙吴统治者摒弃秦汉"计断九月"的旧制，转而采用符合本地生产方式的日历年度作为财政年度的原因进行了探讨。②

徐畅通过梳理长沙出土的"君教"简牍文书的相关注记，结合史籍、简牍资料，发现佐官丞与尉常奔走厘务，而长官长久滞留在官署以外的情况少见。长官如不在署，往往实行他吏代理制，东汉末至三国，常见以主簿代理相关事务。③

---

① 徐畅：《东汉三国长沙临湘县的辖乡与分部——兼论县下分部的治理方式与县廷属吏构成》，《中国史研究》2022年第4期。
② 张荣强：《长沙走马楼三国吴简〈竹木牍〉所见财政年度》，《文物》2022年第12期。
③ 徐畅：《从长沙出土"君教"简牍文书看东汉三国县级长吏的徭使》，《出土文献》2023年第4期。

第六章 史志与文献：湖湘千年文化的交融与积淀

《长沙走马楼三国吴简·竹简（伍）》中公布的荼陵仓、西陵仓、刘达仓未见于其他卷册。任二兵指出，出米至荼陵仓的相关记录，提示官仓中有专门从事装卸任务的"舍中"。西陵仓相关的封发类文书，按内容可分为"仓吏被病"和"考实官仓"两种。刘达仓即郭浦仓，属以仓吏名名仓的情况。荼陵仓、西陵仓属县仓，刘达仓为位于水流交汇处的转运仓。①

杨振红通过"出入"类简考察长沙吴简中临湘侯国都乡民所在丘的名称和数量。整理者释出或部分释出的丘名共有101个，通过比对图版，可以确认的丘名有37个，因整理者误释而衍出的丘名有37个，另有27个丘名因字迹漫漶无法确认，推测其中绝大多数仍应在已确认的37个丘名之中，应是误释衍生的丘名。②

长沙走马楼吴简所见"自首士贼帅人名收米斛数簿"，是孙吴临湘侯国记录黄武五年至嘉禾三年所领自首贼帅、自首士人名年纪和收取米数的簿书，实际汇编9个年份的分簿而成。簿册原已散乱，孙闻博利用揭剥图、盆号、内容、格式、笔迹等多种考古学信息来整理复原。他指出，与吏民簿有别，簿书由县廷直接制作并用于上呈，是孙吴初年县级簿书的典型代表。"自首贼帅""自首士"是向孙吴政权"自首"的地方民众武装首领及所统贼士。汉末三国，地方贼帅以华夏族为多，部众有遁逃阻山的华夏族或华夏化民众，也有原居山陵溪谷的山越、蛮夷，并以前类为重要。自首士、贼帅虽被专门统计，但实际分散居住在不同乡、丘，耕种限田，缴纳定额限米。孙吴限田耕种者多为吏、卒、士及职役身份，与普通编户有别。限田是吏员、徭戍从事者、职业军人、职役从事者耕种的官田，所纳称限米。③

凌文超探讨了长沙走马楼吴简中所见的诸士，他认为诸士是与

---

① 任二兵：《走马楼吴简所见仓补遗》，《湖南博物院院刊》第18辑，岳麓书社2023年版。
② 杨振红：《长沙吴简临湘侯国都乡民所在丘名考》，《出土文献》2022年第1期。
③ 孙闻博：《走马楼吴简自首士贼帅簿复原研究——兼论贼帅、自首士身份与孙吴建国》，《文史》2022年第4期。

"兵"相关的身份。具体而言，"士"分为"冗士"与"郡士（更士）"两种。冗士长年为兵，应为职业兵。"叛士"是被长沙郡临湘侯国逐捕而来的叛走士兵，由兵曹审判和依法定罪。自首士是自行投案、承认罪责的士兵，地方上反叛作乱的贼帅、贼士应为主要来源。"尫羸斥士"是因身体屡弱不适合当兵的斥退者。①凌文超认为走马楼吴简中所见的诸卒，与秦汉徭役制下的"更卒""正卒"应具有源流关系，主要是从编户民中征发而来的役卒，身份为"吏民"，属性偏重于"吏"。他们在不同机构中服役，当派遣服兵役、进行军屯时兼具"兵"之身份。②

熊曲整理了安成县条列嘉禾二年州郡县吏的租田亩数上报到长沙郡的簿书——安成县州郡县吏租田簿。这份簿书由长吏（县长和县丞）、州吏、郡吏、县吏四个租田簿组成，不同的吏享有不同的租田优惠。除了安成长外，其他官吏田均未超过40亩。到嘉禾四年，郡县吏已不再享有租田优惠，嘉禾五年只有部分州吏享有租田优惠。州郡县吏享有优惠的租田称为复田。吴简中的复田与张复田似为同一种田，且均与州郡县吏及诸将有关。③

对长沙走马楼吴简"二年常限"田的含义，已有解读可分为租佃年限说、嘉禾二年说及"二年一垦"说。王承干、晋文根据简文和传世文献考辨，认为嘉禾二年说或"二年一垦"说均难以成立，"二年"当为租佃年限。"二年常限"田就是在嘉禾四年、五年间按固定的数额或标准缴纳米、钱和布的国有土地。"二年常限"田是国有土地高度发展的产物，也是孙吴加强对劳动者人身控制的手段和工具。④

长沙走马楼吴简中的"鱼贾米""池贾米""攻捕米"是三种与渔业相关的租税，关于这三种米的含义，目前学界尚未形成统一认

---

① 凌文超：《走马楼吴简中所见的诸士》，《简帛研究》2022年春夏卷。
② 凌文超：《走马楼吴简中所见的诸卒》，《简帛》第24辑，上海古籍出版社2022年版。
③ 熊曲：《走马楼吴简安成县州郡县吏田簿及相关问题》，《简帛》第24辑，上海古籍出版社2022年版。
④ 王承干、晋文：《再论吴简"二年常限"田的含义》，《中国农史》2022年第2期。

识。赵义鑫通过对传统文献中有关渔业情况的考察，论证了三种米的含义："鱼贾米"是官府对捕捞、销售各类水产品征收的租税，"池贾米"是针对湖池征收的鱼池税，"攻捕米"是对渔民征收的行业税。①

长沙走马楼三国吴简记载了临湘侯国部分百姓的患病状况，其中，与下肢疾病相关的记载最多，吕金伟、吴昊认为这种疾病与现代医学中的维生素 B1 缺乏症（俗称脚气）相似，它的流行与孙吴时期临湘侯国的环境关系致密。②

西汉以来，湖南地区的经济文化有了一定发展，促进了当地士人群体的产生。杨爽爽、彭铮琦对蜀汉政权中的湘籍人士进行了梳理，指出至东汉末年，在荆州牧刘表大力开发以及大量流寓士人的影响下，湖南地区人才辈出。因刘备的个人魅力以及湘籍士人的汉家情怀等因素，大批的湘籍士人选择入仕蜀汉政权。他们在蜀汉的政治、经济、军事等方面发挥着重要作用，为蜀汉政权的稳定和巴蜀地区的开发作出了较大贡献。③

瓦当是中国古代建筑中常见的建筑构件，也是建筑类遗址断代的重要标尺。李斌指出，从考古发现来看，东周时期，由于受楚国的统辖和楚文化的直接影响，湖南出土的瓦当几乎全为素面圆瓦当。随着秦汉帝国的建立，中原风格的云纹瓦当开始传入湖南，但秦代至西汉早期，湖南瓦当的地域性特点仍很明显。西汉中晚期以后，汉文化对湖南地区的影响加深，云纹瓦当最为流行。东汉晚期，常德地区出现了兽面纹瓦当。至六朝时期，云纹瓦当继续流行，人面纹瓦当开始出现。④

3. 行进中的唐宋时期湖南史志研究

唐宋以降，湖南开发进程加快，时人对湖南的关注亦愈发明显，

---

① 赵义鑫：《走马楼吴简中所见"鱼贾米""池贾米""攻捕米"试释》，《农业考古》2022年第1期。
② 吕金伟、吴昊：《环境与疾病：长沙走马楼三国吴简"肿足"考释》，《昆明学院学报》2022年第1期。
③ 杨爽爽、彭铮琦：《略论蜀汉政权中的湘籍士人》，《湘南学院学报》2023年第3期。
④ 李斌：《湖南出土秦汉六朝瓦当的类型与年代》，《文博学刊》2022年第3期。

2022—2023 年，学界从潇湘意象、经济格局等方面对这一时期的湖南区域史志进行了探讨。

永州是柳宗元的流贬寓居之地，是其山水游记的表现对象，更是他众多文学佳作的创作地。陈彤、王湘华指出，柳宗元与永州地方的关系具有矛盾性，但他首先通过打造专属于自己的物质与精神空间，尝试缓和尖锐对立的人地关系。其次，他以区别于过往审美自然的方式，以心灵对永州地方音景进行聆察，使山水书写在唐代呈现出新的气象。[①]

作为极具湖湘地域文化特征的自然胜景，潇湘、洞庭湖、衡山借助"潇湘八景"的海外流播，成为海东文人熟稔于心的书写对象。蔡美花、李倩探讨了古代朝鲜文人对湖湘胜景的书写，指出潇湘、洞庭湖、衡山三者常常作为湖湘文化的"隐喻"而被赋予了相对稳定的意旨：潇湘被古代朝鲜文人视为寄托哀思，存放理想的自由处所；洞庭湖被视为怀古感今，忧国忧民的诗意空间；衡山则被视为失意悲愤、苦闷归隐的理想家园。古代朝鲜文人的湖湘胜景书写蕴含着经典传诵之间，中朝诗家共鸣同感的审美情趣，是古代中国与朝鲜半岛在平等对话交流中进行彼此理解，进而促成各自文化意义增殖与再生的鲜明例证之一。[②]

周敦颐是北宋著名的哲学家、思想家、文学家。周敦颐出生于湖南，是湖湘学派的开创者。他在郴州任职时间长达 8 年之久，历任郴县令、桂阳令、郴州知军，古称"三仕郴阳"。彭欢认为纵观周敦颐在郴州的仕宦经历，其功绩集中体现在三个方面，即政事上进取有为、经国济世，教育上修学育才、以理学道脉化育士人，人格风范上清正廉洁、立诚修身。周敦颐的哲学、政治、文学思想具有开拓性价值，研究周敦颐在郴州的经历，对于传承地方优秀传统文化、揭示灿

[①] 陈彤、王湘华：《论柳宗元对永州地方景观的建构与书写》，《湖南人文科技学院学报》2022 年第 4 期。

[②] 蔡美花、李倩：《记忆与想象：古代朝鲜文人的湖湘胜景书写》，《湖南第一师范学院学报》2023 年第 4 期。

烂的历史和辉煌的古典文明具有重要意义。①

湖南是北宋时期的主要贬谪地之一。徐红探讨了这一时期湖南贬谪地的地理空间分布，指出从贬官人次看，湖南贬谪地的地理空间分布与交通路线的关联度较高，为了管控被贬官员，经行湖南的交通干线，即郴州路、桂州路、潇贺道沿线的治所城市是朝廷贬谪官员的首选之地。从北宋前期到后期，由于党争的日益激烈，湖南贬谪地的地理空间分布呈现出两个变化趋势，一是与中央王朝政治中心的距离越来越远，二是越来越多地选择自然环境和人文环境皆更为恶劣的贬谪地。北宋时期湖南贬谪地的地理空间分布及其变化，反映出中央王朝统治权由近及远、从中心到边缘的扩展过程。②

4. 快速发展明清史志研究

明清时期是湖南经济社会快速发展的时期，同样也是湖湘人才逐步进入舞台的时期，2022—2023 年的研究成果主要集中于明清经济社会发展、名人考订等领域。

物质生活是经济发展水平的重要反映。尹雅淇运用明清时期湘江流域近二百部方志中的"风俗志"史料，以奢侈风俗为线索，对其中反映的物质生活变迁进行细致考察，指出明代湘江流域奢侈风气尚不普遍，清中期以后几乎所有府县都出现了奢侈之风。此外，同位于湘南的郴州、永州的奢侈风俗发展趋势出现逆转；清代中叶以后郴州的奢侈风俗迅速盛行，其流行范围与程度均超过奢侈风俗发展较早的永州府。这提示了湘江流域在明代经济发展的有限性和在清代经济的迅速发展，以及由于清代湘粤商路发展带来的湘南地区商品经济发展格局的变化，与其他史料可互相补充、参证，方志史料所记物质生活中的奢侈风俗变迁，对勾勒资料相对匮乏的边缘地区的经济发展轨迹颇具价值。③

---

① 彭欢：《周敦颐在郴州的仕宦经历考释》，《湘南学院学报》2023 年第 4 期。
② 徐红：《论北宋时期湖南贬谪地的地理空间分布》，《地域文化研究》2023 年第 6 期。
③ 尹雅淇：《明清时期湘江流域的物质生活、奢侈风俗与经济变迁》，《中国社会历史评论》2022 年第 2 期。

作为人工栽培稻的发源地，以洞庭湖区为主的"湖广熟天下足"在明清时取代"苏湖熟天下足"，成为天下粮仓，罗建兵等人认为，其原因主要包括四个方面的因素：首先，洞庭湖区冲积平原的扩张以及农田水利的兴修，使得湖区的稻田垦殖面积不断扩大；其次，随着北方移民的大量涌入，耕种人数不断增加；再次，农业生产技术的进步，特别是伴随着北方移民涌入带来的先进技术，提高了产量；最后，明清时期，苏湖地区以水稻为主的粮食种植向以棉、桑等高值农产品及纺织业的转型，天下粮仓被洞庭湖区取代。[①]

何治民以道光二十年黄岗村"夫役之争"碑和道光十八年高吊"万世不朽"碑为研究对象，探讨了湘黔边区中华民族共同体意识的形成，指出中央王朝对湘黔边区的管理，先后实行过羁縻政策、土司管理、卫所统治以及府衙管辖，在国家加强统治的过程中，国家权力逐渐深入这一地区，并逐渐起到主导作用。而在基层社会的管理中，当地苗族侗族的传统社会"款约"组织也发挥着重要作用。在处理当地社会矛盾时，通过合款的方式，将国家法律条文以款约的形式勒碑记录，既是国家权力在湘黔边区逐渐深入的明证，也是地方治理的智慧体现，还是当地各族中华民族共同体意识形成的实证。[②]

仇慧君以湖南废甲编区为切入点，探讨了清前期的里甲赋役改革，指出清初，在亟须革除私派、足额征收的背景之下，湖南省内以湘乡、衡山为首的数县相继推行了循区编都、废甲编区的里甲赋役改革，摸索出建立在土地清丈册基础上更具地缘色彩的赋役区划，并在实际落实中通过清丈不断调整赋役秩序，使赋役区划日益实体化与政区化，对湖南地方基层社会产生了重大影响。受各县地方官员执政能

---

① 罗建兵、许敏兰、谢天玮：《明清时期洞庭湖区成为天下粮仓的若干因素》，《阜阳师范大学学报》（社会科学版）2022 年第 2 期。
② 何治民：《国家在场与乡村社会：清代碑刻所载湘黔边区中华民族共同体意识的形成》，《贵州民族研究》2023 年第 5 期。

力和具体赋役实况的影响，清初湖南各县的赋役改革方式和结果不尽相同，展现了这一时期里甲赋役改革的丰富面相。①

社总仓是清代部分直省实行的一项制度，是将存于私家之社谷进行归并，并于县内合适之处新建仓廒。李尔岑指出，受益于乾隆初年的经营，湖南省社总仓的推行最为广泛、彻底。社总仓将散贮社谷集聚并予以统计，实现社谷资源的初步整合与再分配，为湖南一省社仓在乾隆朝的有效运作提供了资源基础。社总仓的制度设计，为研究清代官方对社仓的定位、认知，提供了新的视角。②

雍正初年的湖广分闱，直接推动了湖南科举宾兴组织的发展。湖南宾兴事业的发展，则直接促进了湖南人才群体的兴起。曾桂林指出，由于官绅士民的倡捐慷助，清中后期湖南宾兴组织先后经历了勃兴、鼎盛两个发展阶段，各府州县创设的宾兴组织达九十余个。从发展特色看，清中后期湖南宾兴组织一是文治教化与苗疆治理并举，二是得到了湘军集团的大力支持。这些宾兴组织通过代缴士子的岁科卷资、印金，或资助其乡试、会试旅费，减轻了他们参加科举考试的经济负担，使得赴考人数逐渐增多，从而助推了清中后期"惟楚有材，于斯为盛"的局面。③

湘南地区创设宾兴组织始于乾隆年间，在清中后期得到较快发展，尤其在嘉庆至道光、同治至光绪时期出现了两个小高潮。曾桂林指出，这些宾兴组织的经费来源较广，大致有官府拨助、官员捐资、士绅商民捐赠等渠道，并由此形成了田产、铺屋及银钱三种资产形态。湘南各州县宾兴一般采取"不动本只动利"的方式，即通过田租、铺租、存典生息等资产增值部分来资助士子。其资助重点是乡

---

① 仇慧君：《清前期里甲赋役改革——以湖南废甲编区为切入点的考察》，《安徽史学》2022年第2期。

② 李尔岑：《"社仓归总"——乾隆朝湖南社总仓的建置与制度设计》，《清史研究》2022年第6期。

③ 曾桂林：《清中后期湖南宾兴组织的发展及其历史作用——以湖广分闱为视角》，《中南大学学报》（社会科学版）2022年第4期。

试、会试等旅资盘缠，同时也兼及岁科卷资等费。宾兴组织的襄学助考义举，减轻了众多贫儒寒士的科举应试负担，为其脱颖而出提供了机遇，亦有利于地方社会振兴文风。①

黄普基指出，朝鲜王朝古地图与文人诗歌体现了朝鲜人的湖南空间认知形态与他们心目中的湖南意象的特殊性。近代以前，湖南与朝鲜几乎没有直接交流，湖南却成为许多朝鲜文学作品中的空间背景。朝鲜人并没有强烈的湖南概念，取而代之的是"湖广""楚""荆州"等概念。湖南的山水博得了朝鲜人的赞赏，与其相比，一些人文环境的评价却相对不高。这些现象产生的原因主要来自朝鲜特有的儒学价值观，及由此形成的朝鲜中华主义政治态度与景观评价标准。②

明代至清代中期，湖南虽不乏像王夫之这样的大思想家，但人才整体上相对还是比较少，相关研究成果也有一些。

李祁是湖南茶陵人。官历应奉翰林文字、同知制诰兼国史院编修、婺源同知、江浙儒学副提举，又入风纪佥湖南宪，因兵乱而未能就任。入明后，力辞征辟，隐逸以终。后人辑其遗文为《云阳集》十卷。曹晓霞编撰李祁年谱，以考述李祁一生的行迹、交游为主要内容，按年分叙谱主行迹，兼涉有关人物和大事件。爬梳李祁生平经历与交游情况，在考证的基础上，展现谱主人生轨迹与思想性格的变化。对《云阳集》和李祁其他诗文著作的创作时间及地点等重要因素，也尽量根据有关史料予以考证，进行作品系年和补遗，展示谱主诗文创作的具体情况。③

鲁犇对清代《衡阳县志》中王夫之的形象变化进行了研究，认为作为全面系统记载一定时期地方历史与现状的资料性文献，地方志体

---

① 曾桂林：《清代湘南地区的宾兴组织述论》，《湘南学院学报》2022年第3期。
② 黄普基：《朝鲜王朝古地图中的湖南与朝鲜人的湖南意象》，《湖南大学学报》（社会科学版）2022年第3期。
③ 曹晓霞：《李祁年谱》，硕士学位论文，中南大学，2022年。

现着国家意识形态和地方群体意识观念，其对历史人物的记载反映出国家、地方、个人三种话语的互动。生活于明清之际的王夫之，在雍乾时期的总志与跨省级通志中缺乏介绍，在县级方志中的记载也非常简单与片面。嘉庆时期，因王夫之作品入选《四库全书》，其人选录《国史·儒林传稿》，县级方志中对王夫之事迹与学行进行了增补。咸同年间，随着湘军崛起及其对王夫之思想的认同与宣传，地方志中的王夫之书写经历了"再发现"与"再制作"，王夫之的地位获得重塑，其被定位于书写的中心位置，生平得以完整呈现，学行得到重新认定。这种记载的变化，其背后体现的是国家、地方、个人话语的纠缠与调适。①

李星沅是道光时期著名的封疆大吏，《李星沅日记》记录了其任职地方督抚期间的所见所闻及日常生活，是研究道光朝历史的重要资料。王鑫借助李星沅的笔触，还原地方大员群体的一般生活细节，包括风习教化、社交宴饮、生活环境等各个方面。②

何绍基与陈介祺的交游，是清代金石学发展的代表性现象之一。他们受益于阮元的金石书画朋友圈。袁辉认为何绍基在金石考据方面的成就被他的书法成就所掩盖；陈介祺则毕生致力于金石书画鉴藏，成就卓著。何绍基和陈介祺在交游过程中多有金石方面的交流，陈介祺为何绍基提供鉴赏资料，何绍基也有题跋留痕。他们的金石之交，为我们研究清代金石学的发生、发展，提供了颇有价值的线索。③

（三）半部中国近代史：令人瞩目的湖南近代史志研究

近代以降，湖南人才群体以惊人的速度迅速崛起，在中国近现代

---

① 鲁犇：《多元话语与人物书写——清代〈衡阳县志〉中王夫之形象变化研究》，《船山学刊》2023年第4期。
② 王鑫：《道光时期地方大员的日常生活——以〈李星沅日记〉为中心》，《今古文创》2023年第2期。
③ 袁辉：《何绍基与陈介祺金石交游考》，《西泠艺丛》2022年第11期。

史上产生了难以估摸的影响，从鸦片战争后出现的经世派群体，到湘军集团，再到维新派群体、辛亥革命群体，最后到以毛泽东等为代表的无产阶级革命领袖群体，无不闪耀光芒。长期以来，学术界对此予以充分关注，近年来，除了这些人才群体，近代湖南的政治经济社会各方面同样被纳入了学者的视野，2022—2023年学术界对一些史志的考订方面也取得了较丰富的研究成果。

自明清以来湖南数百年的人口史就是湖南数百年的社会史。近几百年湖南历史灿烂于世，耀世人物层出不穷。彭先国在其著述中，指出这一切灿烂与耀世的原因都应该从湖南数百年人口的演变这个最基本、最原始的元素中去寻找最基本的答案。湖南人口从明季的200万人左右发展到民国的3000万人，数百年增长了15倍，与此相伴的经济文化也同步增长。湖南人孜孜好学以这几百年为范，湖南历经磨难以这几百年为甚，湖南人心忧天下以这几百年为多。面对千年变局他们在湖南立业、成势，成为驰骋宇内的风云人物，成就享誉世界的湖湘文化，构建了一部足以彪炳史册的湖南人口社会史。①

清代的方志纂修活动十分频繁，在地方社会的运行中扮演着重要角色。刘猛复原了清代光绪年间，在武陵、华容之间发生的洲土诉讼审理案，指出该案中双方均提供同治二年《武陵县志》作为证据，方志文本中的字体大小、位置等方面的差异成为案件审结的关键，体现方志在民事诉讼案件裁判中所发挥的作用。②

1795年爆发的乾嘉苗民起义，导致湘西苗族地区的社会政治形态发生了一次大规模的调整。政府实行屯防制度，将苗汉两族限制在不同的地域中，苗汉互动受阻，影响苗族生活，引发苗汉自发交流。清末，汉族偷入苗地，与苗贸易，形成一些商业聚落。随着民国的建立，屯防制度的瓦解，苗族聚居区内的汉族数量增多，苗族与汉族的

---

① 彭先国：《湖南人口社会史研究（明清—民国）》，中国社会科学出版社2023年版。
② 刘猛：《伪造与真实：清代湖南洲土纠纷中的方志文本》，《中国社会历史评论》2022年第2期。

第六章　史志与文献：湖湘千年文化的交融与积淀

互动更加频繁。随着汉族聚落的建立，二者之间的关系不仅在经济方面有所发展，还逐步向文化、生活等方面延伸。田观圣将近代苗汉关系落实到苗族聚居区内的苗汉聚落之上，以汉族聚落的产生和发展为切入点，以"共生互补"为理论视角，分析在"大杂居、小聚居"的民族分布特点下，作为苗族聚居的湘西地区，多数群体苗族与少数群体汉族之间在苗族聚居区内关系的历史演变。①

1841 年秋，林则徐出关前在行经镇江、扬州一带时与魏源晤面，后者为其《饲鹤图》手卷题诗，但文字晦涩、指涉难明，过去未得全解。邹子澄依据三个版本的饲鹤图题诗，指出与鸦片战争史事相关的全部对应本事，逐句笺释。题诗中多处讽刺交涉大臣，直接展现了魏源的个人性格与政见。此外，文章又结合林则徐对魏源《寓公小草》连章诗的评论、两人间的称谓等过往较少被研究者注意的侧面，重审两人的全部交往，对"契友"说提出商榷，并进一步跳出交谊的简单视角，指出两人政治理念上的差异。②

通信效率是理解组织信息交互能力，进而理解社会组织和国家治理的重要钥匙。学界已有部分传统社会民间通信研究，但较少评估通信效率。传统社会民间通信方式主要是附书代递、顺路捎带和专人投递，传递内容更多是家庭安信。时磊等人通过汇聚《曾国藩家书》《曾国藩日记》和《曾氏三代家书》，系统梳理曾国藩京官时期家庭通信状况，利用信件丢失率和发出—收到时间评估传统时代民间通信效率。其研究发现，曾国藩京官时期最初信件丢失率较高，后期不断下降，原因是北京到长沙采用附书代递，长沙到家采用家人家仆专递；通信时间回归结果显示，随曾国藩进京时间推移，更熟练使用附书代递、家人家仆专递，曾氏家庭通信效率提高；发信—收信地处于

---

① 田观圣：《近代湘西苗族聚居区内的苗汉关系研究》，硕士学位论文，云南师范大学，2023 年。
② 邹子澄：《林则徐藏〈饲鹤第三图〉魏源题诗笺释——兼论"林魏"关系》，《历史文献研究》2023 年第 1 期。

城市通信效率更高；附书代递效率高于顺路捎带。传统社会民间通信效率低可能源于频率低、城市化程度不高和不能接近附书代递系统等。①

省际壁垒在晚清跨省协同中切实存在。刘长林以"湘煤济鄂"为例，探讨晚清省际壁垒问题，指出，甲午战后，盛宣怀希冀经营湘煤，以满足汉厂需求。因湘、鄂事关"隔省"，为实现两湖煤、铁联营，盛宣怀多次与陈宝箴接洽，并倚借赈灾得以涉足湖南矿务。因邝荣光离湘未归，"湘煤济鄂"随被搁置。表面来看，此种困局受矿师与机器问题的影响。究其根本，在于盛、陈二人所求利益不一之下的隐形碰撞。后因盛宣怀完全掌控萍乡煤矿经营权，"湘煤济鄂"最终失败。"湘煤济鄂"的背后折射晚清省际壁垒的存在，中央赋权、督抚作为及地方士绅利益是省际壁垒形成的主要因素。②

1876年，清廷第一任正式驻外公使郭嵩焘赴英谢罪，成为中外瞩目的外交事件。《万国公报》对此进行了持续关注和报道，同时转载推介郭嵩焘的出使日记《使西纪程》，使其禁而不绝，逆势流传。李波以《万国公报》视野中的郭嵩焘使西为研究对象，指出《万国公报》充分利用媒介话语的优势，塑造了一位"星使冠冕"的郭公使形象，在"举世谤议"之中为郭嵩焘赢得了宝贵的舆论支持。这一案例深刻揭示了近代报刊作为重要的媒介工具，逐渐嵌入晚清帝国的政治肌体，在深刻影响政治人物个体命运的同时，也推动了晚清社会的转型和嬗变。③

曾廉（1856—1928年），湖南邵阳人。光绪二十年（1894）举人，光绪二十四年（1898）以捐纳入仕。光绪二十八年（1902）分发陕西候补知府，同年被清廷革职并著永不录用，自此专心著述讲学。曾廉

---

① 时磊、范伟杰、杨德才：《"远信难寄"：曾国藩京官时期家庭通信效率研究》，《中国经济史研究》2022年第3期。
② 刘长林：《甲午战后两湖煤铁联营与晚清省际壁垒》，《湖南社会科学》2022年第2期。
③ 杨波、李珂：《〈万国公报〉视野中的郭嵩焘使西》，《新闻爱好者》2023年第5期。

因戊戌年间上《应诏上封事》请杀康有为、梁启超而为人所知。杨雨晨通过对曾廉的诗文集、日记及著述的全面重新梳理，以其活动区域及身份的变化为依据，将曾廉一生划分为三个阶段：一是入仕前在湖南的成长经历与讲学活动；二是捐官留京后参与反对戊戌变法、支持义和团等事件；三是被免官后客居贵州著书立说，回乡后又积极参与复辟活动。同时文章归纳梳理了曾廉的著述，整理并运用前人使用较少的《蠹庵日记》，对其中的学术旨趣、政治主张及人际交往等方面进行了充分研究，将曾廉的思想主张进行了重新归纳。他认为曾廉并非完全反对变法，而是强调应该有所取舍，修正了以往研究中对曾廉的片面评价。除去戊戌上书之事，曾廉的人生经历与思想观点和同时代其他士绅相比并无太多特异之处。他们的生平经历都比较普通，在学术上也没有取得足以留名史册的成就。但是在当时来说，他们才是那个时代士绅的大多数，他们的思想主张也才是那个时代的主流，即历史的"常态"。因此对曾廉生平与思想的研究不仅能补充戊戌政变的相关研究，也能通过曾廉了解当时士绅的生活与思想状况，补充历史"常态"研究，揭示"常态"的基本底色。[1]

受戊戌维新运动影响，中国大地上"开民智"活动与社会教育活动骤起，其中湖南地区因士气大昌而使众多学会纷纷登场，成立的学会数量居全国首位。钟伟春认为湖南学会的兴起掺杂着复杂的社会背景因素，与维新派"开民智"活动互为表里，这使学会不仅要承担维新派所期冀的政党、议会之用，还肩负兴新学的时代重任。学会发展与学堂发展紧密相关，部分学堂就是由学会转设而成的，这反映了学会不仅在"开民智"和传播西方新思想、新知识等方面发挥了重要作用，也在一定程度上推动了湖南乃至全国教育的现代化转型。[2]

---

[1] 杨雨晨：《曾廉生平事迹与思想主张研究（1856—1928）》，硕士学位论文，湖南大学，2022年。

[2] 钟伟春：《戊戌维新时期湖南学会的登场、职能与转设》，《湖南人文科技学院学报》2022年第6期。

学潮是从学校内部萌生继而扩大的风潮，它并不只是一个教育问题，更能窥见近代以来我国政治、社会生活各层面的问题，所以战时学潮的出现，既反映了战时高校治理的困境，又反映了中国教育和政治之间的纠葛。邱晴以1944年国立湖南大学"驱李护校"运动为例，以实证研究的方式对学潮所具备的各种要素进行探讨，运用对比研究法探讨近代大学风潮的通例与战时出现的新变化。文章指出，受抗战后期紧张战争形势的影响，国民政府应对学潮的态度和手段更加强硬，更倾向于使用武装镇压这种简单粗暴的方式，以图快速平息学潮，维护政府威严。这就引起了学生们对国民党政权的恶感，促使学生们与国民党渐行渐远，走向中国共产党的阵营，从而影响到战后中国政治格局的走向。[1]

宾步程是中国近代官派留德学生的先驱者之一，光绪末年间留学德国，宣统年间回国，担任了湖南大学的前身湖南公立工业专门学校校长将近十年时间，将该校建成中南地区的著名高校。宾步程出国前和回国后的资料比较丰富，事迹比较清晰，但是留学期间的情况如何，因两次世界大战的缘故，各种相关史料遗失，无法详细考订。宾睦新根据现有中文文献，还原宾步程在德国柏林皇家高等技术大学求学、翻译《无线电报》等学术论文、编辑《中德字典》和《欧美留学相谱》创办《理工》学术杂志、加入中国化学会欧洲支会等主要事迹，反映了宾步程在德求学期间的大致情况。[2]

明治维新以来，日本各种组织广泛搜罗中国的政治、经济、社会等信息，湖南备受其关注。其中，创建于1900年并且直接为日本侵华政策服务的东亚同文书院在湖南的情报调查活动持续时间最长、规模最大、范围最广。易丙兰对东亚同文书院在近代湖南的情报调查活动进行了研究，她指出，1907—1943年，东亚同文书院以学生大旅行调查的方式在湖南调查四五十次，搜罗了大量有关湖南政治、经

---

[1] 邱晴：《1944年国立湖南大学学潮研究》，硕士学位论文，华中师范大学，2023年。
[2] 宾睦新：《宾步程留学德国史事考述》，《湖南科技学院学报》2022年第4期。

第六章　史志与文献：湖湘千年文化的交融与积淀

济、文化等各领域的情报资料。东亚同文书院对湖南长达37年的调查折射出19世纪以来日本各类势力在湖南渗透之深与广，充分证明了东亚同文书院作为日本侵华先锋的本质。同时，东亚同文书院湖南调查活动形成的大量文献较为真实地记录了近代湖南经济、社会等各方面情况，对研究湖南近代经济和社会变迁有一定的参考价值。① 胡靖等也注意到了这一问题，指出日本人对湘调查与研究所留下的调查文本成果相当丰厚，既有以湖南省情为主要内容的综合类著述，也有聚焦地域经济、政治、地理、军事、文化等方面的专门类著述。这些文献材料为湖南区域史研究留存了一批宝贵的近代史料，但其本质上具有掠夺性和扩张性，暴露了日本觊觎湖南之心。②

　　1931年，长江流域一带气候异常，连续性的降水使得水系丰富的湖南省80%以上的县惨遭水淹，造成了极为惨重的人口、财产损失。周瑶涵探讨了此次水灾与湖南的救济工作，指出水灾发生时，正值国民党向苏区发动第三次围剿，湖南省政府也因这一军事行动影响了对水灾的全力救济，一定程度上加剧了灾情，影响了水灾救济力度。在救灾过程中，通信事业、交通工具、赈灾组织的近代化，为政府与民间各组织共济湘省水灾提供了多方保证。水灾发生后，湘鄂西苏区政府在国民政府的经济封锁与军事阻击下，积极探索出一条救济水灾与群众运动相结合的抗灾救灾道路，成功度过大水灾并粉碎了国民党的军事围剿。而湖南省政府方面则一面积极向国民政府寻求帮助，一面极力呼吁多方力量赈济湘灾。在此过程中，不少民间人士自发筹建组织辅助政府进行救济工作，在人力、物力、财力多方面给予政府支持。在湘省救济后期，湖南省政府在民间组织的基础上进行改组，集合政府官员与民间士绅于一个机构内，以便更好地整合资源展开救济。在湘省救济的"改赈为贷"过程中，这种"官办"与"民

---

① 易丙兰：《东亚同文书院在近代湖南的情报调查活动探析》，《湘南学院学报》2022年第3期。

② 胡靖、王广义：《近代日本的湖南调查文献述论》，《图书馆》2022年第3期。

· 179 ·

间"相结合的形式，使得资源调度、各方协调更为便捷，这一模式也为后来所沿用。整体来看，1931年全社会广泛参与下的湘省水灾救济工作取得了显著成效。灾区经济在水灾后得到恢复，救灾体系也在这次大水灾后得到了进一步完善，但赈灾工作中仍然暴露出办赈人员腐败、运输过程不科学等问题。[①]

郭辉则关注到了1938年长沙大火的善后工作，指出火灾发生后，张治中、陈诚、周恩来、蒋介石等各方纷纷开展紧急处置工作，设置施饭所、收容所，掩埋死亡军民，设立临时市场，维持社会秩序。但是，这些措施只能为灾民提供基本的生存和生活条件。湖南省政府协同其他部门组建诸多机构主导善后工作：长沙市火灾临时救济委员会主导灾后救济工作，开展灾民登记，完善收容措施，发放疏散费，清理火灾场所；长沙市火灾救济小本借贷处的小本借贷，为长沙民众提供谋生资本，使经济有所恢复；长沙市善后建设委员会与长沙市新市区设计委员会致力于城市重建，规划设计长沙新市区方案。但善后工作的具体实施遭受诸多阻滞，且城市重建因"大局敉平"迟迟未至，仅限于方案设计。城市复兴最终依靠长沙民众自身力量得以基本实现。这些均体现出大火善后工作"临时性"与"不对称"的战时特点。[②]

二 互为补益的湖南出土文献与传世文献整理与研究

湖南作为文化大省，数千年以来积累和沉淀下来的文献资料难以计数，这些文献资料记录了湖湘大地的历史发展脉络，承载着湖湘文化的厚重底蕴。文献的整理与研究是研究湖湘文化，传承中华优秀文化的题中之义。2022—2023年，湖南文献整理与研究取得了丰硕的

[①] 周瑶涵：《1931年水灾与湘省救济》，硕士学位论文，湖南大学，2022年。
[②] 郭辉：《灾后救济与城市重建：1938年长沙大火的善后工作》，《抗日战争研究》2023年第3期。

第六章　史志与文献：湖湘千年文化的交融与积淀

成果，特别是以简牍为代表的湖南出土文献的整理与研究，依然是学界的焦点，相关研究成果为推动湖南，乃至中国古代史研究不断走向深入提供了坚实支撑。

（一）千年遗墨永留长：湖湘简牍文献整理与研究

在纸发明以前，简牍是中国书籍的最主要形式，它不仅是古文字、古文献的实际载体，更承载着记录历史与文化的重要作用。20世纪90年代以来，湖南常德市、湘西自治州、怀化沅陵、长沙走马楼和东牌楼、郴州苏仙桥、益阳等地陆续发现、出土了大量的简牍，其数量更是冠居全国，如何更好地保护、整理、研究这些珍贵材料，成为学术界关切的问题。2022—2023年，学界对湖南简牍的整理与研究方兴未艾，有力地推动了湖南地方史和中国古代史研究。

1. 里耶秦简整理与研究

里耶秦简发现于湖南省湘西土家族苗族自治州龙山县里耶镇里耶古城1号井，共36000多枚，记载了秦王政二十五年至秦二世元年的秦代历史。里耶秦简内容丰富，涵括户口、土地开垦、物产、田租赋税、劳役徭役、仓储钱粮、兵甲物资、道路里程、邮驿津渡管理、奴隶买卖、刑徒管理、祭祀先农以及教育、医药等相关政令和文书，这些资料对于研究秦代历史具有极其重要的意义。2022—2023年，学术界对于里耶秦简的编联、释读取得了一些成果。

简牍的缀合工作是恢复物理完整性的过程，同样也是历史和文化信息探索的关键手段，2022—2023年，对于里耶秦简来说，此项工作自简牍发掘之日起一直在持续。

新近出版的《里耶秦简（贰）》收录了3000余枚珍贵的秦代简牍，然而这些材料大多残断，颇不利于学者研究使用和研究。谢坤提出七组缀合意见，同时对相关简牍进行编联和文字补释。[1]

---

[1] 谢坤：《〈里耶秦简（贰）〉编联与缀合七则》，《出土文献综合研究集刊》第16辑，巴蜀书社2022年版。

湖南省文物考古研究所编著的《里耶秦简（壹）》《里耶秦简（贰）》包含秦迁陵县官府文书资料，具有重要的史料价值。何有祖提出五组缀合，从形制、文意等方面分析所缀残片之间的关联性，论证缀合的合理性，并新释一些字词，对新复原的简文加以疏解。① 何有祖还提出九组缀合，并考释文字，梳理文意。② 杨先云将里耶秦简中的三枚残简遥缀复原为一份探查戍卒信息的文书。③

蔡万进对2012年1月公布的《里耶秦简（壹）》的2627枚简牍进行编年整理与研究，按年代早晚次第排列。年代上限为秦始皇二十五年（前222），下限为秦二世元年（前209）。释文均经作者据有关简牍图版校定。每一简例之后附有按语，主要阐明校正简牍释文、确定简牍年代（或年代范围）的缘由，同时还包括对简文内容的解析和考证、文书性质的阐述，以及其他需要说明的事项。书后附录有《〈里耶秦简（壹）〉人名统计表》《秦始皇二十五年至秦二世三年朔闰表》《主要参考文献》等。④

释读简牍是一项基础性工作，自里耶秦简发掘以来，这项工作一直为学界所重。

《里耶秦简（贰）》尚有不少残损、疑难简文有待研究。蒋伟男根据残存字形、上下文义，对简牍7处疑难文字分别做了释校。⑤

简牍文献中文书占比较大，相较于静态的规则制度而言，实用文书中往往包含着更为丰富的信息，从不同的角度对当时的社会面貌及规范进行了诠释。朱琳着眼于利用文本挖掘手段研究简牍文本，将文本挖掘分析方法引入简牍研究领域，以里耶秦简一、二卷为语料来源

---

① 何有祖：《里耶秦简残简新缀（五则）》，《中国国家博物馆馆刊》2022年第6期。
② 何有祖：《里耶秦简缀合札记（九则）》，《出土文献综合研究集刊》第16辑，巴蜀书社2022年版。
③ 杨先云：《秦代所见探查戍卒文书考论——从里耶秦简9－2266＋9－1281＋9－1257说起》，《简帛研究》2022年秋冬卷。
④ 蔡万进编：《里耶秦简编年考证》，广西师范大学出版社2023年版。
⑤ 蒋伟男：《〈里耶秦简（二）〉疑难简文校补》，《古籍研究》2023年第1期。

对其进行文本分析，探索如何提高简牍文本研究效率、改变简牍文本研究方式，从而实现对于简牍文本的快速把握及内容揭示。提出将简牍和文本挖掘技术结合起来，有效地提高了简牍资料的处理效率和信息获取效率，为简牍材料的研究提供了新思路。① 朱琳还以目前已经校读出版的里耶秦简一、二卷为语料来源，通过特征词提取、词频统计、文本摘要及主题模型等文本挖掘技术，从词频、事件、主题三个维度对简牍内容进行挖掘与分析②。

2. 岳麓书院藏秦简整理与研究

2007年12月，湖南大学岳麓书院从香港抢救性收购了一批珍贵秦简，经过专家学者的潜心整理，这些秦简陆续出版。2022—2023年，学界对岳麓秦简的丰富内容进行了释解。

岳麓秦简"令"部分主要包括《岳麓书院藏秦简（肆）》第三组，《岳麓书院藏秦简（伍）》第一、二、三组，《岳麓书院藏秦简（陆）》第一至五组，《岳麓书院藏秦简（柒）》第一、二组，共约1000枚简。其数量较多，内容丰富，对于语言文字研究、秦代文明和法律制度研究均有重要意义。陈安然在其学位论文中集释部分的内容主要包括"释文""说明""缀合与编联""集释""按"几个部分。除集释之外，附录中的"读《岳麓书院藏秦简（柒）》札记"是对岳麓秦简第七册的部分令文研读后形成的札记，其中主要对《岳麓书院藏秦简（柒）》的部分句读、编联做出调整，并补释"使""劫""物宜适"等字。③

李章星对《岳麓书院藏秦简（陆）》所见三则令名进行了释读，指出"四司空共令"中的"四"与"司空"构成专属数量关系，意为四个司空属共同遵循的秦令；"四谒者令"中的"四谒者"是专门

---

① 朱琳：《数字人文视阈下的秦汉简牍文本挖掘研究》，硕士学位论文，西北大学，2022年。

② 朱琳、冯慧敏、刘铭等：《数字人文视域下秦汉简牍文本挖掘研究——以里耶秦简牍（一、二卷）为例》，《渭南师范学院学报》2022年第6期。

③ 陈安然：《岳麓秦简"令"集释》，硕士学位论文，吉林大学，2023年。

侍奉皇帝的一个官署名，其得名或是官署中同时有四名秩级一样的谒者；"四司空卒令"及"安台居室四司空卒共令"中的"卒"应作差役、士卒解，二者存在统属关系，又都属于"四司空共令"的下位令，三令构成明晰的从属关系。①

《岳麓书院藏秦简（叁）》"暨过误失坐官案"中的"犯灋令"应读为"犯、废令"，此案发生于秦王政二十六年之前，此时尚未将"废"义从"灋"字形中独立出来。"犯、废令"可与睡虎地秦简《法律答问》"犯令"条相对应，指"犯灋"之意，可涵盖暨所受的八项举劾行为。《岳麓书院藏秦简（陆）》简260整理者未释之字，当为"及当"。"当律令者"可与秦汉简牍所见"当为律令者"等呼应。②

对读岳麓秦简两组"受财枉事令"，陈松长、李蓉据《岳麓书院藏秦简（陆）》与《岳麓书院藏秦简（伍）》简的残断部分进行互补，并遥缀成一简，调整简的顺序，指出《岳麓书院藏秦简（陆）》"受财枉事令"应当并非抄自《岳麓书院藏秦简（伍）》，而是另有底本。③

岳麓书院藏秦简中使用了大量的标识符号，然而由于简册残损，有部分标识符号在整理者原释文中并未得到体现。董宇航对岳麓秦简中整理者漏释及有争议的标识符号相关问题进行探讨，其中涉及重合符一例，墨点两例，墨钩六例。④

李蓉对《岳麓书院藏秦简（叁）》《岳麓书院藏秦简（伍）》《岳麓书院藏秦简（陆）》所载的五则简文的内容进行了释读。⑤

《岳麓书院藏秦简（肆）》是岳麓秦简中秦律令部分的第一卷，

---

① 李章星：《〈岳麓秦简（陆）〉令名读札三则》，《简帛研究》2022年春夏卷。
② 乔志鑫：《读岳麓秦简札记二则》，《简帛》第24辑，上海古籍出版社2022年版。
③ 陈松长、李蓉：《岳麓秦简"受财枉事令"对读拾遗》，《简帛研究》2022年秋冬卷。
④ 董宇航：《岳麓秦简标识符号补释》，《出土文献与法律史研究》第12辑，法律出版社2022年版。
⑤ 李蓉：《岳麓秦简释读札记五则》，《出土文献综合研究集刊》第16辑，巴蜀书社2022年版。

第六章　史志与文献：湖湘千年文化的交融与积淀

书中共收录三组简，其中第三组简的主要内容是秦令。在第三组收录简中有部分令文是首次出现，还有七枚比较少见的用天干编序的"内史郡二千石官共令"令名简也被收录在该组中。因此，《岳麓书院藏秦简（肆）》第三组简中所收简文内容对秦代律令研究有比较重要的学术价值。关于《岳麓书院藏秦简（肆）》第三组简的内容与字词校释的研究成果较多，编联问题研究成果较少。并且当下关于书中第三组简的最终编联简序仍存在诸多争议，《岳麓书院藏秦简（肆）》中所收录的三组简，仅有第三组简未能进行简册复原。《岳麓书院藏秦简（肆）》第三组简原收录简108枚，其中背部带反印文墨迹的简数量较多，有30枚左右。因此，张瀛兮以反印文研究和字迹辨析为切入点，将《岳麓书院藏秦简（肆）》第三组简剩余的104枚简作为研究对象，从揭取位置和简身痕迹这两个方面着手，对《岳麓书院藏秦简（肆）》第三组简进行了整体重新梳理。[①]

过往对于秦"比"的研究因为材料不足，多有局限。过去的观点大多认为秦"比"的本质是"例"，秦"比"包含官府"成例"和司法"判例"，并且基于汉决事"比"推测睡虎地秦简中的廷行事可能也是"比"。沈子渊指出《岳麓书院藏秦简（伍）》中一则令揭示出了秦"比"是秦法律形式的一种。岳麓秦令以及里耶秦简中的部分"比"包含了"比"的立法程序。[②]

刘杰对《岳麓书院藏秦简（壹）·为吏治官及黔首》简9"智爱有亟"、《岳麓书院藏秦简（伍）》简43—44"故黔首见犯此令者，及虽弗见或告之而弗捕告者，以纵皋人论之"、简19—20"县道官谨以谗穷求，得辄以智巧谮讯。其所智（知）从人、从人属、舍人，未得而不在谗中者，以益谗求，皆捕论之"三则进行了释读。[③]

---

① 张瀛兮：《〈岳麓书院藏秦简（肆）〉第三组简的编联问题研究》，硕士学位论文，湖南大学，2022年。
② 沈子渊：《岳麓书院藏秦简所见秦"比"浅说》，《荆楚学刊》2022年第1期。
③ 刘杰：《岳麓秦简释读零札（三则）》，《中山大学学报》（社会科学版）2022年第6期。

陈松长主编《岳麓书院藏秦简（柒）》为岳麓书院所藏秦简的第七个分卷，也是最后一卷。全书收录各类简约400枚。主体部分为图版、释文、注释等，部分内容可与已公布的一些秦汉令文对读互证，具有补史、证史之重要价值。此外，前六卷漏收、误收的简牍在本卷中都予以说明，一些无法拼合编联的散简作为附录全部予以刊布，使秦汉历史研究者对这批秦简有全面、整体的认识。① 陈松长在另一篇论文中，介绍了它的内容与价值。② 此外，陈松长、谢计康还整理了岳麓秦简中的书体，如"数""为吏治官及黔首""亡律""学为伪书""占梦书""芮盗卖公列地案""得之强与弃妻奸案田与市和奸案"等。③

3. 长沙五一广场东汉简牍整理与研究

2010年6—8月，长沙市文物考古研究所为配合长沙市地铁二号线建设，于五一广场站地下水管改迁施工中，在编号为1号的窖内出土了一批东汉简牍。其中大部分为官文书，有少量用于封缄文书的封检及函封、标志文书内容的楬等，也有部分名籍及私人信函。简牍内容相当丰富，涉及当时的政治、经济、法律、军事诸多领域。简牍中有大量与司法相关的内容，涉及刑事、民事诉讼等，对研究东汉法制史具有重大价值。自《湖南长沙五一广场东汉简牍发掘简报》公布以来，学界关于五一简的研究成果层出不穷，涉及文字考释、编联缀合、册书复原、文书行政以及相关的政治、经济、司法研究等诸多方面。

陈荣杰、王梦婧以《长沙五一广场东汉简牍》（壹）（贰）（叁）为样本，穷尽性地调查了其中古文字形体的分布状况，对样本材料中隶古定字的历史来源进行追溯。研究表明，样本材料所见含有古文字因素的构件可分为半篆半隶构件与隶古定构件，均以表义构件为主，

---

① 陈松长主编：《岳麓书院藏秦简（柒）》，上海辞书出版社2022年版。
② 陈松长、唐强：《〈岳麓书院藏秦简（柒）〉的内容与价值》，《简帛研究》2022年春夏卷。
③ 陈松长、谢计康编：《岳麓秦简书迹类编》，河南美术出版社2022年版。

第六章　史志与文献：湖湘千年文化的交融与积淀

除少数构件表现出较强的参构能力外，其余古文构件参构能力都较弱。古文构件与古文形体只是大致相合，不存在严格对应性隶定形体，且总体朝解体方向发展，此过程中会造成点画增繁的异写字与换用构件的异构字。与同时期的东汉碑隶相比，手写简牍文字残留的古文形体更少，是更成熟的今文字，更能代表东汉时期人们真实自然的书写状态。①

杨小亮以长沙五一广场东汉简牍为研究对象，以原为册书但现已散乱然且保存较好的木质两行简为切入点，对其中部分册书进行复原研究，旨在揭示五一简册书的基本面貌，为相关整理研究工作提供扎实可靠的册书文本和样例。②

4. 长沙尚德街东汉简牍整理与研究

2016 年 12 月长沙市文物考古研究所整理出版的《长沙尚德街东汉简牍》（以下简称《尚德简》），共收简牍 257 枚。其中有字简及有墨迹简牍 171 枚，无字简 86 枚。简文内容有公文书、私信、名刺、药方、账簿和习字简等方面。这批简牍由于长期浸泡于古井之中，且处于饱水状态，加之井内废弃有机物质的侵蚀，致使简牍出土时大多呈暗黑色。《尚德简》书体包括隶书、行书、草书等类型，部分简牍使用多种书体混杂书写，故在整理过程中难免存在简文的误释、漏释等情况。但相对于整理者的劳苦功高，此乃实属瑕不掩瑜。通过逐条研读《尚德简》，可以发现其中仍有剩义可寻。③

5. 长沙走马楼三国吴简整理与研究

1996 年在湖南长沙走马楼出土的三国时期吴国的简牍数量大约有 10 余万片，多达 200 余万字，这批简牍内容可大致分为经济券、司法文书、名籍、账簿及名刺、官刺等类。是 20 世纪重要的考古发

---

① 陈荣杰、王梦婧：《东汉官文书文字所见古文字形体研究——以〈长沙五一广场东汉简牍〉（壹）（贰）（叁）为调查对象》，《绵阳师范学院学报》2023 年第 7 期。
② 杨小亮：《五一广场东汉简牍册书复原研究》，中西书局 2022 年版。
③ 秦凤鹤：《〈长沙尚德街东汉简牍〉校读》，《古汉语研究》2023 年第 3 期。

· 187 ·

现之一。2022—2023年，数篇学位论文重点关注了走马楼吴简的文字构形系统。

郑亚萍以《长沙走马楼三国吴简·竹简［玖］》（以下简称《竹简［玖］》）中字迹清晰可识的1162个单字为基本研究材料，基于汉字构形学理论，运用描写分析、统计量化、对比归纳等方法，系统描写《竹简［玖］》文字的真实面貌，对其文字系统进行考察和分析，为汉字断代研究和汉字史研究提供了材料和理论依据。①

杨兰以汉字构形学为理论基础，选取2018年出版的《长沙走马楼三国吴简·竹简［伍］》（以下简称《竹简［伍］》）为主要研究材料，对《竹简［伍］》文字笔形进行系统研究，探析隶楷过渡阶段文字笔形的特点与变化。研究还结合前代字形材料，对简文笔形的变化方式进行了动态考察，尤其是将吴简与同一出土地且时代相近的长沙五一广场东汉简牍进行了比较，发现吴简文字在字形结构上与五一简关系密切，但文字中的隶书意味已明显减弱。②

李冉冉立足于汉字构形学理论，运用统计量化、共时描写、历时比较的研究方法对《长沙走马楼三国吴简·竹简［柒］》（以下简称《竹简［柒］》文字构形系统进行穷尽性的考察与分析，探究其构形特征，总结其在汉字发展史中的地位。指出，总体来看，处于隶楷过渡阶段的《竹简［柒］》文字在构件功能、结构次序、功能模式、形体模式等方面都趋于集中，其构形系统已经非常成熟。③

赵佳佳以《长沙走马楼三国吴简·竹简［捌］》（以下简称《竹简［捌］》中字迹清晰可识的869个单字为基本研究材料，基于汉字构形学理论，运用定量研究、定性研究、历时比较等方法，系统描写

---

① 郑亚萍：《〈长沙走马楼三国吴简·竹简［玖］〉文字构形系统研究》，硕士学位论文，山东师范大学，2023年。
② 杨兰：《〈长沙走马楼三国吴简·竹简［伍］〉文字笔形研究》，硕士学位论文，西南大学，2022年。
③ 李冉冉：《〈长沙走马楼三国吴简·竹简［柒］〉文字构形系统研究》，硕士学位论文，山东师范大学，2022年。

《竹简［捌］》文字的真实面貌，对其文字系统进行考察和分析，探索其异写和异构、构形元素、构形理据等方面，指出《竹简［捌］》构形模式类型简单，以义音合成为主；文字结构有序性强，以层次结构为主；构形理据保留程度较好，以理据清晰为主，其文字构形系统是一个较为成熟的系统。①

此外，马王堆简帛文书也有学位论文论及。叶琨根据书体特征的不同，将马王堆简帛分为篆隶、古隶、汉隶这样几个不同的发展演变阶段。每个阶段各有其不同的书体特征。通过对篆隶、古隶、汉隶等不同阶段、不同风格的简帛书进行深入的考察和讨论，整理和分析其中的隶变痕迹，是作者在文中所做的一个重要工作。作者通过考察发现，马王堆简帛文书内容丰富，风格多变，介于篆隶之间，具有独一无二的研究价值，也是今人篆、隶书法创作、古文字书法创作的重要参考。②

（二）册府千华：湖湘传世文献整理与研究

文化最重要的载体就是文献，中华优秀传统文化的传承离不开这些传世文献，2022—2023 年湖湘传世文献的整理与研究主要集中在近代，涵盖了历史人物著述的校注、未刊的逸文逸诗等。

1. 湖湘古代传世文献整理与研究

2022—2023 年，学界对湖南古代传世文献的整理与研究成果并不多，这与湖南古代传世文献数量不多有关。

唐宋南岳诗歌生动记载了唐宋时期南岳七十二峰的自然生态与文化生态，印证了唐宋时期南岳历史的变迁，唐红卫、阳海燕系统地汇编、校注了唐宋南岳诗歌。③

周敦颐是中国哲学史、文化史上的伟大思想家，他的影响绵历千

---

① 赵佳佳：《〈长沙走马楼三国吴简·竹简［捌］〉文字构形系统研究》，硕士学位论文，山东师范大学，2022 年。
② 叶琨：《马王堆简帛书体特征研究》，硕士学位论文，曲阜师范大学，2022 年。
③ 唐红卫、阳海燕编：《唐宋南岳诗歌笺注》，湘潭大学出版社 2022 年版。

年，播于东亚五国。《日本濂溪志》在多种日本儒学丛书的基础上，广罗众本，挖掘整理日本的周敦颐史料，加以考证、辨伪、校勘，列《先哲像传志》《遗书文献志》《太极图志》《通书志》《诸儒论断志》五卷。本书史料不见于中国国内，是目前国际学界第一部日本濂溪学文献，王晚霞进行了编辑。①

万历年间成书的《澧纪》是湖南第一部私家修纂的方志，王志强对该志进行了探讨，该志的编纂，由高家接续修纂而成，七易其稿，最终成书于万历三十八年（1610）。②

船山一生以隐居著述为主，足迹不出里巷，所交往者亦以地方士人、乡贤为多。罗正钧《船山师友记》中所列船山湘籍师友，有专著专集者不及十之一二，而其专著专集传于今者更属寥寥。寻霖梳理、介绍了船山湘籍师友的著作、版本及存佚状况。③

湖南人著述收入《四库全书》者38种，存目著录者约110种。四库馆臣为每种著述都撰写一篇提要，或简介作者生平，或概括图书内容，或评价优劣得失。由于《四库全书》的钦定性质，这些曾经御览御定的提要，就成为介绍、评介作者及文献最权威的依据。但由于四库馆臣所见有限或学术异趣、学识参差，其中难免有失误之处，寻霖列出其中20余处。④

2. 湖湘近代传世文献整理与研究

随着以曾国藩等为代表的湘军集团强力崛起，湖南政治经济文化快速发展，相关传世文献数量快速增长，2022—2023年，学术界通过辑佚和释读，有力推动了湖湘近代传世文献的整理与研究。

集藏书家与刻书家于一身的曾国藩，其藏书偏好与刻书理念之间，有着莫大的关联。张鑫洁探讨了曾国藩藏书与刻书，指出曾国藩藏书

---

① 王晚霞编著：《日本濂溪志》，岳麓书社2022年版。
② 王志强：《〈澧纪〉：湖南第一部私家纂修的方志》，《书屋》2022年第6期。
③ 寻霖：《船山湘籍师友著述及版本述录》，《船山学刊》2022年第5期。
④ 寻霖：《〈四库全书总目〉于湖南人著述失误举例》，《图书馆》2022年第11期。

喜初印本，包括清代官刻初印本、清代大藏书家私刻初印本及套装书的初印单行本等。正是基于对初印本的热衷，以初印本为校刻底本是曾国藩刻书的首要原则。初印本颇为符合曾国藩"方肥清匀"的刻书审美，亦影响着金陵书局的刻书版式。而曾国藩的读书偏好亦是金陵书局选择刊刻书目的关键因素。作为金陵书局一把手的曾国藩，无论是在刻书版式的要求上，还是在刊刻书目的安排上，都对金陵书局有着直接的影响。金陵书局之所以颇有盛名，与曾国藩的藏刻书理念息息相关。① 同治六年（1867）武昌书局版《胡文忠公遗集》，由先后继任湖北巡抚的郑敦谨、曾国荃负责发刻，而最早负责编纂胡氏遗集的是汪士铎。汪士铎在编纂之初，便得到了曾国藩的大力支持，所编同治三年（1864）十卷本《胡文忠公遗集》却未得到曾国荃的认可。张鑫洁认为曾国荃主持刊刻的同治六年版《胡文忠公遗集》，让曾国藩对个人遗集的刊刻产生了极大的隐忧。曾国藩的刻书理念在于一个"精"字：内容之"精"与数量之"精"。由此来看，光绪二年（1876）传忠书局版《曾文正公全集》，让曾国藩的隐忧"一语成谶"。②

曾国藩作为晚清著名的文学家、政治家，学界对其著述搜集、整理起步较早。在《曾国藩全集》出版后，曾国藩仍有不少佚作被陆续发现，而《学海月刊》中的四篇曾国藩集外文尚未被学界关注。朱德印对这四篇集外文进行了辑述，为全面研究曾国藩的文学观念、交游状况、学术涉略等提供了更为丰富的一手材料。③ 此外，湖南省图书馆藏刘孟涵稿本《挽词杂著》中发现两封曾国藩写给刘蓉的未刊信札，是目前为止已发现的曾国藩最早的信札。刘小力对两封信札进行了点校和释读，并对信札书写时间进行考证。④ 邓江祁对蔡锷所

---

① 张鑫洁：《论曾国藩的藏书与刻书》，《图书馆》2023年第5期。
② 张鑫洁：《从〈胡文忠公遗集〉的刊刻论曾国藩对个人遗集的隐忧》，《中国出版史研究》2023年第2期。
③ 朱德印：《曾国藩集外文四篇辑述》，《湖南人文科技学院学报》2022年第5期。
④ 刘小力：《曾国藩致刘蓉两封未刊信札的点校与考释——兼论曾国藩、刘蓉、郭嵩焘早期对传统友道的践履》，《湖南人文科技学院学报》2022年第3期。

编《曾胡治兵语录》进行了一番校勘，探寻其原貌，并加以相应的处理。①

左宗棠晚年率湘军出关，抗击阿古柏，收复新疆，为维护我国的领土完整作出了巨大的贡献，一直为后世称道，自晚清以来便有多种左氏文集出版。岳麓书社编有《左宗棠全集》15 册，搜罗左氏相关文献甚多，但仍有遗漏。台北"故宫博物院"藏有左宗棠咨文 8 件，为《左宗棠全集》所未收。邹晗对 8 件咨文进行了考订，指出它们皆作于同治十三年（1874），系左宗棠将与办理西征粮台户部左侍郎袁保恒的往来咨文转至军机处者。另外，附录收入袁保恒咨文一件，该咨文作于同治十三年，因与左宗棠咨文的内容密切相关，故将其与左宗棠的 8 件咨文一并整理。② 故宫博物院藏有左宗棠致潘祖荫信札 6 通，此前未引起学界关注。这些信札，作于光绪四年至六年（1878—1880）之间，反映出作为封疆大吏的左宗棠与京城士大夫代表的潘祖荫之间相互交流的情形。李文君对这些信札进行了考释。③ 此外，李建江对左宗棠佚诗进行了辑录。④

何绍基是清代著名的诗人和书法家，他的诗文、书法对后世影响深远。王贞华通过对何绍基致晚清诗人吴观礼的八通信札的考释，梳理二人交往的情形，探讨何绍基对吴观礼诗词、书法的影响。⑤

曾纪泽是晚清名臣曾国藩之子，近代著名外交官，曾出使俄、英、法等国。曾国荃是曾国藩之弟，湘军首领，累官至两江总督。张祥干从重庆中国三峡博物馆收藏的曾纪泽手札中，选辑其归国前在伦敦致曾国荃的手札 6 通。这些手札通信的双方是叔侄关系，谈军国大事，隐讳较少，特别是其中涉及中法战和、中英缅甸交涉以及筹办海

---

① 邓江祁：《曾国藩治兵语录校勘研究——以蔡锷编〈曾胡治兵语录〉为例》，《湖南人文科技学院学报》2023 年第 3 期。
② 邹晗：《同治十三年左宗棠未刊咨文档案》，《历史档案》2022 年第 4 期。
③ 李文君：《左宗棠致潘祖荫信札考释》，《湖南人文科技学院学报》2022 年第 2 期。
④ 李建江：《左宗棠佚诗》，《读书》2022 年第 8 期。
⑤ 王贞华：《何绍基致晚清诗人吴观礼信札考》，《湘学研究》2022 年第 1 期。

军事务等内容，具有一定史料价值。① 故宫博物院藏有曾纪泽致李鸿裔信札5通，均作于同治年间（1862—1874），此前从未公开发布。这些信札包含了丰富生动的细节，对丰富完善《曾纪泽集》的内容，研究曾纪泽奉母北上保定沿途的情形，曾国藩幕府中诸人的生活状态，曾纪泽与李鸿裔的诗文交流等，均有一定的价值。李文君对这些未刊信札进行了考释。②

《蕉云山馆诗文集》为湘军将领、清山东巡抚陈士杰所著，藏于国家图书馆和南开大学图书馆，为珍稀孤本。陈树、陈书良通过点校、整理该诗文集，并对其中的文献价值包括陈士杰的政治、军事成就，文学造诣等进行了初步探讨，同时为晚清的政治史、军事史、水利工程以及太平天国的研究提供了可供参考的个案。③

郭嵩焘也是晚清重臣，摘录《古国鉴略》的文字，每被作为他"对西方的历史文化进行系统考察和比较研究"的例证。尹德翔认为，《古国鉴略》是美国传教士高第丕用官话写的一本教学用书，内容褊狭且基督教立场明显。郭嵩焘摘录此书，本为求取世界古代史的知识。在摘录过程中，郭嵩焘使用了易白话为文言、内容拣选、历史化处理三种手段，披沙拣金，汰去宗教传说，提炼历史骨架，显示了他对西方文化的求学之忱、吸收之能。④ 黄显功、严峰对郭嵩焘亲友手札进行了汇刊。⑤

故宫博物院藏有湖南巡抚吴大澂致其幕员汪启信札26通，从未对外刊布。这些信札，均作于甲午战争时期，内容主要涉及北上湘军的军需供应，是解读北上湘军后勤保障的第一手资料。李文君认为这些信札对研究甲午战争中清军的军费支付方式、武器采购、后

---

① 张祥干：《曾纪泽致曾国荃未刊手札》，《历史档案》2023年第3期。
② 李文君：《曾纪泽致李鸿裔未刊信札考释》，《湖南人文科技学院学报》2023年第3期。
③ 陈树、陈书良：《略论〈蕉云山馆诗文集〉的文献价值》，《湖南人文科技学院学报》2023年第1期。
④ 尹德翔：《郭嵩焘与〈古国鉴略〉》，《宁波大学学报》（人文科学版）2023年第1期。
⑤ 黄显功、严峰：《郭嵩焘亲友手札》，复旦大学出版社2022年版。

勤供应情况等，均具有重要的史料价值。① 故宫博物院还藏有一通谭钟麟致吴大澂信札，与新近出版的一通吴大澂致谭钟麟信札，正好形成一个完整的往还回合。李文君对这两通信札进行了考释，指出这两通信札对了解光绪十九年（1893）的湖南瘟疫及官方救治，有一定的价值。故宫博物院另藏有胡林翼致毛鸿宾信札4通，作于咸丰十一年（1861）。这些信札包含了丰富生动的细节，对补充并丰富《胡林翼集》的内容，研究咸丰朝后期湖南的人事变动与官场生态，包括曾国藩、胡林翼等湘籍"大佬"对友朋的提携，对家乡的关心等情形，均有一定的价值。李文君对这4通信札进行了考释。② 另外，新近出版的吴大澂在回任湖南巡抚期间写给谭钟麟的一通信札，对了解光绪二十一年（1895）湖南的旱灾与官方的应对，也有一定的价值。③

皮锡瑞是湖南善化人，光绪八年（1882）中举，后绝意仕进，以讲学、著述终老。皮氏精治《尚书》，考证经文，彰显奥义，于"伏学"尤具畅微抉隐之功；兼攻"郑学"，深究古礼，疏通两汉今古两家经注传笺，一以扶翼西京微言大义之学；晚年融贯群经，创发大义，出入汉、宋、今、古之间，以其治学主张和成就，使今文义例之学、典制之学和经世之学融为一体，成为清代今文经学的集大成者之一。《尚书大传》传为伏生所作，说解《尚书》，旁及他经，历代重视，辑佚注释者不绝，而至皮锡瑞《尚书大传疏证》，集其大成。吴仰湘对已点校出版的《皮锡瑞全集》重作校订，以期为广大读者提供一便于阅读、征引的定本。④

刘安定为湘潭晚清联坛领军人物吴熙的联语作了笺注，收录了吴熙的全部楹联作品，并逐篇进行校正笺注。吴熙的联语是晚清和

---

① 李文君：《甲午年吴大澂致汪启信札》，《贵州文史丛刊》2022年第2期。
② 李文君：《咸丰十一年胡林翼致毛鸿宾信札考释》，《湖南第一师范学院学报》2023年第5期。
③ 李文君：《吴大澂、谭钟麟往来信札考释》，《故宫学刊》2022年第1期。
④ 皮锡瑞：《尚书大传疏证》，中华书局2022年版。

民国期间联语的一个高峰,是整个中国楹联史上的一座丰碑。深入研究他的联语,将对中国的楹联文化产生非常大的作用。吴熙的挽联最大的特色是感情真挚,叙事客观,极善于用典故,把自己对亡者的好恶褒贬不露痕迹地藏于字里行间,读来让人回味无穷。他与当时许多名流巨宦均有交往,他的挽联也客观地保存了一些难得一见的史料。①

"小莽苍苍斋"是田家英的书斋名。清末湖南名士谭嗣同的书斋名为"莽苍苍斋",田家英因对其仰慕,而称自己的书斋为"小莽苍苍斋"。田家英在繁忙工作之余坚持收集清代学者墨迹,经后人整理出版《小莽苍苍斋藏清代学者书札》,其中有多位晚清湘军人物如曾国藩、彭玉麟、郭嵩焘、李元度等的书信,这为研究湘军人物的思想、学术和事功,提供了重要的文献史料,毛健对此进行了释读。②

胡达源《弟子箴言》等,是近现代湖南文化世家家训的典型代表,全书融会诸说,是湖湘家训之中最系统全面的家训。全书十六卷,分为奋志气、勤学问、正身心、慎言语、笃伦纪、睦族邻、亲君子、远小人、明礼教、辨义利、崇谦让、尚节俭、儆骄惰、戒奢侈、扩才识、裕经济,系统地继承和发扬了古代家训和湘湘家训的优良传统。唐红卫、阳海燕通过参考众多版本,进行系统笺注。③

黄兴尚有佚文四则未入专集,亦不见于其年谱与年谱长编。周洋对此四则佚文进行了辑考,其中两则为题词墨迹,一则为致石醉六书函中之论说,一则为挽联。兹辑录其辞,并略考相关史实,冀能帮助于相关研究。④

刘晓军在调查"中国通"水野梅晓的相关资料时,在东京大学法

---

① 吴熙:《吴熙联语笺注》,湘潭大学出版社 2022 年版。
② 毛健:《小莽苍苍斋藏湘军人物信札释读》,《湘学研究》2022 年第 1 期。
③ 唐红卫、阳海燕:《〈弟子箴言〉笺注》,南开大学出版社 2022 年版。
④ 周洋:《黄兴佚文四则辑考》,《湘学研究》2022 年第 2 期。

学部附属近代日本法政史料中心原资料部所藏的《水野梅晓关系文书》（即《水野梅晓相关档案》，后文用原名称）缩微胶卷当中，发现了多通叶德辉致水野梅晓的手札。① 在其另一篇论文中，对致松崎的二通书札进行了考释。②

20世纪20年代末，日本多家新成立的汉学机构计划在中国完整收购多位私人藏书家的藏书，其中就包括著名学者、藏书家叶德辉的观古堂旧藏。当时负责实施计划的日本官员写给外务省的报告，今天仍完整保存在日本外交史料馆档案中，这些资料详细记录了双方商议的过程与细节。潘超依据日本外务省档案，并结合相关史料，考察一直以来扑朔迷离的观古堂旧藏的散佚过程及最终去向，并借以揭开近代以来日本学术机构来华收购私人藏书内幕之一角。③

《李星沅日记》和《张集馨年谱》都是价值巨大的近世珍稀文献，自20世纪80年代点校出版以来引用甚多。点校所据的底本均为钞本，分藏北京与上海，韩策对这两种文献的传钞流转进行了探讨，指出都与瞿兑之有意想不到的巧妙联系。《李星沅日记》是瞿觉园、瞿兑之兄弟借阅传抄的。瞿兑之特意传钞这两种"日记体"文献，既反映他在近代史中尤重道光朝的学术旨趣，也体现他的掌故学更注重官场和社会内幕等鲜活的制度、习惯与文化。两种钞本在1949年前后的流转，既表明迟至民国时期传钞仍是古籍保护传承的重要手段，也折射出剧变时代读书人和珍稀文献的曲折命运。④

阅读史是来自西方的新兴学术领域，近年来日益受到学界关注。对于阅读史史料的重视是其中一个热点。张玉亮以近代维新先驱谭嗣同的"新学诗"为例，归纳其主要价值，并总结诗词作为阅读史史

---

① 刘晓军：《日藏叶德辉致水野梅晓手札四通》，《书屋》2023年第9期。
② 刘晓军：《日藏叶德辉致松崎鹤雄佚札一通考释》，《书屋》2022年第10期。
③ 潘超：《日本外务省档案所见叶德辉观古堂藏书流散始末》，《中国典籍与文化》2022年第1期。
④ 韩策：《〈李星沅日记〉和〈张集馨年谱〉是怎样传钞流转的——瞿兑之传承近世珍稀文献的重要一页》，《华南师范大学学报》（社会科学版）2022年第6期。

料的特点，同时提出在使用诗词作为阅读史史料时的注意事项，以期深化相关问题的讨论。①

王闿运是晚清著名经学家、湖湘礼学大师。邹远志指出，《礼记笺》体现出了王氏鲜明的笺注特色与经世致用的礼学思想。王闿运宗郑而不盲从郑、驳孔而不废其说、有疑而不臆断、敢于提出新见并随时自证、重视经注版本文字的考订，这都是《礼记笺》笺注特色的体现。在《礼记笺》中，王闿运通过创造性诠释将其"礼以自治"的礼学思想融入古礼之中，并以时礼训解古礼、以实证去考求古礼，体现出了王氏礼学研治服务于现实礼治的主张。《礼记笺》是研究王闿运礼学及经学思想的重要文献。②

《湖湘文库》作为整理传承地方文化的大型丛书，为保存、弘扬、研究湘学提供了重要的平台，意义重大。然而，限于时间、闻见、编校等诸方面因素的制约，该丛书也存在一些不足。作品失收即为一例。陈开林、杨素婷就《湖湘文库》中所收王文清、严如熤、周寿昌、瞿鸿禨四人别集失收的佚文，略作补充，以备参考。③

《翼教丛编》是晚清力辟康学的名著，初刊时无人署名，序文宣称"采获、叙次，悉出同人"，声明为集体纂辑，但第一个翻刻者黄协埙径指苏舆为编者，从此广为流传；叶德辉则在民国年间屡以撰刊《翼教丛编》相标榜，成为学界新说。然而，吴仰湘稽核相关史料，认为"苏舆编刻"说不足凭信，叶德辉的矜夸自相矛盾。他通过进一步探查《翼教丛编》的纂辑"同人"，发现王先谦、叶德辉、张祖同等五人最核心，"捍乱"领袖王先谦则是主事人，不过他有意潜隐，嫁名于门人苏舆。通过探究《翼教丛编》编者问题，可以还原

---

① 张玉亮：《阅读史史料新探：以谭嗣同新学诗为中心》，《印刷文化》（中英文）2023年第1期。
② 邹远志：《论王闿运〈礼记笺〉的笺注特色及所见王氏礼学思想》，《古籍整理研究学刊》2023年第2期。
③ 陈开林、杨素婷：《湘籍作家佚文辑补——以王文清、严如烟、周寿昌、瞿鸿禨为中心》，《湘学研究》2022年第2期。

戊戌湖南反变法中一些久被湮没的重要细节。①

萧绍渠为一代湖湘名商，其萧氏家族是历史上江西商帮的杰出代表家族，史料记载较少。湖南省博物院藏有熊希龄的《恭祝萧筱泉观察七十双寿序》书札，彭芳对该书札进行了研究。书札回顾了萧绍渠的成长生平，着力描述了他高超的经商能力，详细历数了他诸多善举，以及淡泊名利、勤俭治家的传世家风，是研究萧氏家族尤其是萧绍渠本人史料的有益补充，具有一定的研究价值。②

易白沙是湖南长沙人，革命烈士，近代新文化运动先驱。1916年加入南社，介绍人郑桐荪，入社号 677。其著作见湖南人民出版社 2008 年出版的陈先初编《易白沙集》，共收 15 篇文章，堪称完备。李建江近来搜集南社文献，于《南开思潮》1918 年第 3 期发现署名易白沙的佚文《中国帝王杀民祭鬼说》。李建江进行了整理，兼作考述。③

张舜徽致卞孝萱的 6 通信札，形成于中国历史文献研究会创立初期的时代背景下。胡新、朱金波在释读信札内容的基础上，结合通信前后二位先生相关的活动记载，以及师友等人员的回忆文字，较好地勾勒出学会创立初期《中国历史文献研究集刊》组稿、发展会员以及编著图书等事件的经过。6 通信札作为具有重要史料价值的历史文献，不仅反映了中国历史文献研究会创立初期的艰辛情形，也真实记录了张、卞二人在学术、工作和生活等方面的交往。④

（三）雅风永年：湖湘金石文献整理与研究

金石碑刻是我国古代记载史实、保存和传播文化的特殊材料，也是重要的艺术存在形式。它虽然不易移动，所记载的内容，却蕴

---

① 吴仰湘：《〈翼教丛编〉编者问题考辨》，《社会科学战线》2022 年第 9 期。
② 彭芳：《湖南博物院藏熊希龄〈恭祝萧筱泉观察七十双寿序〉书札小议》，《湖南博物院院刊》第 18 辑，岳麓书社 2023 年版。
③ 李建江：《易白沙佚文〈中国帝王杀民祭鬼说〉辑考》，《书屋》2022 年第 2 期。
④ 胡新、朱金波：《张舜徽致卞孝萱六通信札考释》，《历史文献研究》2022 年第 2 期。

第六章 史志与文献：湖湘千年文化的交融与积淀

含着重要的历史信息和丰富的文化内涵，具有极高的研究价值。2022—2023 年湖南的金石文献整理与研究主要集中在石刻与碑刻两方面。

石刻方面，元结在永州撰写了 67 篇歌咏永州山水的赋、铭、记，创作了 29 首诗歌，在阳华岩、朝阳岩、浯溪等留下了约 30 件摩崖石刻。周超群的学位论文以元结在永州时期所撰诸文、邀请地方书家书写、镌刻的摩崖石刻为主要研究对象，分别从文本内容、文献记载与仍有遗存的摩崖石刻、代表作书法分析、代表作学习借鉴四个方面展开分析。通过方志等传世文献系统梳理元结在永州的诗文创作和摩崖石刻作品，结合对永州地区元结开辟的摩崖石刻群展开的田野考察，整理统计元结在永州的著述及石刻作品。① 此外，万里对岳阳君山摩崖梵字的石刻者及其时间进行了考证。②

碑刻方面，肖荃全通过实地考察，对新华北塔、文昌阁两处碑刻作专题研究，并提出构建新化碑刻图像信息数据库的方案。③

书院作为我国古代独有的文化教育组织，在两千多年的发展历程中，成为中国传播思想，开创学风，传递文化的重要组成部分。书院的兴建、发展、文教等大多以立碑的方式悬于壁间，起着潜移默化的教化作用。段晓雪以长株潭地区现存的碑刻为重点，运用田野调查法、文献分析法等方法，通过全面梳理，探索碑刻文字所承载的内容与书法艺术风貌。④

湖南方志中保存了许多研究湖南地区历史与文化的第一手文献资料，碑记是其中非常重要的一部分。张步晴的硕士学位论文对湖南方志中载录的碑记资料进行整理与研究，分为上、下两编。上编为湖南

---

① 周超群：《元结在永州的摩崖石刻书法研究及其借鉴》，硕士学位论文，湖南科技大学，2022 年。
② 万里：《岳阳君山摩崖梵字石刻者及其时间考》，《书屋》2022 年第 11 期。
③ 肖荃全：《新化碑刻整理与书风探究》，硕士学位论文，湖南科技大学，2022 年。
④ 段晓雪：《书法视角下的长株潭地区书院碑刻研究》，硕士学位论文，湖南科技大学，2022 年。

方志中的碑记资料辑录，下编为湖南方志中碑记资料的研究。上编部分是将碑记资料从湖南方志中辑录出来并加以标点、校对及简单的注释工作，共得碑记 1078 篇。她对这 1078 篇碑记按照划分的类型以时代顺序排列，并标明了碑记资料的作者、时代、出处等基本信息。下编部分对湖南方志中载录的碑记资料进行了具体、系统的研究，包括湖南方志中碑记资料及其作者的数量、类别与时空分布特点，主要内容，文学内涵，史学内涵，儒学内涵等。①

（四）峥嵘岁月：湖湘红色文献整理与研究

湖南是红色热土，走出了毛泽东、彭德华、刘少奇等一大批红色人物代表，他们留下了极其丰富的红色文献资料。2022—2023 年，学界重点关注了毛泽东相关文献的研究，也组织了针对毛泽东著作及版本的研讨会。如 2023 年 7 月，第五届毛泽东著作及版本研讨会在韶山召开，围绕"毛泽东调查研究著作及版本研究"主题展开深入研讨，达成了广泛共识。②

邹卫韶认为深入研究毛泽东著作及其版本，对深化毛泽东思想研究，特别是研究毛泽东思想发展的主要线索以及中国共产党一路走来的发展路径，具有重要的意义。研究毛泽东著作及其版本，已经成为毛泽东研究领域探索初心使命的一个重要基点，也成为学习和研究党史的一个重要切入点。③ 自 2019 年以来，毛泽东著作及版本研讨始终坚持以习近平新时代中国特色社会主义思想为指导，以问题意识为导向，跟着时代脚步走，紧紧围绕党和国家重大关切，围绕新时代学术研究热点，深入探讨毛泽东著作及其版本的深刻内涵和时代价值问题，研讨主题一次次深化、影响力一步步扩大。杨明伟认为关注现实

---

① 张步晴：《湖南方志中的碑记资料整理与研究》，硕士学位论文，贵州大学，2023 年。
② 王健、庞单文：《深化调查研究 实现创新发展——第五届毛泽东著作及版本研讨会在湖南韶山举行》，《毛泽东思想研究》2023 年第 4 期。
③ 邹卫韶：《关于毛泽东著作及其版本研究和考据的几点思考》，《湖南科技大学学报》（社会科学版）2023 年第 2 期。

问题，就是深化毛泽东著作及版本研究的学术取向。①

1. 毛泽东著述的考订

毛泽东相关著述的整理工作由来已久，形成了很多不同版本，这些版本成为研究毛泽东的重要资料。

毛泽东的诗词广为流传。宋泽滨探讨了毛泽东《清平乐·六盘山》词的最早版本，指出1941年1月29日至2月2日，在美国纽约出版的《美洲华侨日报》上连载的《关于朱毛的片断》一文，披露了毛泽东《清平乐·六盘山》词全文，这应当是目前所见《六盘山》词在报刊上最早公开发表的版本。这次发表，比《奔流新集之二·横眉》1941年12月5日的刊发时间早了近1年，在毛泽东《六盘山》词的传播史上有重要的版本学意义。②毛泽东在1915年8月致萧子升的信中，抄赠了一篇"自讼"赋。胡为雄对该赋进行了研究，指出该赋共390个字符，借鉴了枚乘《七发》的赋体，以客、主问答的叙事形式来展开，借物言意。毛泽东在致萧子升信时，只说送"日记一段""试一观之"，而不说以一赋相赠，其意是表明谦逊态度。他这篇"自讼"赋，贵在自责；自己对自己的学养、品德、修齐、言行、志向，进行自我反省，作一明确的评判；敢于解剖自己，以高标准严苛要求自己，以期实现"大我"的目标。③

《毛泽东选集》（以下简称《选集》）是中国共产党百年历程中形成的一部相当重要的文献，是马克思主义中国化的经典之作。黄江军认为整部书的著作编排有着特定含义，指出编辑者以时间顺序为著作编排的基本原则，兼以文章主题成组编排著作，并精心布局关键位置的篇目。《选集》的著作编排，其形式既遵循苏联出版的经典作家权威著作集的体例，亦追随中共此前文献编辑的经验，其内容则是已趋

---

① 杨明伟：《关注现实：毛泽东著作及版本研究的基点和魅力》，《毛泽东研究》2022年第4期。

② 宋泽滨：《毛泽东〈清平乐·六盘山〉最早应公开发表于〈美洲华侨日报〉》，《党的文献》2022年第1期。

③ 胡为雄：《新发现：毛泽东一篇"自讼"赋》，《毛泽东思想研究》2022年第1期。

成熟的以毛泽东为中心的新民主主义革命的历史叙事。《选集》与《中国共产党的三十年》两种著述，一经一史互为支撑，共同建构出新中国成立初期权威的革命史叙事。①

毛泽民是毛泽东的同胞兄弟，他们的交集不只是在家庭生活和在革命队伍中的交往，还包括毛泽民对毛泽东生平的回忆和记录。蒋建农、张国柱对毛泽民校勘《毛泽东自传》的过程进行了考证，指出毛泽民 1937 年在上海期间，曾经两次校勘、修改斯诺根据与毛泽东的谈话撰写的《毛泽东自传》的第一个中译本，即黎明书局 1937 年 11 月 1 日初版和 20 日再版的《毛泽东自传》，在先期连载于《文摘》和《文摘战时旬刊》的约 24000 字原稿中，有 2000 多字的修改和增写。②

《中国革命战争的战略问题》是毛泽东系统总结土地革命战争时期十年内战经验，论述中国革命战争战略诸问题的军事著作，是毛泽东军事思想体系形成的标志性著作。张树德、邹卫韶通过史料考证，从版本的角度分析毛泽东写作《战略问题》的目的和动机、写作与定稿的经过、修改内容和修改特点，阐述《战略问题》这部伟大军事著作的重要意义。③

《怎样分析阶级》既是毛泽东个人对中国农村阶级问题的深刻认识，也代表了中央苏区一批真正掌握了马克思主义理论精髓并能够从中国实际出发的领导人的思想，为推动当时苏区的土地革命斗争发挥了重要作用。邹卫韶指出，毛泽东对此文做了几次修改，编入《毛泽东选集》时改题为《怎样分析农村阶级》，成为一篇分析中国农村阶级和开展农村工作的指导性文献。此文的几次修改，不仅体现出毛泽东对马克思主义理论的坚持，更体现出毛泽东坚持一切从实际出发，

---

① 黄江军：《〈毛泽东选集〉著作编排与革命史叙事的经典化》，《党史研究与教学》2022 年第 2 期。

② 蒋建农、张国柱：《毛泽民校勘〈毛泽东自传〉》，《毛泽东研究》2023 年第 3 期。

③ 张树德、邹卫韶：《从讲义稿到研究和指导战争伟大军事著作的演变——毛泽东对〈中国革命战争的战略问题〉的修改》，《毛泽东研究》2023 年第 4 期。

不断推动马克思主义中国化的精神。①

新近全文公开的《视察湖南农民运动给中共中央的报告》，是毛泽东《湖南农民运动考察报告》之外的另一篇"湖南农民运动考察报告"。该文写于《湖南农民运动考察报告》之前，虽文字简约，但内涵丰富，系统记述了毛泽东本人考察湖南农民运动的活动足迹，阐明了毛泽东关于农民运动特别是关于乡村民主自治、联合国民党左派共同推动农村大革命和解决农民土地问题的观点和主张，体现了毛泽东鲜明的阶级立场和尊重群众、信任群众、为群众服务的态度，对于研究毛泽东考察湖南农民运动的具体历程、毛泽东关于农民问题理论的形成发展过程等，具有重要意义。蒋建农指出，文中的一些关键性的论断，还为深化研究大革命失败前毛泽东关于农民问题留存的一系列文献提供了重要线索。②

1939年9月16日，毛泽东和中央社等三位记者就国际形势和抗战问题进行了谈话，后被整理成《毛泽东同志与"中央社"记者刘尊棋先生、〈扫荡报〉记者耿坚白先生、〈新民报〉记者张西洛先生的谈话》在1939年10月6日《新中华报》上发表。其后，《新华日报》《解放》《八路军军政杂志》等相继刊载。新中国成立后，毛泽东修改了此文，改题为《和中央社、扫荡报、新民报三记者的谈话》，收入《毛泽东选集》第二卷。曹欣欣对《和中央社、扫荡报、新民报三记者的谈话》进行版本校勘、研究，通过校勘考异，分析修改原因。③

毛泽东《在延安文艺座谈会上的讲话》（以下简称《讲话》）作为延安时期马克思主义文艺理论的经典文本，从口头演讲转化为书面文本先后经历了多次修改，形成了多个不同版本。李惠、高锐认为在

---

① 邹卫韶：《毛泽东〈怎样分析农村阶级〉成文时间及修改过程考释》，《湖南第一师范学院学报》2023年第1期。
② 蒋建农：《毛泽东的另一篇"湖南农民运动考察报告"》，《党的文献》2023年第2期。
③ 曹欣欣：《毛泽东〈和中央社、扫荡报、新民报三记者的谈话〉版本研究》，《中国国家博物馆馆刊》2023年第3期。

其版本研究中，研究者普遍忽略了对《讲话》原始口述版的探究，通过对相关文献及亲历座谈会的作家日记、回忆记述进行梳理，指出毛泽东原始口述版《讲话》"引言"提请参会者讨论的应为六个问题，而非公开发表时的五个问题，其内容并不局限于单纯的文艺问题，而是将文艺问题置于延安时期陕甘宁边区特定的政治、军事、经济语境中去考虑，并与参会者进行轻松和谐的现场互动。"结论"虽不及公开发表时语言严谨、逻辑严密，却颇为生动风趣，现场感极强。《讲话》由口头演讲转化为公开发表的文字文本，不仅意味着语言形态、含义的变化，历史现场的变动，而且呈现了毛泽东文艺思想的动态发展轨迹。考察原始口述版《讲话》，有助于完整呈现延安文艺座谈会的历史实况。①

毛泽东起草的《中国人民政治协商会议第一届全体会议宣言》，后改题为《中国人民大团结万岁》，是新中国史上的重要历史文献。最初，由新政治协商会议筹备会成立的第五小组负责起草会议宣言，但最终未能完成任务。中国人民政治协商会议第一届全体会议开幕后，成立宣言起草委员会，但也未能起草成功。最后，由毛泽东亲笔起草宣言，并于9月30日中国人民政治协商会议第一届全体会议闭幕会上顺利通过，宣告了新中国的成立。章舜粤指出《毛泽东文集》收录这篇文章时，在注释中对文章修改过程的描述值得商榷，可考虑修改完善。②

值得注意的是，2023年中共中央党史和文献研究院对《毛泽东年谱》③和《建国以来毛泽东文稿》④进行了修订，其中《毛泽东年谱》是在原中共中央文献研究室编撰的修订本《毛泽东年谱（1893—1949）》和《毛泽东年谱（1949—1976）》的基础上修订而

---

① 李惠、高锐：《毛泽东〈在延安文艺座谈会上的讲话〉原始口述版考察》，《河北学刊》2022年第2期。
② 章舜粤：《毛泽东〈中国人民大团结万岁〉考辨》，《毛泽东研究》2023年第5期。
③ 中共中央党史和文献研究院编：《毛泽东年谱》，中央文献出版社2023年版。
④ 中共中央党史和文献研究院编：《建国以来毛泽东文稿》，中央文献出版社2023年版。

成的。《建国以来毛泽东文稿》这部文献集于1987—1998年，由原中共中央文献研究室编辑，中央文献出版社出版、内部发行，共13卷。这次公开出版，新增了一些文稿，并对原有文稿的注释作了修订，对部分文稿作了补注，订正了个别文稿的时间差错，全书共20卷。李嘉树认为老版本的《毛泽东年谱（1949—1976）》和《建国以来毛泽东文稿》将《山东分局纪律检查委员会关于反对官僚主义、反对命令主义、反对违法乱纪的意见的报告》认定为中共中央山东分局第二书记向明以山东分局纪律检查委员会的名义所写，实际上，这份报告与向明无关。真正的"向明报告"，应该是"向明一九五三年一月九日给华东局等并报中央、毛泽东等的报告"。① 冯超发现修订本《毛泽东年谱（1893—1949）》与增订本《刘少奇年谱》中的1938年12月10日条目关于彭雪枫部发展方向的电报内容的表述有差异，并结合相关文献史料对其进行考辨。②

2. 毛泽东著述的对外翻译与传播研究

作为毛泽东思想、中国革命和建设经验的重要载体和集中呈现，20世纪20年代开始，毛泽东著作就被翻译传播到海外国家，被当地的读者阅读和接受，并且对国外学术研究、政治运动和社会思潮等多个方面产生了深远的影响。

《毛泽东选集》是新中国第一位领导人毛泽东的著作，也是新中国成立后第一部被系统外译的主要领导人著作，在国内和国际上都产生了巨大的影响。1949—1977年，在中共中央的指导下，《毛泽东选集》的翻译活动不断展开。《毛泽东选集》的翻译，不仅是最大规模的政府翻译活动（新中国成立以来），也是近代以来，中国一次最大规模的对外思想传播活动，对世界产生了深远的影响。赵秋荣等人基

---

① 李嘉树：《〈毛泽东年谱（1949—1976）〉和〈建国以来毛泽东文稿〉有关"向明报告"问题辨正》，《党史研究与教学》2023年第3期。

② 冯超：《"津浦路东"还是"津浦路西"？修订本〈毛泽东年谱〉与增订本〈刘少奇年谱〉一则史实辨析》，《军事史林》2022年第6期。

于《毛泽东选集》（第一卷）的外文社版和劳伦斯版英译文建立汉英平行语料库，运用多维分析法考察其语域差异，比较两个译本在元功能层面上的显化差异，指出译本间的语言特征差异反映出译本元功能显化与事件的交互影响，一定程度上是译者、文化与社会等多因素互动的结果。①张姝以《毛泽东选集》（第一卷）英译本（外文出版社1967年版）为例，探究源语中概念隐喻传达着怎样的态度资源，在翻译过程中态度资源的变化趋势，并探究翻译概念隐喻采用的不同策略及背后的原因。②冯为兰、潘卫民从国家翻译实践出发，通过比较《毛泽东选集》英译劳伦斯版和外文社版，认为外文社版的翻译更忠实于《毛泽东选集》原文，更能精准体现我国政治话语内涵。③郭莹、潘卫民通过整理分析已有的《毛泽东选集》英译的手稿资料发现，在国家意识形态和社会主义现实主义主流诗学的影响下，译者在处理翻译方针、翻译矛盾和翻译风格等方面形成了特有的翻译诗学。④赵秋荣等人发现《毛泽东选集》（第一卷）的外文社版和劳伦斯版英译本在元功能层面上存在明显差异，指出外文社版更关注政治事件的过程，而劳伦斯版倾向于将革命冲突归因于各类环境成分。⑤

毛泽东诗词具有灵活多变的表现手法，大量运用典故便是其中之一。典故英译恰当与否会极大地影响毛诗英译文整体质量的高低。如何处理毛诗中的典故，使其能为外国读者所接受和欣赏，是译者必须要克服的一道难关。

田豆豆选取官方译本、赵甄陶译本和许渊冲译本中的典故作为研

---

① 赵秋荣、王慧洁、刘敏霞：《元功能显化视角下〈毛泽东选集〉（第一卷）英译的语域特征多维分析》，《天津外国语大学学报》2023年第5期。
② 张姝：《评价理论视角下的概念隐喻翻译研究》，硕士学位论文，北京外国语大学，2023年。
③ 冯为兰、潘卫民：《国家翻译实践中的〈毛泽东选集〉英译修订举隅》，《外语与翻译》2022年第3期。
④ 郭莹、潘卫民：《〈毛泽东选集〉英译中的翻译诗学》，《外语与翻译》2023年第4期。
⑤ 赵秋荣、王慧洁、刘敏霞：《元功能显化视角下〈毛泽东选集〉（第一卷）英译的语域特征多维分析》，《天津外国语大学学报》2023年第5期。

究对象，对三个译本中的典故翻译方法进行对比分析，认为在处理典故中的文化因素时，译者首先要满足译文读者的期待视野。其次，译者需要兼顾读者的审美感受，适当地调整审美距离，否则读者会由于审美距离过大而无法领会典故的文学艺术价值。再者，译者要尽可能地再现毛泽东诗作中的召唤性结构，通过保留原文典故，或是创造性地再现原文典故的方法再现诗作中的召唤性结构，邀请读者与译本进行交流，实现译本的隐含意义。① 有效运用厚翻译策略可以实现译本内的深化和译本外的补偿，促进中华经典诗词的传播与接受。《毛泽东诗词精华》关切文化交流需求，彰显了厚翻译的译者痕迹。基于这一认识，刘君红与李小婷对译文阐释性材料较丰富这一现象进行分析。研究发现，文本前言有助于阐明译者立场，展现文本价值；正文注释介入原文背景信息，让源语文本涉及的社会历史文化得以显现；文后附录再现源语言知识，凸显译者地位。厚翻译不仅能加深目的语读者对原作社会历史文化因素的认知，推动其对他者文化的尊重与接受，还能促进译者发挥主体性以架设中西方文明沟通的桥梁，增加二者的共通共融性。② 代正利等人采用比较分析法，通过对毛泽东词作《虞美人·枕上》及其具有代表性的两个英译本在韵律、意象和诗格于诗情传达上的对比研究，分析两个译本在诗情营构上之得失，阐明诗词英译中诗情传达的路径和方法，即由音韵传情与格律传情，释象存象与结合语境，修辞问句与巧用辞格等表征趋同原作诗情的形意张力和艺术审美，来达到诗情美的有效传达。③ 刘镯梦则以模因论视角，对毛泽东诗词文化负载词英译进行对比，指出许渊冲和巴恩斯通的译本虽然翻译策略不同，但在翻译过程中都通过模因的复制与传递，跨

---

① 田豆豆：《接受美学理论视角下毛泽东诗词典故英译研究》，硕士学位论文，中南林业科技大学，2023年。
② 李正栓、赵静：《毛泽东诗词英译本厚翻译研究——以〈毛泽东诗词精华〉为例》，《浙江外国语学院学报》2023年第3期。
③ 代正利、陈圣白、马欣雨：《论诗词英译的诗情传达——以毛泽东词作〈虞美人·枕上〉英译为例》，《湖南第一师范学院学报》2023年第2期。

越语言与文化差异,将一种语言所承载的文化信息成功地传达给另外一个文化语境中的接收者,实现了文化传播的目的。①

《毛泽东和中国》主要记录了自新中国成立到20世纪70年代中国社会主义建设的探索过程,为人们认识当时的历史提供全新的视角。田超凡在其硕士学位论文中,将翻译叙事理论作为翻译实践的指导理论,汇集整理了《毛泽东和中国》的平行文本和翻译叙事理论的相关文献,探讨了叙事理论在翻译实践中的运用方法和技巧,验证了翻译叙事理论在纪实文学翻译中的适用性。②

毛泽东在《中国社会各阶级的分析》一文中论述了如何认识和对待资产阶级的问题,以这篇文章为代表的中国共产党在大革命时期的重要文献,"初步构成中国共产党关于中国革命的基本思想"。《中国社会各阶级的分析》一文,最早于1925年12月1日发表于国民革命军第二军司令部出版的《革命》半月刊第4期,葛银丽对毛泽东该文的1926年俄译本进行了分析。③

陈思远对毛泽东著作在德语地区尤其是在当时的民主德国和联邦德国的传播历史进行了研究,指出在新中国成立后不久,就有包括《论人民民主专政》《反对自由主义》《统一战线中的独立自主问题》等文章被翻译成德文出版发行。到了20世纪六七十年代,毛泽东著作在民主德国和联邦德国达到了传播高潮,这和当时全世界范围兴起的反殖民运动、国际共产主义运动和民族解放运动息息相关,毛泽东思想和毛泽东著作正是随着这股革命热潮在欧洲国家得到大规模和深层次的传播。④

---

① 刘镯梦:《模因论视角下毛泽东诗词文化负载词英译对比研究》,硕士学位论文,吉林大学,2022年。
② 田超凡:《〈毛泽东和中国〉(节选)英译汉翻译实践报告》,硕士学位论文,西北大学,2022年。
③ 葛银丽:《毛泽东〈中国社会各阶级的分析〉一九二六年俄译本简析》,《中共党史研究》2023年第4期。
④ 陈思远:《毛泽东著作在"民主德国"和"联邦德国"的早期传播研究》,硕士学位论文,北京外国语大学,2023年。

第六章　史志与文献：湖湘千年文化的交融与积淀

齐晓峰对毛泽东著作在韩国的翻译、出版、发行的历史与特点进行了系统的梳理和分析，认为毛泽东著作在韩国的翻译出版可分为三个阶段：20世纪50—70年代，韩国在政治上与中国敌视和对立，排斥社会主义思想，毛泽东著作被列为禁书，处于出版空白期；20世纪80年代，在民主化运动和社会主义思潮的推动下，韩国兴起了毛泽东翻译热；1992年中韩建交以来，作为专业学术研究的毛泽东著作翻译、出版和研究不断向纵深发展。①

除此之外，吴海勇翻检夏明翰牺牲后产生的历史文献，对夏明翰《就义诗》的注会历史进行了考订，指出通过当时的报道、湖北省委文件到发表于《布尔塞维克》《牺牲》及写于中共六大前后的夏明翰传略，还有谢觉哉作于延安的英烈生平材料，基本可排除民主革命时期有此相关诗作记载的可能。新中国成立后，谢觉哉于1953年所作的《夏明翰同志传略》是最早披露《就义诗》的文献，其真实性无可否认。②

---

① 齐晓峰：《毛泽东著作在韩国的翻译出版研究》，《马克思主义研究》2023年第9期。
② 吴海勇：《夏明翰〈就义诗〉流传历程之查考》，《广东党史与文献研究》2022年第2期。

第七章　当代价值：湖湘文化融入现代化新湖南建设

2023年6月2日，习近平总书记在文化传承发展座谈会上提出："把马克思主义基本原理同中国具体实际、同中华优秀传统文化相结合是必由之路。"① 朱有志认为，充分发挥湖湘文化的当代价值，要坚持"两个结合"。重视传承和弘扬湖湘优秀传统文化与坚持马克思主义的指导地位是统一的。坚持马克思主义中国化时代化，一方面要坚持以马克思主义科学理论为指导，另一方面要传承发展湖湘优秀传统文化，使湖湘优秀传统文化服务于中国特色社会主义文化建设和发展，为不断培育和创造新时代中国特色社会主义文化助力。② 近两年，湖南持续推动新时代湖湘文化创造性、创新性发展，助力现代化新湖南建设，不断构建湖湘文化新形态，彰显湖湘文化新作为。

一　湖南文旅深度融合高质量发展

党的二十大报告提出，坚持以文塑旅，以旅彰文，是时代文旅融合发展的新风向。文化是旅游的灵魂，旅游是文化的载体，文化和旅游紧密关联。旅游作为弘扬湖湘文化的重要载体，是提高湖南省文化

---

① 《习近平在文化传承发展座谈会上强调担负起新的文化使命　努力建设中华民族现代文明》，《人民日报》2023年6月3日。
② 朱有志：《充分发挥好利用好湖湘文化的当代价值》，《新湘评论》2023年第14期。

在全国乃至世界影响力的重要突破口。游客在旅游中感受独特的地域文化、欣赏绮丽的自然山水、倾听红色的革命历史，对于增强文化自信进而实现价值认同，也具有举足轻重的作用。湖南文旅融合高质量发展的目的是对新常态、新发展与新路径进行战略再定位，充分运用"旅游+"概念提升旅游发展规划，以项目促融合，以品质优环境，以服务兴全域，持续赋能经济增长、乡村振兴和共同富裕，实现湖南旅游产业全面发展。近两年，湖南文旅产业采取创新融合发展，挖掘城市特质、丰润经济土壤、拓宽惠民渠道，以旅游为优势产业，推动旅游业与其他相关产业深度融合、相融相盛，让新时代文旅融合发展有诗意更有温情、有远方更有未来。[①] 文旅融合促进经济社会发展已成为湖南开启"诗和远方"的新征程。

为深入学习贯彻党的二十大精神和习近平总书记关于旅游工作的重要论述、对湖南的重要讲话和指示批示精神，自2022年起，湖南决定每年举办旅游发展大会，推动文化和旅游深度融合高质量发展，让湖南旅游唱响全国、走向世界。首届湖南旅游发展大会定于2022年9月18—20日在张家界举行。大会由湖南省委、省人民政府主办，张家界市委、市人民政府以及湖南省文化和旅游厅承办。大会旨在着力实现"办一次会，兴一座城"，实施一批能落地能见效的项目，缩小景区内外、景城之间的差距，完善基础设施，提升张家界旅游综合发展能力和整体建设水平，加快建成世界一流旅游目的地。形成一套高效的办会机制，出台一组政策措施，催生一批旅游新业态、新产品，擦亮一批旅游品牌，创新一系列旅游宣传推介新模式，实施全域旅游战略，建设世界知名旅游目的地，实现湖南旅游产业全面发展、整体提升。

2023年9月15—17日，第二届湖南旅游发展大会在郴州市举行。"旅发大会"的举办为郴州旅游宣传营造了浓厚的氛围。国庆假期期

---

① 辛小湘：《旅发大会："软实力"原来是"硬支撑"》，《湖南日报》2023年11月13日。

间，来郴州的游客人数迅猛增长。全市纳入监测的35个旅游区共接待425.97万人次，同比增长201.31%；实现营业收入41909万元，累计同比增长130.49%；门票收入14188万元，累计同比增长104.53%。郴州市文旅广体部门负责人介绍，"旅发大会"成功举办使郴州市旅游知名度迅速提高，越来越多的长途游客选择来郴州打卡旅游。之前根据郴州市智慧文旅平台手机信令大数据显示，2023年中秋、国庆假期以来，来郴州的省内外游客热度不减，而且全市省外游客占比超过一半。①

李爱武从四个方面分析了"旅发大会"的重要意义。举办"旅发大会"，是湖南省委、省政府着眼全局、立足现实、顺应趋势、发挥优势作出的重要战略部署，把旅游业的地位提到了前所未有的高度，也为旅游业高质量发展指明了方向、谋划了抓手。从顶层看，举办"旅发大会"是科学之举。旅游业是生产力发展的增长点和动力源，是社会文明的推动力量和重要标志。从历史看，举办"旅发大会"是探索之举。湖南省以往举办旅游会议，没有把办会与推动项目建设、整合资源、创新机制充分结合起来，急需大胆探索，创新举办"旅发大会"。从现实看，举办"旅发大会"是必由之举。旅游业既是世界第一大产业，也是一个恢复周期短的应急产业，可以说旅游业是经济寒潮中的一朵报春花。湖南要在疫情冲击中率先实现经济复苏，举办"旅发大会"，加快发展旅游业，无疑是一招妙棋。从长远看，举办"旅发大会"是希望之举。中国旅游业正从"假日火爆"走向"全年恒热"。湖南省是全国有名的文化旅游资源大省，旅游总收入逼近万亿元，举办"旅发大会"，加快发展旅游业正当其时。当前看，举办"旅发大会"是应时之举。②

李雨燕、辜可涵论证了文化产业与旅游产业深度融合，已成为当

---

① 《郴州"旅发效应"持续释放红利》，《湖南日报》2023年12月15日。
② 李爱武：《把旅发大会打造成建设现代化新湖南的强大引擎》，《湖南日报》2022年3月22日。

代第三产业发展的重要经济现象和新时代高质量发展的迫切需要。湖湘文化作为中华优秀传统文化的重要组成部分，需要努力推进其创造性转化和创新性发展，彰显其当代价值，为加快建设文化强省提供有力支撑。需要推动湖湘文化与旅游等产业融合，提升湖湘文化的体验感。应将湖湘文化元素融入旅游产业中，开发特色鲜明的文化旅游路线和产品，吸引更多游客来湘体验湖湘文化。比如将湖湘地域特色文化和乡村文化元素融入农业生产、农产品加工、农业观光，加强"民间文化艺术之乡"建设等。[①]

周聪伶探讨了湖湘文化赋能湖南文旅融合的实践路径。提出推动湖南文旅融合发展，要深挖历史潜能，弘扬湖湘人物情怀，通过深入系统研究湖湘人物，在源流上把湖湘人物梳理得更加脉络清晰，在思想上把湖湘文化挖掘得更加深入严谨，在体系上把湖湘学术建构得更加完备科学，有利于增强湖南文旅的整体感召力，努力把湖南打造成世界知名旅游目的地。要激发科技动能，放大湖湘文物效应，研究湖湘文化不是钻进故纸堆，同现实生活脱节，而要直面社会需要，学用结合，学以致用，实事求是，求真务实，依托现代传播技术，着力开发游戏、动漫等融媒体产品，通过科技手段放大湖湘文物的传播效应，借助具体的载体和渠道，让文献、文物活起来。要提升市场势能，开发湖湘风物产业，通过整理出版湖湘文献资料，促进出版产业发展，通过更具象的表达，开发融思想性、鉴赏性、实用性与互动性于一体的产品，激发文化消费需求。[②]

红色是党和国家最鲜亮的底色。以红色铸魂是党和国家不断从胜利走向胜利的基因密码，也是新时代中国共产党人的精神力量源泉。一百多年来，中国共产党在湖南留下了许多宝贵的红色文化资源，湖南成为"十步之内必有芳草"的红色热土。习近平总书记2020年9

[①] 李雨燕、辜可涵：《着力"三个推进"加快文化强省建设》，《湖南日报》2023年9月28日。

[②] 周聪伶：《湖湘文化赋能湖南文旅融合的实践路径》，《新湘评论》2022年第22期。

月来湘考察时，强调"湖南是一方红色热土"，要用好红色资源，讲好红色故事，搞好红色教育，让红色基因代代相传。①湖南文旅深度融合发展离不开红色文化产业的助力。2023年3月4日，湖南省红色文化高质量发展研讨会在张家界市举行，来自中央和省委党校、省文旅厅、省委党史研究院、南京市委党校、韶山干部学院及各市（州）委党校的近200位专家教授共聚一堂，共话湖南红色文化高质量发展。霍修勇以"讲好湖南红色历史，打造红色精品课"为题，围绕湖南省红色资源、红色产业发展的实际情况，结合党校（行政学院）系统的独特优势，从讲好哪些红色历史、以何种方式讲好湖南红色历史、怎样围绕红色历史打造精品课三个方面，为全省党校（行政学院）系统如何践行"为党育才、为党献策"的初心使命，在湖南省红色文化高质量发展中彰显党校担当体现党校作为进行了有益探讨。与会专家一致认为，今后要学习好、宣传好、贯彻好习近平总书记"把红色资源利用好、把红色传统发扬好、把红色基因传承好"的重要指示精神，充分挖掘红色资源，激活红色基因，用湖南人物、湖南故事、湖南精神教育人、感染人、激励人，在研究中赋予红色文化新内涵，在教学中滋养红色文化新生命，打造出湖南红色文化新名片，推动湖南省红色文化高质量发展。②

2023年10月13日，湖南红色旅游文化节在平江县拉开帷幕。平江坚持将红色名镇名村建设作为全域旅游发展的重要篇章，制定清晰的红色村镇建设发展规划，明确创建"湘赣边红色名镇名村聚集区"的发展定位，确立了"一城为核、两镇做轴、五村同创"的总体思路。红色旅游高质量发展，为平江注入新活力、打造新引擎。中国（湖南）红色旅游节、湖南省夏季乡村旅游节、中国红色旅游博览会

---

① 《用好红色资源，传承好红色基因——把红色江山世世代代传下去》，《求是》2021年第10期。
② 《湖南省红色文化高质量发展研讨会举办专家讲堂》，"红网"公众号，2023年3月4日。

分会场、第二届岳阳市旅游发展大会等大型节会活动接连在平江举行。2023年上半年，平江旅游总接待人数661.6479万人次，同比增长78.38%；旅游总收入71.7256亿元，同比增长86.23%。平江连续5年入选中国县域旅游综合竞争力百强县市，先后荣获中国文旅融合发展示范县、中国最佳康养旅居度假名县等荣誉。[1]

谢承新认为，红色文化助力了湖南高质量发展。湖南是中国革命的重要策源地之一，遍布三湘的革命遗址遗迹和红色纪念地是共产党人领悟初心使命的丰富宝藏，闪耀着爱国主义精神的光芒，是开展爱国主义、集体主义、社会主义教育最好的"教科书""营养剂"。要充分发挥红色文化的核心引领作用，凝聚湖南高质量发展的精神动力。湖南各级各部门抢抓湘赣边区域合作示范区、国家长征文化公园（湖南段）建设等机遇，让红色景区串珠成链、红色文旅深度融合，构建红色旅游产业链，打造红色旅游集散中心，使红色资源成为助推湖南高质量发展的重要引擎。同时充分发掘红色资源，汲取蕴含其中的精神力量，让全省广大共产党员和人民群众接受红色文化的洗礼，凝聚起全面实现"三高四新"美好蓝图的精神力量。[2]

侯美华认为，湖湘红色文化主要内容包括红色人物、红色旅游资源、红色纪念活动。要借助红色旅游，打造红色潇湘品牌。红色旅游是红色文化的载体，红色文化是红色旅游的灵魂。在文旅融合的大背景下，要以湖南丰富的红色旅游资源为基础，建设红色精品旅游路线，增强湖湘红色文化的渗透性，促进湖南经济发展，这也是湖南实现"文化强省"的重要举措。对于湖湘红色文化的发展一定要牢牢把握品牌化战略，打造红色潇湘品牌。特别是要注重对红色文创的打造，利用品牌营销的理念来增加湖湘红色文化的影响力，扩大湖湘红

---

[1] 《赓续红色血脉 打造旅游胜地——平江县加速推动红色文旅产业高质量发展纪实》，《湖南日报》2023年10月13日。

[2] 谢承新：《让红色文化助力湖南高质量发展》，《新湘评论》2023年第16期。

色文化的规模。①罗婷、屈晓军认为，湖南作为红色文化资源大省，应切实有效提升湖湘红色文化的引领力、影响力、传播力，助力书写中国式现代化湖南新篇章。对湖湘红色文化应加强全域保护、科学研究、时代阐释，推进三者"一体化"建设，充分发挥其精神引领作用。推进"红色＋"融合，提升影响力。红色文化与文化产业深度融合，是助推我国文化产业发展的新引擎和新趋势。要在"红色＋文艺"中擦亮红色底色。立足湖南，借助毛泽东同志诞辰130周年、习近平总书记视察十八洞村提出"精准扶贫"重要理念10周年等契机，创作一批叫得响、过得硬的红色影视力作，擦亮湖湘红色文化底色；通过红色文化与现代舞台艺术的融合，打造一批舞台剧，"让人物说话、让历史发声"，推动红色文化走深走实；从红色人物、文物、事件的小切口出发，制作一批微视频，讲述最能鼓舞人、打动人的"小情景""小故事"，在潜移默化中涵养红色初心使命。②

二 湖湘文化的社会价值进一步凸显

2022—2023年，湖南充分发挥湖湘文化资源禀赋优势，大力实施文化强省战略，守正创新抓好文化发展工作，推动理论武装与文化传承有机结合，为奋力建设现代化新湖南提供了坚强思想保证、强大精神力量和深沉文化动力。

（一）湖湘文化助力家风建设

湖湘文化是中华优秀传统文化的重要组成部分，充分挖掘、发挥好、利用好湖湘文化的当代价值，有助于巩固中华文化的主体性，切

---

① 侯美华：《新媒体环境下湖湘红色文化传播研究》，硕士学位论文，西南大学，2022年。
② 罗婷、屈晓军：《有效提升湖湘红色文化引领力影响力传播力》，《湖南日报》2023年10月23日。

实提升文化自信、文化自觉和文化自立。新时代以来，习近平总书记以马克思主义理论为基础，对如何在新的历史条件下加强家风建设作了一系列重要论述。提出要充分认识家庭教育的特殊意义，以领导干部的好家风、老一辈革命家的红色家风与社会主义核心价值观引领社会风尚。党的二十大报告首次把"家庭家教家风建设"写入党代会报告，将之作为提高全社会文明程度的重要内容。2023年6月26日，湖南省委书记沈晓明在主持十二届省委理论学习中心组第十九次集体学习"以学正风"专题研讨时强调，领导干部要注重家庭家教家风，当好良好政治生态和社会风气的引领者、营造者、维护者，让务实之风、清廉之风、俭朴之风成为全省上下的普遍自觉。① 在湖湘文化的长河中，一直有着优良的家风传世。传统家风与红色家风在湖湘大地交相辉映，塑造出湖湘人民群众日用而不觉的共同价值观念，在营造良好的党风、政风和民风的过程中发挥了重大作用。

李桂梅研究论证了新时代湖湘家风家训的培育历史过程与主要内容。湖湘家风家训是历代湖湘先贤修身立德、经世济民的家庭诉求，集中体现了湖湘"用则致君尧、舜，措俗成、康。舍则独善其身，不愿乎外"的士林共识。正是家族（庭）之中这种优良家风家训的熏陶和家长身体力行的正确引导，激励湖湘儿女形成以天下为己任的担当意识，书写了近代以来的湖南华章，推动了湖湘人才荟萃局面的形成。湖湘家风家训蕴含立志有为、希圣慕贤的人生追求，心忧天下、勇毅担当的责任意识，修身立德、笃伦睦邻的持守之道，勤学力思、笃行精进的为学之道，这些精神内涵贯穿不同时期的湖湘家风家训，培育了一代又一代的湖湘人才。湖湘家风家训是湘人精神传承的家庭依托、湖湘人才培养的丰厚滋养、湖湘家庭建设的精神风尚。②

---

① 《十二届湖南省委理论学习中心组开展第十九次集体学习"以学正风"专题研讨》，《湖南日报》2023年6月27日。

② 李桂梅、张翠莲：《新时代湖湘家风家训的培育》，《云梦学刊》2023年第5期。

刘孝听的研究重点分析了湖湘家训家风的特色，认为湖湘家训家风传承着中华民族的行事准则，传承着中华民族的道德风尚，延续着中华民族的基因与精神，有着丰富内涵、鲜明特色。这主要表现在，注重立德，"大德必得其位，必得其禄，必得其名，必得其寿"。湖湘人深深地懂得只有具备深厚道德的人，才能担当国家和人民赋予的重任，才能享受所得的财富；只有自身贤良有德，方能得到众人的信任。注重立志，"志不立，天下无可成之事"。湖湘人深深地懂得立志是成事的前提，是事业的开端，是成功的大门；一个人如果没有良好的志向，就会失去奋斗的方向，失去生活的动力，就很难创造出伟大业绩，很难成就伟大人生。因此，湖湘人的家训家风高度重视子孙们的立志，十分注重子孙们的理想引导。注重立学，"立身以立学为先，立学以读书为本"。湖湘人历来有读书的传统，深深地懂得读书才能致知，读书才能明道，读书才能增慧，读书才能通神，读书才能治愚。因此，湖湘人的家训家风高度重视子孙们的本领引导，十分注重读书家风的建设。注重立身，"天下之本在国，国之本在家，家之本在身"。湖湘人深深地懂得只有修好身心，才能抵制邪气，才能挡住诱惑，才能管住自我，才能完善操守，才能建树功业。注重立功，湖湘人深深地懂得立功于人民，立功于社会，立功于时代，立功于国家，立功于天下，是每一个人的本分，是每个人一生的责任。因此，湖湘人的家训家风特别重视建功立业，立功显荣，注重子孙的事业引导。[①]

红色家风是我们党的"传家宝"，周亮等人认为红色家风是中国共产党人在长期的革命建设实践中培育和形成的宝贵财富，体现的是共产党员个人家庭或家族表现出来的道德品质、价值追求，彰显的是中国共产党这个大家庭成员共同认可并遵循的理想信念、优良作风。红色家风是共产党员理想信念坚定和对党绝对忠诚的最好诠释；红色

[①] 刘孝听：《湖湘家训家风的特色和影响》，《新湘评论》2023年第22期。

家风体现了共产党员个人家庭品质和中国共产党伟大建党精神的有机结合。①

关于老一辈革命家家风的时代价值，衡南岚认为，毛泽东家风的当代价值表现为，有利于提升大学生的道德修养，毛泽东家风中蕴含的伟大精神品质，与高校思想政治教育的内容不谋而合。学习毛泽东家风，有利于增强大学生的爱国情感，提高大学生的个人道德修养，培养敢于担当的精神品质，使大学生勇敢追逐青春理想，坚持实干兴邦，自觉承担实现中国梦的责任；有利于提升大学生的国家认同感，毛泽东家风是红色文化的重要组成部分，蕴含丰富的爱国主义思想和正确的社会价值观念，将毛泽东家风融入大学生的家国情怀教育中，不仅有助于提高大学生的国家认同，维护国家意识形态安全和国家的政治安全，还有助于提高大学生的文化自信；有利于大学生践行社会主义核心价值观，毛泽东的艰苦朴素、清正廉洁、爱民为民、无私奉献的伟大精神，可以引导大学生树立正确的人生观、价值观、世界观。②侯丽娜认为，研究毛泽东家书有利于弘扬中国共产党人坚定的理想信念，发挥家庭、家教、家风的重要作用。毛泽东是党和国家的主要缔造者，在革命和建设的实践中形成了优良家风，并成为中国共产党人家风的一面旗帜，是毛泽东留给中国人民的宝贵精神财富。毛泽东的家书鲜明地体现了公私分明、勤俭节约、家教严格、尊长爱幼等家风。③牛艺飞认为，中国共产党人以马克思主义为指导，传承中华优秀家风文脉，在近代以来的动荡年代与人民群众共同创造出具有中国特色社会主义革命文化精神的红色家风。从精神层面看，中国共产党人形成的红色家风是在血与火、生与死的考验中锻造形成的革命精神和中国特色社会主义革命文化价值体系中的一部分。从发生维度

---

① 周亮、莫淼鑫：《用好红色家风这个"传家宝"》，《新湘评论》2022年第4期。
② 衡南岚：《毛泽东家风融入大学生家国情怀教育路径研究》，硕士学位论文，西华师范大学，2023年。
③ 侯丽娜：《毛泽东家书研究》，硕士学位论文，燕山大学，2022年。

来看，中国共产党家风建设承继于中华优秀家风的思想精华，提升于马克思主义婚姻家庭观的理论原则，淬炼于中国共产党人的先进家风思想，反映了中国共产党以家风建设推进中国特色社会主义文化建设的内在逻辑与外在发展的高度统一。中国共产党人无论是在革命战争年代，还是在和平时期，始终秉持为人民的解放和人民的幸福而奋斗的信仰。他们将自己的个人利益抛之脑后。他们在与亲人、朋友和同乡相处的过程中，表现出强烈的严谨性和纪律性，可谓"念亲不为亲徇私"的典范。早在1941年5月，毛泽东就专门起草了关于规范公务人员家庭作风问题的纲领。在《陕甘宁边区施政纲领》的第八条规定："禁止任何公务人员假公济私的行为，同时实行律以养廉的原则，保障一切公务人员及其家属必须之物质生活及充分的文化娱乐生活。"毛泽东从自身做起，并严格遵照这份纲领执行。①

何叔衡是无产阶级革命家，在其长期革命实践中形成了较为完善的思想体系，家风思想正是其中的重要组成部分。赵子鉴认为，何叔衡从优秀传统文化中汲取养分，形成了其独特的家风思想。何叔衡接受了湖湘文化的浸润熏陶，生活中他不向困难低头，艰苦奋斗；工作上他脚踏实地，量力而行；处世上他不肯迁就潮流、跟从形势，处处彰显着湖湘文化的实学风格和拼搏精神。在家庭环境、传统文化以及马克思主义的综合影响下，何叔衡形成了重义轻利、先国后己的爱国情怀，夫妻和睦、子女融洽的家庭美德，秉公执法、勇于担当的工作之道，待人诚恳、脚踏实地的处世之法等家风伦理思想内容。当前，研究何叔衡家风思想对于提升个人修养、构建和睦家庭、凝聚社会共识具有重要作用。何叔衡的家庭伦理思想内容丰富，思想深邃。他的家风思想不仅反映其个人家庭风尚，而且也是内忧外患时代背景下普通家庭自觉为中国未来发展贡献力量的缩影。家风构建是一个宏大深远的主题，在当代研究何叔衡的家风思想有助于新时代家风思想的培

---

① 牛艺飞：《改革开放以来中国共产党家风建设研究》，博士学位论文，东北师范大学，2023年。

育，对社会主义精神文明建设具有重要意义。①

著名教育家徐特立在家教家风建设中的思想见解和具体实践，深深根植于其所具有的为人民、社会和国家服务的红色基因。罗云标的研究表明，徐特立格外注重家教家风，对此有着独特而深刻的思考，并在其家庭教育中躬亲力行。他严格要求家庭成员，培养他们深厚的家国情怀，促使他们成为对社会和国家有用的栋梁之材。研究徐特立的家教家风思想，不仅可以探寻其家教家风思想的形成渊源和具体内容，而且对于推动新时代家庭家教家风建设、形成家庭文明新风尚也具有重要价值。徐特立注重家教家风，并在家庭生活中积极践行，严格教育和引导家庭成员，使得全体家庭成员能够相互促进、共同进步，是新时代每个家庭应当深入学习的典范。继承和弘扬好革命前辈的这份红色基因，有利于家庭家教家风建设在新时代的赓续发展。②

（二）湖湘文化推动廉政建设

2022年7月，湖南省委办公厅印发的《关于加强新时代廉洁文化建设的若干措施》提出，要挖掘廉洁元素，厚植克己奉公文化基础，为湖南省提升廉洁文化建设质量明确了任务、清晰了路径。每个地方都有自己独特的历史积淀，新时代廉洁文化建立在红色文化和社会主义先进文化之上，扎根于优秀传统文化之中。

李林俊的研究论证了要从传统文化中汲取廉洁元素。湖湘传统文化中蕴含着丰富的思想哲理、精神力量和廉洁元素，是党员干部正心明德的重要源泉。要汲取湖湘文化廉洁精华，整理炎帝、舜帝、屈原、周敦颐等古圣先贤、清官廉吏的嘉言懿行，建立具有湖湘特色的廉政文化体系，涵养克己奉公、清廉自守的精神境界。同时，要按照时代特点和要求，对那些至今仍有借鉴价值的传统廉政

---

① 赵子鉴：《何叔衡家风思想及其当代价值研究》，《湘南学院学报》2023年第1期。
② 罗云标：《徐特立妇女解放思想及其实践研究》，硕士学位论文，中南大学，2023年。

文化内涵和表现形式加以改造，赋予其新的时代内涵和现代表达形式。①张学文研究指出，湖湘文化具有优秀的廉洁基因。湖湘文化在历史长河中，形成了独特的廉洁基因。要从湖湘文化中汲取廉洁家风，帮助我们更好地传承和弘扬中华优秀传统文化，培育和践行社会主义核心价值观。要推进廉洁教育融入家庭日常生活，推动党员干部加强家庭廉洁文化建设，提高家人廉洁素养，从严管好家人和身边工作人员。要引导家属当好党员干部"廉内助"，同心筑牢家庭防腐墙。要把廉洁家风建设纳入清廉湖南考核、巡视巡察、日常监督谈话、述责述廉，形成党组织领导、各部门单位履责、领导干部示范、干部群众参与、单位家庭密切配合的工作体系，让廉洁家风在三湘大地蔚然成风。②

梁春杏系统探讨了周敦颐的廉政人格形成过程。他认为，周敦颐的政治实践和生活实践都在促进其廉政人格的形成中扮演着极其重要的角色，其中政治实践是周敦颐廉政人格形成的现实基础，而生活实践则起着强化周敦颐廉政人格的作用。周敦颐在工作之余与文人墨客游历山水，经常与他们谈论自己对名利和官心的看法，形成了淡泊名利的优良品质，能够坚定其廉洁情感和廉洁意志。周敦颐在为官从政的三十多年政治实践中形成了当官为民务实的廉政认知、做人独爱莲香的廉洁情感和从政刚正自律的廉洁意志，具体表现为勤政爱民、淡泊名利、大公无私、廉洁自律的人格特质。周敦颐的廉政人格具有可塑性、稳定性和社会性等特点，不断推动着周敦颐个人价值的实现和北宋政治风气的改善，同时还影响和带动周氏子孙后代坚持廉洁从政，可见周敦颐廉政人格具有重要现实价值。③

湖湘红色家风是清廉湖南建设的力量源泉。胡振荣在文章中阐

---

① 李林俊：《赓续湖湘廉脉 弘扬清风正气》，《湖南法治报》2022年8月11日。
② 张学文：《湖湘文化中的廉洁基因家国情怀》，《新湘评论》2023年第22期。
③ 梁春杏：《周敦颐的廉政人格研究》，硕士学位论文，广西民族大学，2023年。

明，家风建设关系党风、政风，家风正则党风正，党风正则政风清。当前，我们已经锚定"三高四新"美好蓝图，要从湖湘红色家风的丰厚宝库中汲取经验和智慧，涵养新时代共产党人的良好家风，有力推动清廉湖南建设。为此，要厚植家国情怀，家国同兴；坚持立志正身，崇德治家；要保持艰苦奋斗，勤俭持家；始终严以修身，廉洁齐家。管好自己和身边人，把好权力关，过好亲情关，以优良家风推动营造干部清正、政府清廉、政治清明、社会清朗的政治生态和发展环境，使清廉成为湖南的风尚和名片。①

毛泽东的廉洁观对于现实有重要指导意义。伍洪杏从毛泽东廉洁观角度分析了其当代价值，阐述了毛泽东廉洁观厚植于中华民族传统"廉"文化、马克思主义廉洁文化思想以及中国革命与建设实践的深厚土壤，涵盖了正己守道的修身理念、艰苦朴素的家风思想、作风优良的党风廉政思想以及健康向上的社会风气思想等主要内容，是中国共产党和中国人民紧密团结取得一个又一个胜利的重要价值引领。当前，在新时代中国特色社会主义廉洁文化建设中，毛泽东的廉洁观启迪我们要修私德济公德，提升公民廉洁从业精神境界；融合传统家风红色家风，培育新时代好家风；建设积极健康党风政风，引领廉洁文化建设；充分发挥宣传媒体功能，积极传播廉洁文化。② 岳鹏东从反官僚主义视角，分析了毛泽东对于廉政建设的思考。以毛泽东为主要代表的中国共产党人坚持与官僚主义作斗争，把马克思主义关于反官僚的思想与中国具体实际相结合，充分吸取中华优秀传统文化中的宝贵精神财富，又在党长期的作风建设实践中不断进行经验总结与理论升华，逐步形成毛泽东反官僚主义思想。封建社会中，一个个为民请命的清官，受百姓敬仰，流芳百世。民本位与官僚主义是对立的，中华优秀传统文化为毛泽东反官僚主义思想提供了宝贵的精神财富基础。以毛泽东为主要代表的中国共产党人批判继承中华优秀传统文化

---

① 胡振荣：《从湖湘红色家风中汲取清廉力量》，《新湘评论》2023年第22期。
② 伍洪杏：《毛泽东的廉洁文化观及其当代价值》，《毛泽东研究》2022年第4期。

中的宝贵精神财富，看到从古至今反官僚主义是民心所向，是社会进步的发展需要。①

三 湘籍无产阶级革命家思想的现实影响研究

伟大的思想，总在历史的深处散发智慧的光芒。老一辈无产阶级革命家的思想是马克思主义政党理论与中国革命、建设实践有机结合、充分结合、创新结合的宝贵成果，是在中国实践中的活学活用、创新发展、认知升华。在新的历史起点上，这些思想的独特魅力与时代需求天然耦合，散发着历史光辉。

（一）调查研究工作方法的时代延续

2023年3月，中共中央办公厅印发了《关于在全党大兴调查研究的工作方案》（以下简称《工作方案》）。《工作方案》提出："为深入学习贯彻习近平新时代中国特色社会主义思想，全面贯彻落实党的二十大精神，党中央决定，在全党大兴调查研究，作为在全党开展的主题教育的重要内容，推动全面建设社会主义现代化国家开好局起好步。"②调查研究是我们党的传家宝，是践行宗旨意识、群众观点，不断转变工作作风的基本方法和重要抓手。饮水思源，中国共产党百年调查研究取得历史经验，在新时代、新征程，继续发挥着重要作用。

王礼鑫从历史脉络分析了中国共产党百年调查研究的经验启示，认为在马克思主义调查研究方法发展史上，马克思、恩格斯的调查研究方法是起点，列宁的调查研究方法为中国共产党人提供了直接指导。一百多年来，中国共产党发展了调查研究方法。实践方面，在全党范围内推动了调查研究活动的经常化，推动了调查研究机构化、职

---

① 岳鹏东：《毛泽东反官僚主义思想及其当代价值研究》，硕士学位论文，河南理工大学，2022年。

② 《中办印发〈关于在全党大兴调查研究的工作方案〉》，《人民日报》2023年3月20日。

能化、程序化，发展出集体调查研究、咨询式调研、领导干部联系点、试点调研等实践形式。理论方面，提出了完整的调查研究基本理论，回答了什么是调查研究、为何要开展调查研究、如何开展调查研究等基本问题；提出了"调研开局、调研开路"、集体调研等创新观点或理论；发展了马克思主义认识论，为调查研究方法提供了原理支撑。调查研究成为党的独特优势，调查研究理论是党对马克思主义调查研究方法的独特贡献。[1]

毛泽东是中国共产党开展调查研究的先行者与践行者，他开创的调查研究范式一直伴随着中国特色社会主义事业成长发展。周玉文重温了毛泽东与调查研究结缘的历史脉络，认为对于目前推进马克思主义基本原理同中国具体实际相结合，洞察时代大势、把握历史主动、开启全面建设社会主义现代化国家新征程发挥着关键作用。新时代，以习近平同志为核心的党中央赓续了我们党调查研究的光荣传统。[2]唐诗源论证了毛泽东调查研究方法的由来、内涵。毛泽东关于调查研究的理论和方法，形成于新民主主义革命时期，发展于延安时期，成熟于社会主义建设时期，并在当代中国的实践中进一步丰富和发展。毛泽东调查研究方法内涵之深、分析方法之多，值得我们认真学习研究，尤其是矛盾分析法、比较分析法等，需要我们及时总结归纳蕴含其中的启示性元素。同时认为在新时代大兴调查研究，必须坚持独立自主，实事求是，推进马克思主义中国化；必须走群众路线，坚决反对调查研究中的各种错误倾向；必须以问题为导向，采用正确的方法，创新调查研究理论，将更多的先进理论和实际相结合。[3]胡剑关注了毛泽东逻辑严整又极具特色的调查研究话语体系。毛泽东通过汲取中华民族话语养料使得其调研话语具有民族性，通过融入马克思主

---

[1] 王礼鑫:《中国共产党百年调查研究的成就与启示》,《中州学刊》2023年第10期。
[2] 周玉文:《善用调查研究"传家宝"》,《湘潮》2023年第9期。
[3] 唐诗源:《毛泽东调查研究方法的由来、内涵与启示》,《湖南科技大学学报》（社会科学版）2023年第5期。

义的语境使得其调研话语具有科学性,通过服务于中国革命与建设的具体实践使得其调研话语具有实用性。毛泽东善用中华优秀传统文化中的词汇、句式、语式进行话语单元的创新,通过对调研话题的精准把控、适时引领实现了话语范畴的精准厘定,形成阶级空间话语架构、群体空间话语架构极尽延展话语空间。新时代的调研者可通过调研话语单元的生活化、情景化形成对调研主题的完整连贯叙事,可着重根据时代特征与现实特点拓展具有新时期公域私域特征和主体客体特点的调研话语范畴,可利用新媒体技术的发展与现今话语圈层的特征进行调研话语空间的拓新。[①]

关于新时代落实调查研究,黄小丹等通过对"大兴调查研究"的三重逻辑分析,认为从现实逻辑来看,必须以习近平总书记的相关重要论述为理论指引和行动指南,使调查研究工作更加贴合人民群众的实际需要,并通过调查研究推动政党建设取得新成效。[②] 杨明伟认为毛泽东开启的调查研究之风,是落实好新时代党的群众路线,解决好"四风"问题,特别是形式主义、官僚主义等问题的重要方法和基础环节,同时也是促进高质量发展的决策思路。[③]

《工作方案》点明了当前大兴调查研究之风的背景:"当前,我国发展面临新的战略机遇、新的战略任务、新的战略阶段、新的战略要求、新的战略环境。世界百年未有之大变局加速演进,不确定、难预料因素增多,国内改革发展稳定面临不少深层次矛盾躲不开、绕不过,各种风险挑战、困难问题比以往更加严峻复杂,迫切需要通过调查研究把握事物的本质和规律,找到破解难题的办法和路径。"[④] 为此,沈群等阐述了习近平总书记关于调查研究重要论述的问题意识,

---

[①] 胡剑:《毛泽东对调查研究话语体系的构建及当代价值》,《吉首大学学报》(社会科学版)2023年第5期。

[②] 黄小丹、郭祖全:《"大兴调查研究"的三重逻辑:理论·历史·现实》,《中共云南省委党校学报》2023年第4期。

[③] 杨明伟:《毛泽东开启的调查研究之风的现实影响》,《毛泽东研究》2023年第4期。

[④] 《中办印发〈关于在全党大兴调查研究的工作方案〉》,《人民日报》2023年3月20日。

探究了其问题意识的形成和发展具有深刻的理论、历史、现实逻辑，是对马克思主义问题观的灵活运用，是对中国共产党问题思维的历史接续，是解决现实问题的实践经验总结。同时认为，习近平总书记关于调查研究重要论述的问题意识内涵丰富，聚焦现实问题是其起点，实事求是是其基本要求，提升解决问题的能力及注重解决问题的成效是其关键和最终归宿。① 党的十八大以来，以习近平同志为核心的党中央坚持问政于民、问需于民、问计于民，加强调查研究，畅通民意渠道，把人民的智慧集中起来、运用起来。胡代松总结了习近平总书记重视调查研究的实践特点，认为其调查研究注重问题导向，目标明确精准；时空跨度宽广，涉及内容丰富；坚持务实躬亲，于细微处见真意；善于总结推广，成果运用精到。积极践行习近平总书记的调研思路、调研方法、调研技巧，为全党进一步大兴调查研究之风，为新时代科学谋划工作和精准决策提供了根本遵循。②

综上所述，毛泽东开创的中国共产党调查研究方法是经过实践检验的、科学的理论创新方法。党的十八大以来，习近平总书记关于调查研究的重要论述和率先垂范，为全党大兴调查研究提供了根本遵循、作出了示范表率。

（二）徐特立教育思想的现代价值

"延安五老"之一的徐特立，是我国杰出的教育家。蒋纯焦认为，徐特立不仅仅是教育界的"长沙王"，还是长沙教育界的"办学王"。徐特立作为一名普通的乡村青年，如何能够在社会变革中实现"华丽转身"，逆袭为时代弄潮儿？这是他个人选择与历史潮流良性互动的结果。青年徐特立没有任何社会资源可用。但是他主动出击，通过自学

---

① 沈群、章征科：《习近平关于调查研究重要论述的问题意识探赜》，《理论研究》2023年第4期。
② 胡代松：《习近平总书记重视调查研究的实践特点与启示》，《湖南社会科学》2023年第3期。

创造条件,十年磨一剑,然后抓住历史机遇,凭数月的短期培训就站到了时代前沿,成为湖南新教育的引领者。徐特立从底层逆袭,其意不在知识改变命运,而是改变社会,拯救民族与国家。因此,即使做了校长,有了名声,依然不营产业,倾力办学;即使成了教育界的"长沙王",也没有躺在功劳簿上,还要出国留学做"老学生",到欧洲去寻求救国救民的真理。[①] 匡双林指出,徐特立还在中央苏区办"识字班""训练班",再办"列宁小学""列宁师范""农业学校"等,担任中央苏区的教育委员,是名副其实的"教育一把手"。徐特立一生都勤奋好学,始终用自己的一言一行一课去影响学生。后来,毛泽东在给徐特立的信中说:"你是我二十年前的先生,你现在仍然是我的先生,你将来必定还是我的先生。"[②] 与其说是时代给了徐特立越来越宽阔的舞台,不如说是他以独特的胆识才学和强烈的家国情怀开辟了一片崭新的天地,从而将自己与时代紧密相连,通过推动教育转型,助力一代青年的成长,为更宏大、更深远的中国革命准备力量。

王欣悦认为,徐特立在系统学习马克思主义理论、总结教育实践的基础上,提出要对青年进行辩证唯物主义宇宙观教育、革命理想教育、国民公德教育、个性人格教育等德育观点,并创造性地运用言传身教、实践锻炼、学科德育、批评与自我批评等德育方法。新中国成立之时,徐特立已年近古稀,担任中央人民政府委员,全国人大常委会委员,中共第七、第八届中央委员等职,仍然积极探索新中国教育事业发展道路,积极探索德育理论。纵观徐特立的一生,不管境地如何艰难,他从未放弃过对人民教育事业的热忱,他将德育理念付诸实际,形成了极为丰富的德育理论。进入新时代,研究徐特立的德育思想,对于21世纪中国教育事业的发展,具有一定的理论价值和现实意义。[③]

[①] 蒋纯焦:《乡村青年如何逆袭为时代弄潮儿?——试论徐特立与近代湖南教育转型》,《湖南第一师范学院学报》2023年第10期。
[②] 匡双林:《特立独行的"办学王"》,《科教新报》2023年5月17日。
[③] 王欣悦:《徐特立德育思想及其当代价值研究》,硕士学位论文,内蒙古师范大学,2022年。

第七章　当代价值：湖湘文化融入现代化新湖南建设

2023年，湖南省委、省政府将县域普通高中"徐特立项目"列为年度省重点民生实事项目之首。这是湖南继芙蓉学校之后用心、用情、用力打造的又一教育"名片"。以徐特立先生的名字来命名这个项目，正是要激励项目学校并示范带动全省广大普通高中学校，在办学过程中传承和践行徐特立的教育理念和教育思想，办让全省人民群众更加满意的高中教育，也是让徐特立这张"湖南教育名片"历久弥新。

该项目计划用2年时间支持100所县域普通高中开展标准化建设，计划投资总额35.73亿元，新增公办学位60480个，打造县域普通高中高质量发展新标杆。2023年6月，100所"徐特立项目"学校建设名单正式出炉。项目覆盖全省，在现有县域普通高中的基础上，由各地从实际需求出发自行选择确定"徐特立项目"建设内容。新建项目统一命名为"特立教学楼""特立科教楼""特立体艺馆""特立图书馆"等，统一建筑风貌设计、功能设计，统一标识，确保项目建筑既与学校风貌相协调，又体现"徐特立项目"的品质。截至11月底，已有81所开工建设。预计2024年将全部建成投入使用。

按照省教育厅要求，"徐特立项目"学校不仅要建好，还要办好，办出质量、办出特色、办出水平。湖南省将通过持续实施"互联网+"教育应用基础全覆盖工程，推动县域普通高中教育数字化转型；加强学校标准化建设，逐步打破高中办学质量城区强、县域弱的格局，从根本上解决优质教育资源总体不足与人民群众期望"上好学"的矛盾；健全县中教师培养和管理机制，开展"徐特立项目"名师、名校长高端研修培训，不断提升县中校长、教师素养和能力，推动县域普通高中整体提升办学水平和办学质量。[①]

民生是人民幸福之基、社会和谐之本。"民之所盼，我必行之"。湖南省委、省政府推进"徐特立项目"，就是要通过项目引领，改善办学条件，提高办学质量，扩大优质公办高中教育资源供

[①] 《湖南"徐特立项目"学校开建81所》，《湖南日报》2023年11月27日。

给，打造县域普通高中高质量发展新标杆，让老百姓教育获得感的成色更足。①

为了继承和发扬老一辈无产阶级革命家、教育家的革命精神，弘扬湖南尊师重教的优良传统，促进教育改革与发展，鼓励广大教师终生献身新时代教育事业，湖南省人民政府特设立"湖南省徐特立教育奖"。该奖为全省教育教学最高奖。2022 年 11 月，湖南省人民政府办公厅印发新修订的《湖南省徐特立教育奖评选办法》。② 通过教育奖评选，奖励了一批常年扎根教学一线、为人师表、甘于奉献，把对教学的热情和对学生的关爱融为一体，始终把教书育人放在工作首位的教师；树立了一批科教战线教学成果丰硕，带头参与教学改革，致力于推进科教融合发展的先进典型；继承发扬了徐特立先生的教育思想。

四　实事求是思想与湖湘文化的关系研究

毛泽东在《改造我们的学习》中曾对"实事求是"作出了科学的阐释："'实事'就是客观存在着的一切事物，'是'就是客观事物的内部联系，即规律性，'求'就是我们去研究。"③ 以毛泽东为代表的中国共产党人在革命和建设过程中，将马克思主义基本原理同中国具体实际相结合，逐步确立了党的实事求是思想路线。党的十八大以来，习近平总书记就实事求是发表了一系列重要论述，他指出："实事求是，是马克思主义的根本观点，是中国共产党人认识世界、改造世界的根本要求，是我们党的基本思想方法、工作方法、领导方

---

① 张春祥:《"徐特立项目"打造湖南县域普通高中高质量发展新标杆》，《湖南日报》2023 年 6 月 16 日。

② 《湖南省人民政府办公厅关于印发〈湖南省徐特立教育奖评选办法〉的通知》，《湖南省人民政府公报》2022 年第 21 期。

③ 《毛泽东选集》第 3 卷，人民出版社 1991 年版，第 801 页。

法。"① 实事求是思想成为马克思主义中国化的典范，生动地体现出"两个结合"的内涵。论及这一重大思想理论的形成，不能忽略注重经世致用的湖湘文化在其中的作用。

唐珍名继启动国家社科基金特别委托项目"湖湘文化涵育实事求是思想路线的理论探源研究"之后，陆续推出此课题的阶段性成果。他和彭清萍的《论习近平对实事求是思想路线的原创性贡献》一文，着重从三个方面分析了习近平总书记如何丰富和发展党的实事求是思想路线的内涵，包括确立实事求是思想路线策源地，将实事求是升华为中国共产党人的核心价值观以及把实事求是作为推进新时代中国特色社会主义事业的生命线。文中谈到岳麓书院是实事求是思想路线的策源地。其一，经世致用、实事求是的治学精神一直是这座千年学府的优良传统，它影响了三湘大地的士风民风，并孕育出王船山、魏源、曾国藩、杨昌济等大批岳麓先贤。岳麓书院于 1917 年改制为湖南公立工业专门学校，校长宾步程将"实事求是"确立为校训，且题写"实事求是"的匾额悬挂在岳麓书院讲堂。其二，岳麓书院经世致用、实事求是的治学精神对毛泽东影响极为深刻。这不仅因为毛泽东曾多次寓居岳麓书院，更重要的是书院的学风塑造了青年毛泽东一切从实际出发的文化性格，使其在治学态度、思想方法、社会抱负、理想志向等方面，都打下了注重实践、讲究实用的湖湘烙印。该文提到毛泽东在《讲堂录》中就记载了杨昌济的很多讲课内容，不少涉及岳麓书院历代先贤及其经世务实的观念，如杨昌济讲授《船山学》和曾国藩务实思想后的心得。②

毛泽东提出并不断发展实事求是思想，以之指导中国的革命和建设事业，亦是今日持续深化实事求是思想的重要源泉，探讨毛泽东实事求是思想的内涵、历史及其当代价值显得尤为必要。倪志安从方法论的维度对毛泽东"实事求是论"进行解读，论及"从实际出发"

---

① 《十八大以来重要文献选编》（上），中央文献出版社 2014 年版，第 695 页。
② 唐珍名、彭清萍：《论习近平对实事求是思想路线的原创性贡献》，《湖南大学学报》（社会科学版）2023 年第 2 期。

的方法、"从实事中求是"的方法以及"求知行合一'是'"的方法，详细地分析了上述三种方法的基本内容和运用各方法时应注意的问题，有助于把握毛泽东"实事求是论"并在实践中落实这些方法从而使之真正地发挥指导作用。①

包志国认为毛泽东之所以对实事求是有深刻的认知，与毛泽东青年时期所处的时代背景、地域环境及成长阅历等密不可分，他从求学经历、社会实践及革命斗争几个层面探究了毛泽东实事求是思想发展和形成的历史轨迹。在求学经历上，包志国结合东山学堂的办学定位、育人理念及思想氛围等因素，指出青年毛泽东在东山学堂时已逐渐受到湖湘文化中务实精神和实事求是学风的初步熏陶。后来毛泽东到省立图书馆自修及进入湖南第一师范学习，由此奠定了实事求是思想的知识根基，尤其是第一师范《教养学生之要旨》、杨昌济和徐特立等名师的教导、王船山及曾国藩等湖湘学者的著述对毛泽东影响极大。包志国强调毛泽东的可贵之处还在于并未让"实事求是"停留在思想层面而是将其运用于具体的社会实践活动。他述及毛泽东通过假期游学了解社会实情，通过创办新民学会以探寻改造社会的办法，通过开展新村建设去谋求一种理想的社会组织，做到了理论联系实际、用实践检验理论以及在实践中不断寻找符合实际的方式方法。这种精神同样体现在毛泽东领导或参加的革命斗争中，如发动"驱张运动"、参与中国共产党的创建、创立井冈山革命根据地，最终找到适合中国国情的革命道路。包志国总结道："从 1910 年到 1927 年，这十七年是青年毛泽东实事求是思想形成的关键时期，他所接受的湖湘文化经世致用理念，他所受到的新式教育，他身体力行的社会实践，他所经历的革命斗争，等等，已熔铸进他的生命，奠定起他实事求是的思想基础。"② 可见，在毛泽东实事求是思想形成的历程中，湖湘

---

① 倪志安：《毛泽东"实事求是论"的方法论分析》，《嘉兴学院学报》2022 年第 1 期。
② 包志国：《青年毛泽东的实事求是思想进路探赜》，《湖南第一师范学院学报》2022 年第 5 期。

第七章 当代价值：湖湘文化融入现代化新湖南建设

大地是一个重要的场所，湖湘文化是不可或缺的因素。

王波的《毛泽东实事求是思想及当代价值研究》不仅剖析了毛泽东实事求是思想形成的理论基础与实践基础、形成阶段、思想内涵，而且对毛泽东实事求是思想的当代价值进行了阐述。此文认为毛泽东实事求是思想在中国特色社会主义社会具有重要理论价值。基于毛泽东实事求是思想，以邓小平为主要代表的中国共产党人开创了中国特色社会主义理论，江泽民、胡锦涛领导中国共产党人深化发展了中国特色社会主义理论，以习近平同志为核心的党中央推动中国特色社会主义理论守正创新。文中还指出毛泽东实事求是思想经过历史的发展不断被赋予新的内容，并在新时代中国特色社会主义建设过程中发挥着指导作用。具体而言，其实践价值表现在四个方面：面对新挑战坚持大兴全党调查研究，始终坚持"以人民为中心"价值取向，正确认识新时代主要矛盾以及为新时代党员干部做好工作提供了根本遵循。[1] 张东霞亦十分关注毛泽东实事求是思想的当代价值，强调研究其当代价值应实现从理论前提到现实行动的转化，以毛泽东实事求是思想为前提，科学地分析当今时代的特征，正确认识中国式现代化的发展规律并最终完成中华民族伟大复兴。[2] 以上相关研究显示无论是推进中国特色社会主义事业，还是建设现代化新湖南，都需要在实践中不断挖掘毛泽东实事求是思想的当代价值。

---

[1] 王波：《毛泽东实事求是思想及当代价值研究》，硕士学位论文，延安大学，2023年。
[2] 张东霞：《毛泽东实事求是思想及其当代价值》，硕士学位论文，辽宁大学，2023年。

附录一　2022—2023年湘学研究大事记

一　"湖湘文化与中华文化道统"学术研讨会在岳麓书院举办

2023年11月16日，"湖湘文化与中华文化道统"学术研讨会在湖南大学岳麓书院举行。本次研讨会由中共湖南省委宣传部、湖南省新闻出版局指导，湖南大学、湖南出版投资控股集团有限公司、中南出版传媒集团股份有限公司主办，湖南大学岳麓书院、湖南岳麓书社有限责任公司承办。来自中国社会科学院、北京大学、清华大学、复旦大学、中山大学、同济大学、湖南大学等高校和科研机构的30余位嘉宾和专家学者参会。围绕"湖湘文化与中华文化道统"主题，与会嘉宾和专家学者展开研讨，探讨湘学精神，以更好地传承中华优秀文化，助力中国特色社会主义文化建设和中华民族现代文明建设。杨天石、万俊人、王兴国、郑佳明、唐浩明、朱汉民、郑大华等20余位特邀专家围绕"湖湘文化与中华文化道统"这一主题，从湖湘文化的起源、形成与发展，湖湘文化的内涵、特征和表现，湖湘文化与湖南的风土人情，湖湘文化与湘湘学人的精神，湖湘文化与中华文化的学统、道统，湖湘文化对中华文化发展的影响，湖湘文化的重要性及其创造性转化和创新性发展等方面展开发言与讨论。

二 "湘鄂川黔革命根据地历史价值与新时代乡村振兴"研讨会在湖北恩施召开

2023年9月21日，由中央党史和文献研究院第二研究部与中共湖北省委党史研究室、中共湖南省委党史研究院、中共四川省委党史研究室、中共贵州省委党史研究室、中共重庆市委党史研究室、中共恩施州委、恩施州人民政府联合主办的"湘鄂川黔革命根据地历史价值与新时代乡村振兴"研讨会在湖北恩施召开。本次研讨会共收到来自全国各地各界的论文240余篇，经过严格评审，最终有72篇优秀论文入选。全国各地党史和文献部门、党校、社科院、高校的专家学者，以及红二、六军团亲属代表100余人参加会议。与会同志围绕湘鄂川黔革命根据地创建发展与历史地位、根据地历史人物与革命精神、红色资源开发利用与新时代乡村振兴等专题，进行了深入研讨和广泛交流。

三 "新时代舜文化与诚信社会建设"学术研讨会在宁远县召开

2023年6月17日，由中国商业文化研究会、湖南省舜文化研究会、湖南省总商会、湖南省九嶷山舜帝陵基金会主办的"新时代舜文化与诚信社会建设"学术研讨会在宁远县召开，来自北京、武汉、广东、广西和湖南省内的80余名专家学者与会。会议重提"舜帝是中华商业文化始祖"的观点，围绕"新时代舜文化与诚信社会建设"主题进行了深入探讨。

四 "第十三届湖南省社会科学界学术年会"专场报告会暨"增强中华文明传播力影响力与舜文化"学术研讨会在永州市宁远县举办

2023年9月25日,"第十三届湖南省社会科学界学术年会"专场报告会暨"增强中华文明传播力影响力与舜文化"学术研讨会在永州市宁远县成功举办。与会专家学者围绕"增强中华文明传播力影响力与舜文化"主题分三个会场开展研讨。与会专家学者从多角度深入探讨了舜文化与中华文明的精神标识、舜孝故事传播、中国形象传播与舜文化、文明交流互鉴与舜文化、舜文化的创造性转化和创新性发展等问题。

五 纪念屈原逝世2300周年"屈原精神及时代价值"学术研讨会在汨罗市举行

2023年6月21日,纪念屈原逝世2300周年"屈原精神及时代价值"学术研讨会在汨罗市举行。研讨会由中国社会科学院文学研究所、湖南省社会科学院(省政府发展研究中心)、湖南省文化和旅游厅、中国屈原学会、中共岳阳市委、岳阳市人民政府主办,中共岳阳市委宣传部、中共汨罗市委、汨罗市人民政府承办,中南大学人文学院协办。来自全国各地的60余名专家学者参会,围绕屈原精神及时代价值、屈原的人格范式研究、文化寻根、屈原的知识结构与教育思想等多方面进行研讨,让屈原精神在新时代焕发新生机。

六 "中华孔子学会 2023 年会暨纪念张栻诞辰 890 周年"学术研讨会在岳麓书院举办

2023 年 9 月 16—17 日，"儒家的人文主义、意义世界与实践智慧——中华孔子学会 2023 年会暨纪念张栻诞辰 890 周年学术研讨会"在湖南大学岳麓书院召开。来自北京大学、清华大学、中国人民大学、北京师范大学、中国社会科学院等高校与科研院所的近百名专家学者参会。会议由中华孔子学会、湖南大学、中华孔子学会张栻与湖湘文化研究专业委员会主办，湖南大学岳麓书院、北京语言大学中国文化发展研究中心、浙江省浙学传承与地方治理协同创新中心（浙江师范大学）、江西省朱子文化协同创新中心（上饶师范学院朱子学研究所）承办，张浚张栻思想研究会协办。此次学术研讨会是深入落实习近平总书记来校考察重要讲话精神，践行中华优秀传统文化进行创造性转化与创新性发展时代任务的具体体现。研讨会聚焦儒家思想及其传播转化的重大问题进行深入交流，必将进一步深化张栻与湖湘文化研究，推动湖南大学的中国史、哲学学科建设不断迈上新的台阶。

七 "左宗棠思想文化与湖湘精神"研讨会在湖南省湘阴县举行

2022 年 12 月 10 日，"左宗棠思想文化与湖湘精神"研讨会在湖南省湘阴县举行，会议由中国社会科学院近代史研究所、湖南省社会科学院（湖南省人民政府发展研究中心）和中共岳阳市委、岳阳市人民政府共同主办。中国社会科学院近代史研究所党委书记金民卿指出，在近代中国人对现代化的探索中，左宗棠是一个不可忽视的历史人物。我们在新的历史条件下研究左宗棠，就是要树立大历史观，贯通历史、现实和未来，更好地从他的实践、经历、思想、成功与失败中获得历史启示，更好地洞悉历史发展规律，把握历史发展大势。湖南省社会科学院（湖南省人民政府发展研究中心）党组书记、院长（主任）钟君指出，纵观左宗棠的一生，其经世致用思想、防御思想、洋务思想，凝结成以爱国主义为核心的民族主义精神。他有三种难得的精神和品格，值得我们继承和发扬。一是铁骨铮铮，坚决捍卫国家主权和领土完整，彰显了强烈的爱国主义精神。二是自主自强，积极主动兴办洋务，凸显了经世致用和与时俱进的创新精神。三是严于律己、严管家人，凝铸了清正廉洁的人格风范。国家清史编纂委员会常务副主任马大正研究员指出，左宗棠在新疆局势危急之际，毅然率军西征、平息外忧、底定新疆，为捍卫国家统一、边疆稳定作出了重要贡献。左宗棠是湖湘精神的传承与弘扬者，他的开放创新思想对中国近代化有着重大影响，他最大的闪光点是爱国主义精神。

八 "毛泽东党建思想及在株洲的早期革命实践"学术研讨会暨中国中共文献研究会毛泽东思想生平研究分会 2022 年年会在湖南株洲举行

2022 年 9 月 5—6 日，由中央党史和文献研究院第二研究部、中国中共文献研究会毛泽东思想生平研究分会、中共湖南省委党史研究院、中共株洲市委、株洲市人民政府联合主办的"毛泽东党建思想及在株洲的早期革命实践"学术研讨会暨中国中共文献研究会毛泽东思想生平研究分会 2022 年年会在湖南株洲举行。全国人大外事委员会委员、毛泽东思想生平研究分会第二届会长陈晋出席会议并作第二届理事会工作报告和学术研讨会主题报告。湖南省人大常委会党组成员、副主任，省总工会主席周农出席会议并讲话。来自中央党史和文献研究院、中国井冈山干部学院、中国延安干部学院、中国社会科学院、军事科学院、地方党史和理论研究部门、中山大学以及韶山毛泽东同志纪念馆等单位的近百名专家学者参加会议。与会代表深入学习贯彻习近平新时代中国特色社会主义思想，紧紧围绕"党的建设""株洲星火""思想寻踪"三个专题，对毛泽东党建思想的历史地位及当代价值、毛泽东在株洲的早期革命实践及重大意义等问题进行了深入研讨。

中央党史和文献研究院第二研究部主任、中国中共文献研究会秘书长、毛泽东思想生平研究分会第三届会长李颖主持会议。会议期间，召开了毛泽东思想生平研究分会第三次会员代表大会暨第三届理事会第一次会议，选举产生了新的理事会成员及领导机构成员。

九 "第五届毛泽东著作及版本"研讨会在湖南韶山举行

2023 年 7 月 1 日，由毛泽东哲学思想研究会、教育部人文社科重点研究基地湘潭大学毛泽东思想研究中心、湖南省韶山管理局韶山毛泽东图书馆联合举办的"第五届毛泽东著作及版本"研讨会在韶山召开。来自高校、研究机构以及媒体单位的 100 余名专家学者，围绕"毛泽东调查研究著作及版本研究"主题展开深入研讨，探讨了毛泽东调查研究著作具有的极端重要性。

十 "中国式现代化视野中的毛泽东研究"国际学术研讨会在韶山举办

2023 年 12 月 2—3 日，"中国式现代化视野中的毛泽东研究"国际学术研讨会在韶山举办。本次研讨会由毛泽东哲学思想研究会、教育部人文社科重点研究基地湘潭大学毛泽东思想研究中心、湖南省韶山管理局韶山毛泽东同志纪念馆、湖南省社会科学院马克思主义研究院、中国深圳·民族精神与中国发展研究中心联合举办。本次研讨会也是毛泽东哲学思想研究第30次年会、第十六届全国"毛泽东论坛"。来自中共中央党校、中央党史和文献研究院、中国社会科学院、中国人民解放军军事科学院、国防大学、北京大学、清华大学、中国人民大学、武汉大学、中山大学、南京大学、山东大学、美国伊利诺伊卫斯理大学、美国奥本大学、美国得克萨斯大学、日本筑波大学、英国安格利亚鲁斯金大学、希腊伯罗奔尼撒大学等高校和科研机构,中共一大纪念馆、杨开慧纪念馆、刘少奇同志纪念馆、湖南省党史陈列馆等革命纪念场馆,以及《人民日报》《毛泽东邓小平理论研究》《中国党政干部论坛》《毛泽东研究》等媒体的150多位学者、代表,围绕研讨会主题展开深入研讨。与会学者认为,毛泽东作为马克思主义中国化时代化的伟大开拓者,初步探索出适合中国特点的社会主义道路,以深邃的思考和前瞻的眼光,为中国式现代化作出了不可磨灭的历史贡献。

十一 "毛泽东与中国的现代化探索
——纪念毛泽东同志诞辰130周年"
学术研讨会在韶山举行

2023年12月22日,由湖南省委、省政府主办的"毛泽东与中国的现代化探索——纪念毛泽东同志诞辰130周年"学术研讨会在韶山举行。湖南省委副书记李殿勋出席会议并讲话,全国人大外事委员会委员、中央党史和文献研究院原副院长柴方国作主旨发言。湖南省委常委、省委宣传部部长杨浩东主持研讨会,中央党史和文献研究院、中国人民革命军事博物馆等单位特邀嘉宾以及湖南省内社科理论界近百名专家学者出席。

十二　中共中央举行纪念毛泽东同志 诞辰 130 周年座谈会

2023 年 12 月 26 日，中共中央在人民大会堂举行座谈会，纪念毛泽东同志诞辰 130 周年。中共中央总书记、国家主席、中央军委主席习近平发表重要讲话。他强调，毛泽东同志是伟大的马克思主义者，伟大的无产阶级革命家、战略家、理论家，是马克思主义中国化的伟大开拓者、中国社会主义现代化建设事业的伟大奠基者，是近代以来中国伟大的爱国者和民族英雄，是党的第一代中央领导集体的核心，是领导中国人民彻底改变自己命运和国家面貌的一代伟人，是为世界被压迫民族的解放和人类进步事业作出重大贡献的伟大国际主义者。毛泽东思想是我们党的宝贵精神财富，将长期指导我们的行动。对毛泽东同志的最好纪念，就是把他开创的事业继续推向前进。

中共中央政治局常委李强、赵乐际、王沪宁、丁薛祥、李希，国家副主席韩正出席座谈会，中共中央政治局常委蔡奇主持座谈会。

十三　全国纪念毛泽东同志诞辰 130 周年 学术研讨会在北京举行

2023 年 12 月 26—28 日，全国纪念毛泽东同志诞辰 130 周年学术研讨会在北京举行。中共中央政治局常委、中央书记处书记蔡奇出席开幕式并讲话。他强调，要深入学习贯彻习近平总书记在纪念毛泽东同志诞辰 130 周年座谈会上的重要讲话精神，深切缅怀毛泽东同志的丰功伟绩，传承弘扬毛泽东同志的光辉思想和崇高精神风范，弘扬伟大建党精神，坚定历史自信，潜心钻研、不懈求索，用研究新成果、学术新进步、理论新创造，为以中国式现代化全面推进强国建设、民族复兴伟业作出新的更大贡献。中共中央政治局委员、中宣部部长李书磊主持会议。会议入选论文100余篇，集中反映了近年来毛泽东生平和毛泽东思想研究成果，来自全国各地的150多位专家学者在会上进行学术交流。

十四 "毛泽东的诗词观"研讨会在北京召开

为纪念毛泽东同志诞辰130周年，深切缅怀毛泽东同志的丰功伟绩、精神风范和文化贡献，"毛泽东的诗词观"研讨会2023年12月14日在北京召开。研讨会由中国毛泽东诗词研究会与中华诗词学会、中华诗词研究院、中国当代文学研究会、《诗刊》社等共同主办。中国毛泽东诗词研究会会长陈晋、中华诗词学会会长周文彰、中华诗词研究院院长杨志新、诗刊社社长李少君、中国当代文学研究会副会长陈福民出席。中国毛泽东诗词研究会副会长、中华诗词学会常务副会长林峰主持开幕式。研讨会共收到应征论文100多篇。有关专家、学者、入选论文作者代表等100多人到会。

十五 《向毛泽东同志学习辩证法》一书出版

为纪念毛泽东同志诞辰130周年，中共党史出版社策划、曲青山同志撰写的《向毛泽东同志学习辩证法》一书出版发行。本书收录了曲青山同志的11篇文章。文章围绕毛泽东同志的唯物辩证法思想、独立自主的原则和精神、反对自由主义、加强党员干部学习、反对官僚主义、正确认识和处理民族问题等进行了研究和阐释。同时，还对习近平总书记关于正确评价毛泽东同志的历史地位、坚持和发展毛泽东思想的重要论述谈了学习认识和体会。

十六 "毛泽东与中国农村、农民——纪念岳北农工会成立100周年"学术研讨会在湖南衡山召开

2023年9月15日，为缅怀毛泽东解决中国农村、农民问题所建立的丰功伟绩，纪念毛泽东和中共湘区区委领导下全国最早的工农联合组织——岳北农工会成立100周年，中国中共党史人物研究会、中共湖南省委党史研究院、湖南省农业农村厅、湖南省总工会在湖南衡山联合主办"毛泽东与中国农村、农民——纪念岳北农工会成立100周年"学术研讨会。中央马克思主义理论研究和建设工程咨询委员会委员、原中央党史研究室副主任（正部长级）龙新民，湖南省人大常委会副主任、湖南省总工会主席周农出席会议并讲话。中国中共党史人物研究会会长、中央党史和文献研究院原院务委员（副部长级）张树军出席会议并作主旨讲话。中国中共党史人物研究会副会长、原中央党史研究室副主任吕世光出席会议并作总结讲话。中国中共党史人物研究会副会长、西安交通大学原党委书记张迈曾主持开幕式。

来自中央党史和文献研究院、中央党校（国家行政学院）、中国社会科学院、全国总工会、军事科学院、地方党史和理论研究部门、武汉大学等高校的近百位专家学者参加会议。与会代表围绕毛泽东关于农村、农民问题的理论研究、实践探索及时代价值，岳北农工会的斗争特点、历史地位、经验启示及现实意义等问题进行了深入研讨。

十七 "纪念毛泽东同志才溪乡调查90周年"理论研讨会在福建龙岩召开

为纪念毛泽东同志才溪乡调查90周年，2023年8月18日上午，中国中共党史人物研究会、中共福建省委宣传部、中共福建省委党史

研究和地方志编纂办公室、中共龙岩市委在福建龙岩共同主办"纪念毛泽东同志才溪乡调查 90 周年"理论研讨会。

来自中央党史和文献研究院、中央党校（国家行政学院）、国防大学、军事科学院、地方党史和理论研究部门、中国人民大学等 40 多位专家学者参加会议。

十八　中国中共文献研究会刘少奇思想生平研究分会在浙江举办《共产党人的光辉榜样——刘少奇》专题展

为纪念刘少奇同志诞辰 125 周年，缅怀他为党和人民事业建立的不朽功勋，追思他为民族独立和人民解放、国家富强和人民幸福不懈奋斗的光辉生涯，学习和继承他的崇高精神风范，2023 年 5 月 9 日，中国中共文献研究会刘少奇思想生平研究分会、刘少奇同志纪念馆、中共满洲省委旧址纪念馆、南湖革命纪念馆联合主办的《共产党人的光辉榜样——刘少奇》专题展在浙江嘉兴正式开展。中国中共文献研究会会长、中央党史和文献研究院原院务委员张宏志出席仪式，并为展览揭幕。展览以习近平总书记关于刘少奇同志是"中国共产党人和中国人民学习的光辉榜样"重要论述为根本遵循，由"不忘初心、对党忠诚""坚持真理、实事求是""敢于担当、勇于创造""勤于学习、知行合一""心系人民、廉洁奉公"5 个部分组成，同时展出 55 件与刘少奇同志有关的文物和藏品。

来自中共浙江省委党史和文献研究室、中共嘉兴市委宣传部、嘉兴市广电文化旅游局、中共嘉兴市委党史研究室、沈阳市文化旅游和广播电视局、沈阳市文博中心、中共满洲省委旧址纪念馆、刘少奇同志纪念馆、南湖革命纪念馆等十余家单位的代表参加了开展仪式。

十九　刘少奇思想生平研究分会在沈阳举办《追寻刘少奇足迹——刘少奇纪念地联合展览》

为纪念刘少奇同志诞辰125周年，缅怀他为党和人民事业建立的不朽功勋，追思他为民族独立和人民解放、国家富强和人民幸福不懈奋斗的光辉生涯，学习和继承他的崇高精神风范，2023年7月25日，中国中共文献研究会刘少奇思想生平研究分会、湖南刘少奇同志纪念馆、中共满洲省委旧址纪念馆联合举办的《追寻刘少奇足迹——刘少奇纪念地联合展览》在辽宁沈阳正式开展。中国中共文献研究会会长、中央党史和文献研究院原院务委员张宏志同志出席开展仪式，第二研究部副主任、刘少奇思想生平研究分会会长费虹寰同志参加活动并讲话。展览以时间为线索，展出25件文物和159张图片，再现了刘少奇同志为中国革命和建设事业殚精竭虑、呕心沥血的一生，同时也集中展示了相关刘少奇同志纪念地的概况和风采。

来自中共辽宁省委党史研究室、中共沈阳市委党史研究室、沈阳市文化旅游和广播电视局、沈阳市文博中心、湖南刘少奇同志纪念馆、中共满洲省委旧址纪念馆、河南确山竹沟革命纪念馆、杨靖宇纪念馆等十余家单位的代表参加了开展仪式。

二十　"任弼时与党的建设"学术研讨会暨中国中共文献研究会任弼时思想生平研究分会第一次会员代表大会举行

2022年11月18日，经报中央党史和文献研究院领导批准，由中央党史和文献研究院第二研究部、中国中共文献研究会任弼时思想生平研究分会、中共江西省委党史研究室、中共赣州市委联合主办的"任弼时与党的建设"学术研讨会暨中国中共文献研究会任弼时思想生平研究分会第一次会员代表大会举行。会议采取现场会和视频会相结合的方式，主会场分别设在北京中央党史和文献研究院与江西省瑞金市。来自中央党史和文献研究院、地方党史和理论研究部门、南开大学，以及任弼时同志纪念馆等单位的一百多名专家学者参加会议。与会代表深入学习贯彻党的二十大精神和习近平新时代中国特色社会主义思想，紧紧围绕会议主题，对任弼时的党建思想与实践、任弼时对党的建设的历史贡献、任弼时党建思想和精神风范对新时代党的建设的启示等问题进行了深入研讨。

会议期间，召开了任弼时思想生平研究分会第一次会员代表大会暨第一届理事会第一次会议，选举产生了理事会和领导机构。

二十一 "赵必振与中国马克思主义早期传播"学术研讨会召开

2023年6月5日，由中央党史和文献研究院第四研究部、湖南省委党史研究院、湖南省中共党史人物研究会联合主办的"赵必振与中国马克思主义早期传播"学术研讨会在湖南省常德市鼎城区召开。中央党史和文献研究院第四研究部主任崔友平出席会议并致辞，湖南省委党史研究院院长胡振荣作主旨发言。来自全国各党史研究部门、高等院校、党校等机构的专家学者100余人参加了会议。本次研讨会共收到论文近百篇，经评审，共有58篇论文入选参会。与会专家学者围绕"马克思主义中国化时代化""马克思主义早期传播""赵必振生平与思想"等议题展开深入研讨交流。

二十二 "吕振羽与马克思主义史学"学术研讨会在邵阳召开

为深入开展习近平新时代中国特色社会主义思想主题教育，推进马克思主义史学研究、持续深化党史学习教育常态化，深入探讨吕振羽对马克思主义史学的重要贡献，弘扬吕振羽史学研究的科学精神及爱国主义的优良品质，2023年6月22—24日，"吕振羽与马克思主义史学"学术研讨会在邵阳召开。吕振羽是中国"马克思主义史学五老"之一，为中国马克思主义史学的创立作出了卓越的贡献。习近平总书记评价他是为我国当代哲学社会科学发展进行了开拓性努力的"名家大师"。本次学术研讨会由中国社会科学院近代史研究所、湖南省社会科学院、中共邵阳市委宣传部、邵阳学院联合主办，邵阳学院马克思主义学院承办，中共邵阳县委、邵阳县人民政府、中共邵阳市委党史研究室协办。来自中国社会科学院、中共中央党校、清华大学、吉林大学、华东师范大学、上海交通大学、西北大学、湖南大学、湖南师范大学、湘潭大学、湖南工业大学等30多所高校和科研机构的一大批著名专家、知名学者出席了研讨会。研讨会正式代表100余人，收到论文60多篇。

二十三 纪念"中国化工之父"范旭东诞辰140周年暨"科技自立自强、产业兴国报国"学术研讨会在湘阴县举行

2023年12月18日，纪念"中国化工之父"范旭东诞辰140周年暨"科技自立自强、产业兴国报国"学术研讨会在湘阴县举行。全国各地社科专家、学者代表等近百人齐聚湘阴，讲述范旭东科技自

强、实业报国的动人故事，助推范旭东自立自强的实干精神、实业图强的爱国精神、科学求实的创业精神、爱岗敬业的奉献精神在湘阴转化为高质量发展的澎湃动能。

二十四　"近代中国研究暨纪念林增平先生诞辰100周年学术研讨会"在湖南师范大学举行

2023年11月17—20日，由湖南师范大学和湖南省历史学会联合主办、湖南师范大学历史文化学院承办的"近代中国研究暨纪念林增平先生诞辰100周年学术研讨会"在湖南师范大学举行。林增平先生是我国著名历史学家、湖南师范大学原校长，一生致力于中国近代史研究和教学工作，取得了巨大的成就，尤其在辛亥革命史、中国民族资产阶级和湖湘文化等方面的研究更是蜚声海内外。林增平先生的道德文章和人品学问有口皆碑、海内同钦，堪称学界楷模、一代师表。

附录二 2022—2023 年湘学研究成果概览

一 湖湘文化通论

报刊论文

邓思洋：《贾谊谪长沙的思想变化及对湖湘文化精神的影响》，《文学艺术周刊》2023 年第 1 期。

傅秋涛：《湖湘古代哲学的三重面相》，《船山学刊》2022 年第 3 期。

胡振荣：《从湖湘红色家风中汲取清廉力量》，《新湘评论》2023 年第 22 期。

李桂梅、张翠莲：《新时代湖湘家风家训的培育》，《云梦学刊》2023 年第 5 期。

李林俊：《赓续湖湘廉脉 弘扬清风正气》，《湖南法治报》2022 年 8 月 11 日。

李珍珍、彭培根：《中国共产党人精神谱系的湖湘文化探源及时代赓续》，《湖南广播电视大学学报》2023 年第 3 期。

刘孝听：《湖湘家训家风的特色和影响》，《新湘评论》2023 年第 22 期。

罗婷、屈晓军：《有效提升湖湘红色文化引领力影响力传播力》，《湖南日报》2023 年 10 月 23 日。

王继平、王凯丽：《湖湘文化的流域视角》，《湘潭大学学报》（哲学社会科学版）2022 年第 1 期。

王学文：《湖湘文化中德廉洁基因家国情怀》，《新湘评论》2023 年第 22 期。

王泽应：《中华文明体系中的湖湘文化及其独特贡献》，《毛泽东研究》2023 年第 5 期。

吴争春、陈英：《伟大建党精神中的湖湘文化基因》，《湖南省社会主义学院学报》2023 年第 5 期。

谢承新：《让红色文化助力湖南高质量发展》，《新湘评论》2023 年第 16 期。

谢孝明：《道术的传承与发抒：湖湘文化精神与湖南士人廉而有为的内在逻辑理路》，《地域文化研究》2022 年第 5 期。

寻霖：《〈四库全书总目〉于湖南人著述失误举例》，《图书馆》2022 年第 11 期。

曾慧琳：《论湖湘文化与湖南现代话剧作家的浪漫笔致》，《湖南工业大学学报》2022 年第 2 期。

赵廷斌：《惟楚有材，于斯为盛——试析"一部近代史，半部湖南书"的形成》，《佳木斯大学社会科学学报》2022 年第 2 期。

郑佳明：《湖湘文化的三重属性》，《新湘评论》2023 年第 14 期。

周聪伶：《湖湘文化赋能湖南文旅融合的实践路径》，《新湘评论》2022 年第 22 期。

周亮、莫淼鑫：《用好红色家风这个"传家宝"》，《新湘评论》2022 年第 4 期。

周秋光、金楠娟：《从湖湘文化看习近平关于中华文明的"五个突出特性"》，《湖南省社会主义学院学报》2023 年第 5 期。

朱汉民：《湖湘文化在中华文化中的地位》，《新湘评论》2023 年第 14 期。

朱有志：《充分发挥好利用好湖湘文化的当代价值》，《新湘评论》2023 年第 14 期。

硕博论文

侯美华：《新媒体环境下湖湘红色文化传播研究》，硕士学位论文，西南大学，2022年。

二 濂溪学研究

图书著作

王晚霞编著：《日本濂溪志》，岳麓书社2022年版。

报刊论文

冯晓庆：《周敦颐与朱熹对〈复〉诠释的异同》，《合肥学院学报》（综合版）2022年第4期。

郎嘉晨：《〈太极图说〉"圣人定之以中正仁义"句探微——从朱学的视角看》，《船山学刊》2023年第5期。

刘舫：《回到理学之前：周敦颐"主静"说的思想史意义》，《云南大学学报》（社会科学版）2022年第6期。

吕箐雯：《双重视域下〈通书〉之"无为"与"诚"关系探析》，《船山学刊》2022年第6期。

彭欢：《周敦颐在郴州的仕宦经历考释》，《湘南学院学报》2023年第4期。

尚荣：《周敦颐的诗文观及其哲理意蕴》，《湖南科技大学学报》（社会科学版）2023年第6期。

孙娜：《志伊尹之志，学颜子之所学——周敦颐教育思想论述》，《湘南学院学报》2023年第4期。

汤元宋：《周程授受说的回顾与再探——以〈颜子所好何学论〉为中心的考察》，《哲学研究》2023年第9期。

王宁：《唐宋儒学形上建构与文道关系的演变——以韩愈、周敦颐为中心的考察》,《人文天下》2023年第4期。

王晚霞:《韩国儒学的图说学与周敦颐的〈太极图〉》,《东南学术》2023年第1期。

魏鹤立:《诚体与动静:再论周敦颐对理学的奠基——以〈通书〉为中心的讨论》,《船山学刊》2022年第1期。

杨抒漫:《周敦颐"礼先而乐后"思想诠释史谫论》,《淮北师范大学学报》(哲学社会科学版)2023年第5期。

袁传志:《"原始反终"与周敦颐〈太极图〉构建的"复归逻辑"》,《延安大学学报》(社会科学版)2023年第5期。

袁传志:《论周敦颐"太极"和"诚"关系的二重性及其逻辑展开》,《理论界》2022年第8期。

翟奎凤、曲斌:《论周敦颐〈通书〉之"神"——以朱子、牟宗三为中心的讨论》,《周易研究》2022年第4期。

赵云云:《由儒道融合视角观周敦颐的动静论》,《合肥学院学报》(综合版)2023年第1期。

周欣、陈安民:《"心性义理之精微":周敦颐思想学说的旨趣》,《湘南学院学报》2022年第6期。

硕博论文

梁春杏:《周敦颐的廉政人格研究》,硕士学位论文,广西民族大学,2023年。

三 湖湘学研究

图书著作

陈谷嘉:《张栻传》,天地出版社2022年版。

报刊论文

包佳道:《话语共同体视域下胡寅道学思想探析》,《安徽警官职业学院学报》2022 年第 3 期。

陈代湘、孟玲：《胡安国对佛教思想的吸收与批判》，《湖南大学学报》（社会科学版）2022 年第 2 期。

陈力祥、汪美玲：《胡安国的"尊君强本"政治伦理思想》，《衡阳师范学院学报》2022 年第 1 期。

陈力祥、汪美玲：《胡宏体用视域下的心与性为一抑或为二之歧见辨驳》，《石河子大学学报》（哲学社会科学版）2022 年第 4 期。

陈明：《天人之学与心性之学的紧张与分疏——文明论范式中的湖湘学与理学关系之厘定》，《原道》2022 年第 2 期。

陈仁仁：《"太极"义演变视域中的张栻太极观》，《天府新论》2022 年第 3 期。

冯梦娜、冯小禄：《朱张书信往还中的"四书学"思想交流考论》，《玉溪师范学院学报》2023 年第 2 期。

郭敬东：《理学政治之维的开显：论胡宏治道思想及其生成意义》，《吉林师范大学学报》（人文社会科学版）2022 年第 2 期。

贾超：《朱熹与湖湘学派"察识""涵养"先后之辩的原因探析》，《上饶师范学院学报》2022 年第 5 期。

乐爱国：《朱熹、张栻解〈孟子〉"王何必曰利？亦有仁义而已矣"之比较》，《湖南大学学报》（社会科学版）2022 年第 4 期。

李红辉：《胡宏"善不足以言性"释义辨析》，《人文天下》2023 年第 2 期。

李洁：《胡安国"夏时冠周月"与"四书"升格的隐喻》，《现代儒学》2022 年第 1 期。

李永华：《张栻的"传道"与"济民"》，《文史杂志》2023 年第 3 期。

林美茂、赵雯萱：《试论朱舜水与胡安国的〈春秋〉观之异同》，《云南大学学报》（社会科学版）2023 年第 4 期。

刘小勤：《湖湘学派的君主观探析》，《邵阳学院学报》（社会科学版）2022 年第 6 期。

孟玲：《胡宏"性本论"的佛学渊源探析》，《法音》2022年第10期。

秦行国：《延祐复科与胡安国〈春秋传〉的确立》，《教育与考试》2023年第2期。

田智忠：《论朱张"未发之说"之辨与"己丑之悟"的关联》，《中国哲学史》2023年第1期。

王佩琼：《胡安国〈春秋传〉宫灾经释特征》，《阴山学刊》2023年第3期。

王佩琼：《胡安国〈春秋传〉宗庙礼制之经世功用》，《齐齐哈尔大学学报》（哲学社会科学版）2023年第2期。

王越：《张栻诗词中的生态美学思想探析》，《新楚文化》2023年第12期。

吴冬梅：《张栻心学论》，《朱子学研究》2023年第1期。

徐建勇、耿子亮：《论胡安国〈春秋传〉为君角色的责任范式》，《中国哲学史》2022年第5期。

徐建勇、王成：《胡安国〈春秋传〉民本思想精义钩沉》，《孔子研究》2023年第5期。

徐鹏：《忠义与正统——张栻作〈汉丞相诸葛忠武侯传〉的缘由探析》，《内江师范学院学报》2023年第1期。

叶文举：《再论张栻〈诗经〉研究》，《船山学刊》2023年第1期。

曾维刚：《与道进退，淡乃其至：张栻的人生境界与诗歌书写》，《兰州大学学报》（社会科学版）2023年第2期。

张洪义：《胡五峰的双重"察识"说》，《哲学研究》2023年第7期。

张天杰、杨艳冰：《从"胡张"到"朱张"——以张栻为中心的湖湘学脉检视》，《地域文化研究》2023年第2期。

郑炜、石瑞霖：《胡寅民族关系思想初探》，《聊城大学学报》（社会科学版）2022年第6期。

朱汉民：《张栻的学统与道统》，《船山学刊》2023年第3期。

朱汉民：《胡宏道学体用论的双重意义》，《求索》2022年第3期。

硕博论文

胡蝶：《胡宏礼学思想研究》，硕士学位论文，湖南大学，2022 年。

庞博：《胡安国〈春秋传〉夷夏思想研究》，硕士学位论文，上海师范大学，2022 年。

秦行国：《胡安国〈春秋传〉在清代的遭际》，博士学位论文，湖南大学，2022 年。

杨蓉蓉：《性本论视域下胡宏理欲观研究》，硕士学位论文，兰州大学，2022 年。

四　船山学研究

图书著作

陈焱：《发现王夫之：晚清以来的船山升格运动》，上海人民出版社 2022 年版。

程志华：《宋明儒学之重构——王船山哲学文本的诠释》，武汉大学出版社 2022 年版。

报刊论文

蔡家和：《船山对〈论语〉"足食足兵"章之内圣外王诠释——以〈读四书大全说〉为依据》，《船山学刊》2022 年第 2 期。

昌柯杏：《朱子与船山对"絜矩之道"义理诠释之比较》，《衡阳师范学院学报》2023 年第 4 期。

常达：《文质论视域下的大同与小康——以王夫之为中心》，《中国哲学史》2023 年第 1 期。

陈红帅：《王船山道德贵我思想探论》，《船山学刊》2023 年第 2 期。

陈娟：《论叶朗对王夫之诗学意象思想的阐释》，《船山学刊》2022 年第 5 期。

陈莉：《意境理论中"情""景"内涵的特殊性——船山的情景论及其对构建意境理论的启示》，《湖南师范大学社会科学学报》2022年第6期。

陈力祥：《船山对朱子后学及阳明知行观之解构与重构》，《燕山大学学报》（哲学社会科学版）2022年第1期。

陈力祥：《船山人道思想探微》，《衡阳师范学院学报》2022年第5期。

陈力祥、陈平：《王船山于程朱对〈正蒙〉"清虚一大"诘难之驳正》，《中国哲学史》2022年第3期。

陈力祥、汪美玲：《朱子与船山对〈论语〉"子贡问政"章诠释之双重面向——兼论船山对朱子之驳异》，《朱子学研究》2023年第1期。

陈力祥、王可：《船山对朱子和阳明主体性思想的批判与重构》，《船山学刊》2022年第3期。

陈力祥、吴可：《船山对朱子、阳明"尽心知性"解之批判与重构》，《船山学刊》2023年第4期。

陈力祥、吴可：《何以行孝：王船山诚孝之"心"的逻辑展开》，《中原文化研究》2023年第5期。

陈力祥、颜小梅：《王船山衍〈老〉"机巧之术"以黜老正道摭论》，《老子学刊》2022年第1期。

陈明：《王船山对理学"气质之性"说的检讨与重释》，《哲学研究》2023年第8期。

陈明：《王船山对孟子大体、小体之辨与"践形"之学的重释》，《中国哲学史》2022年第5期。

陈焱：《晚清以来船山升格考论》，《船山学刊》2023年第1期。

陈勇：《王夫之诗学批评观与〈庄子〉"朝彻"之境》，《文学遗产》2022年第1期。

程兴丽：《王船山〈尚书稗疏〉解经思想管窥》，《古籍整理研究学刊》2022年第1期。

丁友芳、周群：《王船山诗以达情论的理论特质》，《中南大学学报》（社会科学版）2022 年第 4 期。

冯琳：《王船山格物致知论中的实证精神》，《江苏社会科学》2023 年第 4 期。

冯琳：《王船山实践观的湖湘学溯源》，《孔学堂》2023 年第 1 期。

高贵朋：《王夫之"太和"视域下的生态哲学思想》，《哈尔滨工业大学学报》（社会科学版）2023 年第 2 期。

高贵朋：《王夫之对理学概念的无神论诠释》，《科学与无神论》2022 年第 6 期。

高阳：《裕情——王夫之〈诗广传〉中的修养处世论》，《文艺理论研究》2023 年第 1 期。

龚悦、张喜贵：《出入于〈咏怀〉——王夫之拟阮诗探究》，《船山学刊》2023 年第 1 期。

韩贺舟：《王船山〈周易外传·序卦传〉卦序模式辨析》，《文化学刊》2023 年第 3 期。

何林军：《王夫之的苏轼阐释：中国古代阐释学的特殊个案》，《中国文学研究》2022 年第 4 期。

何小英、高卓亚：《王夫之对传统忠孝伦理下君臣关系的消解与重构》，《南华大学学报》（社会科学版）2022 年第 1 期。

何振、葛恒刚：《王夫之对明诗史的建构》，《南京师范大学文学院学报》2022 年第 1 期。

洪兆旭：《船山易学中的解释学循环——两端而一致的"几微"与"成象"》，《周易研究》2022 年第 3 期。

胡诗黎：《王夫之诗论中的镜喻》，《船山学刊》2022 年第 1 期。

黄天飞：《船山诗学的工匠话语》，《船山学刊》2023 年第 2 期。

乐爱国：《"义而可以利"：王夫之对程朱义利观的发挥》，《湖北大学学报》（哲学社会科学版）2022 年第 2 期。

李长泰：《船山公正思想天道依据的三层逻辑解析》，《衡阳师范学院学报》2023 年第 1 期。

李长泰：《王船山立制公正论的三层逻辑》，《哲学探索》2022 年第 1 期。

李长泰：《王船山人本伦理的本义建构》，《伦理学研究》2022 年第 4 期。

李长泰：《王船山人本思想地道依据的三层逻辑建构》，《船山学刊》2022 年第 6 期。

李长泰：《王船山人本思想天道依据的三层逻辑建构》，《衡阳师范学院学报》2022 年第 1 期。

李欢友：《王夫之"浑天说"的理学渊源》，《自然辩证法研究》2022 年第 6 期。

林鹄：《变法、党争与士大夫政治——王夫之的政治理论》，《湖北社会科学》2023 年第 8 期。

刘佳文：《王船山忠孝思想探析》，《衡阳师范学院学报》2022 年第 5 期。

刘龙：《王船山〈大学〉诠释中的"诚正相因"论探析》，《船山学刊》2023 年第 3 期。

刘元青：《试析王船山"因人以成天"的历史哲学》，《中国哲学史》2023 年第 3 期。

刘振华：《王船山公私观的主要内容及当代价值》，硕士学位论文，河南师范大学，2022 年。

刘治立：《王夫之的曹魏兴亡论》，《衡阳师范学院学报》2022 年第 5 期。

罗成：《王船山对〈管子〉"仓廪实则知礼节"的批判及其现代启示》，《船山学刊》2022 年第 2 期。

马萍萍：《朱熹与王船山的心性论之异同》，《衡阳师范学院学报》2022 年第 4 期。

马正应：《以乐为之骨子——船山乐论对先儒的继承和批判》，《贵阳学院学报》（社会科学版）2022 年第 6 期。

纳秀艳：《王夫之"诗象其心"诗学观》，《原诗》2022 年。

潘斌：《船山礼学的哲学基础与文化价值取向》，《船山学刊》2022 年第 1 期。

彭传华：《王船山对"事亲有隐"正当性的辩护及其拓展》，《道德与文明》2022 年第 4 期。

秦晋楠：《再论王夫之"诚意"工夫的特色及其与朱子和阳明的异同——以〈读四书大全说〉为中心》，《道德与文明》2023 年第 5 期。

曲柄烨：《王夫之"兴观群怨"说新探》，《文学教育》（下）2023 年第 4 期。

桑东辉：《中华民族共同体视域下的王夫之天下观和夷夏观》，《衡阳师范学院学报》2023 年第 4 期。

沈顺福：《性体理用关系论——以王夫之为中心》，《船山学刊》2023 年第 3 期。

宋志明：《王夫之与工具理性转向》，《船山学刊》2023 年第 1 期。

宋志明：《再次遇到王船山——兼评程志华教授〈宋明儒学之重构〉》，《燕山大学学报》（哲学社会科学版）2023 年第 5 期。

宋志明：《张载朱熹王夫之气学合论》，《孔子研究》2022 年第 6 期。

孙邦金、余辉：《王夫之的经子关系论》，《中国社会科学报》2022 年 7 月 5 日。

孙蓓蓓：《王夫之"自然"诗论之正情观》，《青年文学家》2022 年第 33 期。

孙钦香：《"心由性发"与"以心尽性"——船山以"思诚"论"尽心"》，《中国哲学史》2022 年第 3 期。

孙雪晴：《王夫之〈诗广传〉"馀裕"思想及其价值》，《衡阳师范学院学报》2023 年第 1 期。

谈天：《修己与治人——从朱熹与王夫之对絜矩之道的诠释说起》，《理论界》2023 年第 7 期。

谭媛元：《船山美学思想中的传统画学哲理与文化价值》，《美术文献》2022年第2期。

汪美玲：《王船山函三为一的生时尽孝思想》，《衡阳师范学院学报》2023年第1期。

王汗青：《"物物"与"用用"——以王船山〈庄子解〉为中心的考察》，《温州大学学报》（社会科学版）2022年第2期。

王浩淼：《试析王夫之视阈下的司马氏形象——兼论南明士绅对亡国的认识》，《商丘师范学院学报》2022年第4期。

王可：《船山对阳明心学生死观的批判与重构》，《衡阳师范学院学报》2023年第2期。

王林伟：《论船山的易学思想及其现象学意蕴》，《周易研究》2023年第4期。

王荣翠：《船山己物之辨的多重意蕴》，《衡阳师范学院学报》2022年第1期。

王文修：《王船山性情观下的礼论》，《哲学动态》2022年第6期。

王兴国：《走着一条否定之否定的道路——关于船山学术身份定性研究的历史回顾》，《船山学刊》2022年第2期。

王学锋、张梓烨：《王船山〈尚书引义〉的善政伦理思想及其现代镜鉴》，《南华大学学报》（社会科学版）2023年第4期。

王悦：《王夫之的"兴"论》，《广西科技师范学院学报》2022年第6期。

王泽应：《船山之道的理论特质及核心价值探论》，《船山学刊》2023年第4期。

王占彬：《身死而身之善不死：论王船山"存神以尽性"的修养论》，《安康学院学报》2022年第6期。

王铮：《王夫之选评杜诗研究》，《黄山学院学报》2022年第6期。

王志华：《王船山以"气"为视角的"君子小人"论》，《湘学研究》2022年第2辑。

王志俊：《形精不亏，反以相天——论王船山庄子学气化生死观》，《湖南师范大学社会科学学报》2022 年第 2 期。

吴根友、孙邦金：《尊经抑子，经子兼综——王船山的经子关系思想探论》，《社会科学战线》2023 年第 2 期。

吴国梁：《论王船山"人皆可以作圣"说》，《船山学刊》2022 年第 4 期。

吴戬：《试论王夫之〈唐诗评选〉的选评特征与教育价值》，《衡阳师范学院学报》2023 年第 2 期。

吴戬：《试论王夫之与钟嵘诗学之离合》，《衡阳师范学院学报》2022 年第 1 期。

吴晋先：《王夫之正统论与遗民生命意义的建构》，《船山学刊》2023 年第 1 期。

徐楠：《本质主义思维模式中的论说矛盾——王夫之诗歌批评学理疏失探析》，《清华大学学报》（哲学社会科学版）2023 年第 1 期。

许家星：《道之辩——以船山对双峰〈学〉〈庸〉解的评议为中心》，《华东师范大学学报》（哲学社会科学版）2023 年第 1 期。

许家星：《王船山对饶双峰分析之学的批判与吸收——以〈读四书大全说〉对饶双峰〈论语〉解之评为中心》，《南开学报》（哲学社会科学版）2022 年第 6 期。

寻霖：《船山湘籍师友著述及版本述录》，《船山学刊》2022 年第 5 期。

杨超、李萌：《从"两端"到"中和"：王船山性情思想重构中的价值转向》，《理论界》2023 年第 10 期。

杨超逸：《伦理世界中致知与力行的合一——道德的能力之知或动力之知争论的王船山方案》，《思想与文化》2022 年第 1 期。

杨抒漫、齐义虎：《论王船山对黄老道家的批评及其思想史意义》，《大连大学学报》2022 年第 5 期。

杨兴华：《诗史意识与船山诗学话语的独特性》，《衡阳师范学院学报》2022 年第 2 期。

杨延平：《从〈读通鉴论〉管窥晚年王夫之对贾谊形象的接受》，《船山学刊》2022 年第 6 期。

战智峰：《在人心与道心之间——论王夫之"兴观群怨"阐释中的政教因素》，《船山学刊》2023 年第 3 期。

张传友：《王夫之"实"情论美学的内在逻辑》，《鲁东大学学报》（哲学社会科学版）2022 年第 4 期。

张大为：《"以天道养人"：王船山论天人啮合与道德实践》，《学术界》2022 年第 1 期。

张伟：《船山诗学"情"范畴对明清尚情传统的批判继承》，《求索》2023 年第 4 期。

张伟：《属辞比事：王夫之〈楚辞通释〉的阐释原则与实践》，《文学评论》2022 年第 3 期。

赵阳：《王夫之对"见在良知"说的批判与转化》，《船山学刊》2022 年第 1 期。

钟志翔：《王船山批判"诚于伪"现象之疏解》，《船山学刊》2023 年第 3 期。

周广友：《从"知言"到"知道"——王船山论本体之知》，《齐鲁学刊》2023 年第 3 期。

周广友：《道与言：王船山与海德格尔的语言哲学略论》，《衡阳师范学院学报》2023 年第 4 期。

周广友：《从"本一"到"合一"：重思王夫之的天人关系论》，《中国哲学史》2022 年第 6 期。

周广友：《从"无心之感"到"治心、治民之道"：王船山的感应论论析——以〈周易〉咸卦为中心》，《衡阳师范学院学报》2022 年第 2 期。

周玉华：《王夫之对柳宗元诗歌接受情形探究——以〈唐诗评选〉为考察中心》，《湖南科技学院学报》2022 年第 4 期。

朱锋刚：《王夫之论荀子》，《中国社会科学报》2022年6月7日。

硕博论文

付彬：《王夫之人性的三个维度》，硕士学位论文，中南大学，2022年。

洪兆旭：《以"几微—成象"的诠释向度观解船山易学》，博士学位论文，山东大学，2022年。

汲容萱：《王船山理事观研究》，硕士学位论文，沈阳师范大学，2022年。

焦炯炯：《王夫之诗歌中的先秦文学资源研究》，博士学位论文，吉林大学，2022年。

林雪：《论王夫之的知行观》，硕士学位论文，黑龙江大学，2022年。

刘恒：《船山气本论易学哲学研究》，博士学位论文，河北大学，2022年。

罗淼：《决定论与非决定论的统一：王船山的历史哲学》，博士学位论文，山东大学，2022年。

谭小毛：《王船山天人思想研究》，硕士学位论文，安徽大学，2022年。

万莹：《从〈宋论〉看王夫之的历史观》，硕士学位论文，东北师范大学，2023年。

王任众：《王夫之"现量说"理论对体育审美的启示及其当代价值研究》，硕士学位论文，牡丹江师范学院，2023年。

王志立：《王夫之〈读通鉴论〉忧患意识探究》，硕士学位论文，云南师范大学，2022年。

徐潇鹏：《王船山〈庄子解〉天人观研究》，硕士学位论文，上海师范大学，2022年。

杨濛：《王夫之〈中庸〉诠释研究》，硕士学位论文，华中师范大学，2022年。

张一洲：《王夫之汉魏六朝五古批评研究》，硕士学位论文，辽宁大学，2023年。

赵阳：《王夫之对宋明理学的批判与发展》，博士学位论文，西北大学，2022年。

五 湘军集团研究

图书著作

徐志频：《左宗棠与李鸿章》，现代出版社2022年版。

报刊论文

邓江祁：《曾国藩治兵语录校勘研究——以蔡锷编〈曾胡治兵语录〉为例》，《湖南人文科技学院学报》2023年第3期。

董大亮、杨园园：《崇古纳新：左宗棠治理江苏》，《唯实》2022年第6期。

范丽娜：《美国学者眼中的曾国藩》，《人民论坛》2022年第2期。

韩策：《北洋南洋一线牵：甲午战后围绕直督与江督的政争》，《福建论坛》2023年第7期。

韩策：《"湘人江督格局"的形成与晚清政治》，《史林》2023年第1期。

胡长海：《超越汉宋：曾国藩道统思想的逻辑展开》，《船山学刊》2022年第2期。

胡长海：《崇实求理：罗泽南道统思想探讨》，《湘学研究》2022年第1期。

黄湛：《1840年代的京师学术圈与曾国藩治学的三次转向》，《安徽史学》2023年第4期。

李冬：《左宗棠"洋务引智"二三事》，《国际人才交流》2022年第4期。

李芳：《清军在新疆军事胜利与〈伊犁条约〉的签订》，《新疆地方志》2022年第1期。

李建江：《左宗棠佚诗》，《读书》2022年第8期。

李文君：《咸丰十一年胡林翼致毛鸿宾信札考释》，《湖南第一师范学院学报》2023年第5期。

李文君：《曾纪泽致李鸿裔未刊信札考释》，《湖南人文科技学院学报》2023年第3期。

李文君：《左宗棠致潘祖荫信札考释》，《湖南人文科技学院学报》2022年第2期。

李元鹏：《曾国藩、胡林翼、左宗棠作战思想合论》，《船山学刊》2022年第4期。

凌鹏：《"世变方殷"中的"礼学经世"演变史——兼论曾国藩汉宋之学与经世学的融合》，《北京大学学报》（哲学社会科学版）2022年第3期。

刘少波：《曾国藩三诫鲍超》，《书屋》2022年第2期。

刘小力：《曾国藩致刘蓉两封未刊信札的点校与考释——兼论曾国藩、刘蓉、郭嵩焘早期对传统友道的践履》，《湖南人文科技学院学报》2022年第3期。

刘绪义：《"楚军"：晚清湘军的另一流派》，《书屋》2023年第1期。

毛健：《小莽苍苍斋藏湘军人物信札释读》，《湘学研究》2022年第1期。

潘斌、邹艳梅：《礼与学术、风俗和教化——曾国藩礼学思想及实践研探》，《江西科技师范大学学报》2022年第3期。

钱仲慧：《靖港惨败何以成为曾国藩腾飞的起点》，《军事文摘》2023年第13期。

钱仲慧：《曾国藩化解三大难题创建水师》，《文史天地》2023年第2期。

钱仲慧：《李鸿章与曾国藩兄弟的"金陵之争"》，《炎黄春秋》2022年第10期。

时磊、范伟杰、杨德才：《"远信难寄"：曾国藩京官时期家庭通信效率研究》，《中国经济史研究》2022年第3期。

眭达明：《曾国藩与左宗棠决裂起因新说》，《书屋》2023 年第 1 期。

王飞阳：《小学为本、经世为用：曾国藩的赋论思想》，《船山学刊》2022 年第 6 期。

王静钰：《周寿昌与左宗棠交游考——兼论二者对湘军的影响》，《湘学研究》2022 年第 2 期。

魏星、曹志君：《〈清同治三年曾国荃金陵善后告示〉释读》，《档案与建设》2022 年第 7 期。

文力浩、杨爱华：《湘军集团的科技实践活动及特点探微》，《自然辩证法通讯》2022 年第 7 期。

夏新华、徐小芳：《儒表法里，经国济邦：左宗棠的法治事功钩沉》，《湘学研究》2022 年第 1 期。

向双霞：《曾国藩与晚清湖湘宗黄风尚的形成及意义》，《湖南师范大学社会科学学报》2022 年第 4 期。

熊晨曦、何永明：《左宗棠收复新疆过程中西方新式军械武器的来源及运用》，《西部学刊》2023 年第 19 期。

杨红伟、董玫：《〈教民歌〉与左宗棠湘军集团的陕甘善后政策》，《青海民族研究》2022 年第 4 期。

杨红伟、董玫：《一道同风：左宗棠湘军集团西北善后的文治教化》，《学术月刊》2022 年第 11 期。

杨雨洁：《幕僚对曾国藩政治思想的影响——以李鸿章西洋武器观为例》，《西部学刊》2022 年 1 月上半月刊。

张祥干：《曾纪泽致曾国荃未刊手札》，《历史档案》2023 年第 3 期。

张鑫洁：《从〈胡文忠公遗集〉的刊刻论曾国藩对个人遗集的隐忧》，《中国出版史研究》2023 年第 2 期。

张鑫洁：《论曾国藩的藏书与刻书》，《图书馆》2023 年第 5 期。

赵皓明、闫思妤：《左宗棠与沈葆桢关系探究——以福州船政局为中心》，《今古文创》2023 年第 5 期。

郑佳明：《曾国藩的学问与格局》，《书屋》2022 年第 6 期。

朱德印：《曾国藩集外文四篇辑述》，《湖南人文科技学院学报》2022年第5期。

邹晗：《从分任到集权：左宗棠、袁保恒之争与同光之交西北军政格局的变动》，《学术研究》2023年第9期。

邹晗：《李鸿章与淮军西征（1868—1870）》，《近现代人物研究》2023年第4期。

邹晗：《同治十三年左宗棠未刊咨文档案》，《历史档案》2022年第4期。

硕博论文

步婷婷：《曾国藩"孝"思想研究》，硕士学位论文，湖北大学，2023年。

张博文：《左宗棠家庭道德教育思想研究》，硕士学位论文，浙江财经大学，2022年。

赵龙：《左宗棠陕甘总督任内财政举措研究（1866—1880）》，硕士学位论文，武汉大学，2022年。

六　近代湘学研究

图书著作

黄显功、严峰：《郭嵩焘亲友手札》，复旦大学出版社2022年版。

皮锡瑞：《尚书大传疏证》，中华书局2022年版。

饶怀民：《黄兴传》，岳麓书社2022年版。

唐红卫、阳海燕：《〈弟子箴言〉笺注》，南开大学出版社2022年版。

吴熙：《吴熙联语笺注》，湘潭大学出版社2022年版。

吴仰湘：《近代湘学考述》，中华书局2022年版。

报刊论文

  1. 魏源研究

白晨昭：《经以致用：魏源经学观中的经世倾向》，《邵阳学院学报》（社会科学版）2023 年第 3 期。

柴敏辉：《"以经术为治术"：兼综汉宋视野下魏源的今文经学》，《船山学刊》2023 年第 4 期。

程蒙、聂婴智：《魏源富民经济思想及其当代启迪》，《濮阳职业技术学院学报》2023 年第 1 期。

刘锋：《魏源"藏富于民"思想探论》，《邵阳学院学报》（社会科学版）2023 年第 1 期。

刘乐庆：《现代国家建构中的"魏源方案"及其传播困境》，《理论月刊》2023 年第 6 期。

聂婴智、周群：《魏源经济伦理思想及其当代借鉴》，《清远职业技术学院学报》2023 年第 2 期。

杨抒漫：《魏源对〈老子〉政治思想的定位及其得失》，《邵阳学院学报》（社会科学版）2023 年第 2 期。

喻中：《法必本于人：魏源法理学的核心命题》，《中南大学学报》（社会科学版）2023 年第 3 期。

邹子澄：《林则徐藏〈饲鹤第三图〉魏源题诗笺释——兼论"林魏"关系》，《历史文献研究》2023 年第 1 期。

  2. 郭嵩焘研究

李会军：《郭嵩焘的"诚论"对湖湘哲学的新开拓》，《岳阳职业技术学院学报》2022 年第 3 期。

李敬峰、刘俊：《郭嵩焘〈大学章句质疑〉对朱子的辩难及其思想史意义》，《中州学刊》2022 年第 9 期。

潘斌：《郭嵩焘礼学思想研探》，《辽宁师范大学学报》（社会科学版）2022 年第 6 期。

杨波、李珂：《〈万国公报〉视野中的郭嵩焘使西》，《新闻爱好者》2023年第5期。

尹德翔：《郭嵩焘与〈古国鉴略〉》，《宁波大学学报》（人文科学版）2023年第1期。

3. 王闿运研究

舒习龙：《日记视域下王闿运的宋学观与宋史评论》，《求索》2022年第1期。

舒习龙：《〈湘绮楼日记〉所见王闿运史学研究》，《淮阴师范学院学报》（哲学社会科学版）2022年第4期。

邹远志：《论王闿运〈礼记笺〉的笺注特色及所见王氏礼学思想》，《古籍整理研究学刊》2023年第2期。

4. 皮锡瑞研究

金小方：《论皮锡瑞易学研究的特点及其在清代经学中的地位》，《船山学刊》2022年第3期。

刘禹彤：《皮锡瑞〈春秋〉"借事明义"的根基与限度》，《人文杂志》2023年第6期。

刘岳兵：《近代湘学与京都中国学——从皮锡瑞到狩野直喜、小岛祐马》，《南开学报》（哲学社会科学版）2023年第3期。

宋琦：《皮锡瑞图书批判说辨析》，《武陵学刊》2023年第6期。

吴仰湘：《皮锡瑞〈经学通论〉成书过程及初稿本述略》，《古典文献研究》2022年第2期。

赵培养：《皮锡瑞今古文分判标准申说及两汉今古文学之经典观念》，《古籍研究》2022年第2期。

5. 谭嗣同研究

付佳宁：《"死而不死"：论谭嗣同的身体观》，《政治思想史》2022年第1期。

郭钦：《谭嗣同对船山思想的创新性诠释》，《求索》2023年第4期。

吕存凯：《万物一体论的近代形态——理学视域下谭嗣同万物一体论

的考察》,《哲学研究》2022 年第 7 期。

栾晨:《谭嗣同的人生修养论及现实意义》,《牡丹》2022 年第 20 期。

秦天:《错位的批驳——反思谭嗣同〈仁学〉对荀子的批评》,《黎明职业大学学报》2022 年第 2 期。

苏欣冉:《谭嗣同的实践理性》,《辽宁大学学报》(哲学社会科学版) 2022 年第 5 期。

王寅生:《以太与公法——论谭嗣同、康有为运用科学话语对儒学的转型与重构》,《湖北社会科学》2023 年第 1 期。

魏义霞:《康有为、谭嗣同的佛学观比较及其启示》,《孔学堂》2022 年第 3 期。

张晓林:《〈仁学〉核心概念的佛教因素》,《普陀学刊》2022 年第 2 期。

张玉亮:《慕英风而骛商机——谭嗣同著述在清末民初的编印》,《民国文献研究》2022 年第 1 期。

张玉亮:《阅读史史料新探:以谭嗣同新学诗为中心》,《印刷文化》(中英文) 2023 年第 1 期。

赵楠:《谭嗣同仁学思想中内含的平等观》,《名家名作》2023 年第 14 期。

6. 湘籍民主革命志士研究

蔡德东、周星林、周勇:《首义功臣蒋翊武》,《湘潮》2022 年第 2 期。

邓江祁:《蔡锷〈军事计画〉纂自蒋方震〈军事常识〉吗?——与吴仰湘先生商榷》,《军事历史研究》2023 年第 2 期。

邓江祁:《论王船山对蔡锷军事思想的影响》,《衡阳师范学院学报》2023 年第 2 期。

邓江祁:《论蔡锷对广西"驱蔡风潮"的应对》,《邵阳学院学报》2022 年第 3 期。

邓江祁:《〈宋教仁全集〉书稿的编纂及其学术价值研究》,《武陵学刊》2022 年第 6 期。

高航：《1913年谭延闿"阻郭入湘"与民初政局》，《广东社会科学》2022年第3期。

胡月梅：《蔡锷与蒋百里的生死情缘》，《书屋》2023年第1期。

李长莉：《1914年革命党人对孙中山与黄兴分裂的反应新证——宫崎滔天家藏题字幅释读》，《河北学刊》2022年第2期。

彭涛：《"安边"与"谋边"：西南边疆治理视角下蔡锷治滇实践研究》，《东北师大学报》2023年第3期。

饶怀民、霍修勇：《试论蒋翊武对武昌首义的重大贡献》，《湘学研究》2022年第2期。

王友良、康萃：《论湖湘文化对秋瑾的影响》，《湖南工业职业技术学院学报》2022年第6期。

尹文军：《蒋翊武桂林就义事略》，《广西地方志》2023年第3期。

曾业英：《蔡锷1910年为何在广西蒙冤遭驱？》，《抗日战争研究》2022年第3期。

章舜粤：《回望宋教仁与民初政党政治——读宋月红〈清末民初宋教仁政党政治思想史〉》，《学术评论》2022年第6期。

周洋：《黄兴佚文四则辑考》，《湘学研究》2022年第2期。

7. 其他近代湘籍人士研究

宾睦新：《宾步程留学德国史事考述》，《湖南科技学院学报》2022年第4期。

陈开林、杨素婷：《湘籍作家佚文辑补——以王文清、严如烟、周寿昌、瞿鸿禨为中心》，《湘学研究》2022年第2期。

陈树、陈书良：《略论〈蕉云山馆诗文集〉的文献价值》，《湖南人文科技学院学报》2023年第1期。

韩策：《〈李星沅日记〉和〈张集馨年谱〉是怎样传钞流转的——瞿兑之传承近世珍稀文献的重要一页》，《华南师范大学学报》（社会科学版）2022年第6期。

李文君：《甲午年吴大澂致汪启信札》，《贵州文史丛刊》2022年第2期。

李文君：《吴大澂、谭钟麟往来信札考释》，《故宫学刊》2022 年第 1 期。

李雯欣、张莉莉：《湖湘文化对胡曾诗歌创作的影响》，《文学教育》2022 年第 11 期。

刘晓军：《日藏叶德辉致水野梅晓手札四通》，《书屋》2023 年第 9 期。

刘晓军：《日藏叶德辉致松崎鹤雄佚札一通考释》，《书屋》2022 年第 10 期。

欧阳纯辉、何云峰：《论何绍基"经世致用"伦理思想的内蕴》，《哈尔滨师范大学社会科学学报》2022 年第 3 期。

潘超：《日本外务省档案所见叶德辉观古堂藏书流散始末》，《中国典籍与文化》2022 年第 1 期。

彭芳：《湖南博物院藏熊希龄〈恭祝萧筱泉观察七十双寿序〉书札小议》，《湖南博物院院刊》第 18 辑，岳麓书社 2023 年版。

王贞华：《何绍基致晚清诗人吴观礼信札考》，《湘学研究》2022 年第 1 期。

吴仰湘：《〈翼教丛编〉编者问题考辨》，《社会科学战线》2022 年第 9 期。

袁辉：《何绍基与陈介祺金石交游考》，《西泠艺丛》2022 年第 11 期。

硕博论文

崔东鹤：《谭嗣同人生哲学研究》，硕士学位论文，黑龙江大学，2023 年。

冯静：《王闿运〈春秋公羊传笺〉释例研究——以时月日例为中心》，硕士学位论文，上海师范大学，2022 年。

贺晓玲：《皮锡瑞咏史诗研究》，硕士学位论文，湖南大学，2022 年。

刘绍覃：《宋教仁政党政治思想研究》，硕士学位论文，东北师范大学，2022 年。

栾晨：《谭嗣同的儒学观研究》，硕士学位论文，云南师范大学，2022 年。

马尧：《谭嗣同的以太说》，硕士学位论文，黑龙江大学，2022 年。

王然怡：《晚清士绅皮锡瑞研究（1892—1908）》，硕士学位论文，河北师范大学，2022 年。

魏承坤：《谭嗣同仁学平等观研究》，硕士学位论文，山东大学，2023 年。

席子豪：《周制、秦制与西制——士人郭嵩焘观念中的政制》，硕士学位论文，华中师范大学，2022 年。

杨雨晨：《曾廉生平事迹与思想主张研究（1856—1928）》，硕士学位论文，湖南大学，2022 年。

七 毛泽东研究

图书著作

中共中央党史和文献研究院编：《建国以来毛泽东文稿》，中央文献出版社 2023 年版。

中共中央党史和文献研究院编：《毛泽东年谱》，中央文献出版社 2023 年版。

报刊论文

包志国：《青年毛泽东的实事求是思想进路探赜》，《湖南第一师范学院学报》2022 年第 5 期。

曹前发、杨明伟：《"兵民是胜利之本"——解读毛泽东的一个重要论断》，《中国党政干部论坛》2023 年第 11 期。

曹欣欣：《毛泽东〈和中央社、扫荡报、新民报三记者的谈话〉版本研究》，《中国国家博物馆馆刊》2023 年第 3 期。

陈克清：《毛泽东经济思想及其当代价值》，《云南师范大学学报》

（社会科学版）2022 年第 6 期。

代红凯：《生产关系变革还是社会关系变革——关于毛泽东发展生产力思想的再思考》，《现代哲学》2022 年第 5 期。

代正利、陈圣白、马欣雨：《论诗词英译的诗情传达——以毛泽东词作〈虞美人·枕上〉英译为例》，《湖南第一师范学院学报》2023 年第 2 期。

董方明：《新民学会会员接受马克思主义的传统文化基础》，《广州城市职业学院学报》2023 年第 3 期。

冯超：《"津浦路东"还是"津浦路西"？修订本〈毛泽东年谱〉与增订本〈刘少奇年谱〉一则史实辨析》，《军事史林》2022 年第 6 期。

冯金波、于玲玲：《毛泽东关于海军建设论述探要》，《政工学刊》2023 年第 12 期。

冯为兰、潘卫民：《国家翻译实践中的〈毛泽东选集〉英译修订举隅》，《外语与翻译》2022 年第 3 期。

冯政龙：《毛泽东早期政治主张探究——以"湖南自治运动"为考察中心》，《西部学刊》2022 年第 17 期。

高博：《毛泽东人民战争思想的时代化发展》，《理论导刊》2023 年第 11 期。

高晓林、周克浩：《〈论持久战〉的思想魅力和现实启示——重读毛泽东〈论持久战〉》，《党建》2023 年第 5 期。

葛银丽：《毛泽东〈中国社会各阶级的分析〉一九二六年俄译本简析》，《中共党史研究》2023 年第 4 期。

古琳晖、吕晓勇：《毛泽东引领人民军队向"世界型"迈进的实践探索及其启示》，《思想理论战线》2023 年第 5 期。

郭莹、潘卫民：《〈毛泽东选集〉英译中的翻译诗学》，《外语与翻译》2023 年第 4 期。

韩喜平、郝婧智：《毛泽东对中国式现代化理论和实践的双重探索》，《毛泽东研究》2022 年第 2 期。

胡慧娥：《论湖南一师革命家群体对早期共产主义运动的贡献》，《湖南第一师范学院学报》2023年第5期。

胡剑：《毛泽东对调查研究话语体系的构建及当代价值》，《吉首大学学报》（社会科学版）2023年第5期。

胡为雄：《新发现：毛泽东一篇"自讼"赋》，《毛泽东思想研究》2022年第1期。

黄江军：《〈毛泽东选集〉著作编排与革命史叙事的经典化》，《党史研究与教学》2022年第2期。

黄小丹、郭祖全：《"大兴调查研究"的三重逻辑：理论·历史·现实》，《中共云南省委党校学报》2023年第4期。

蒋建农：《毛泽东的另一篇"湖南农民运动考察报告"》，《党的文献》2023年第2期。

蒋建农、张国柱：《毛泽民校勘〈毛泽东自传〉》，《毛泽东研究》2023年第3期。

金民卿：《"枪杆子里面出政权"——毛泽东建军思想的重要发端》，《中国党政干部论坛》2023年第11期。

黎田：《抗战时期毛泽东制定"共同纲领"战略构想的演进历程》，《延安大学学报》2023年第4期。

李惠、高锐：《毛泽东〈在延安文艺座谈会上的讲话〉原始口述版考察》，《河北学刊》2022年第2期。

李嘉树：《〈毛泽东年谱（1949—1976）〉和〈建国以来毛泽东文稿〉有关"向明报告"问题辨正》，《党史研究与教学》2023年第3期。

李卫政：《从主张"湖南自治"到建党先驱——建党前后青年毛泽东政治哲学的几个特点》，《湘潮》2022年第10期。

李正栓、赵静：《毛泽东诗词英译本厚翻译研究——以〈毛泽东诗词精华〉为例》，《浙江外国语学院学报》2023年第3期。

孟国丽、付朝霞：《毛泽东遏制战争战略思想研究》，《军事历史》2022年第5期。

孟捷：《毛泽东与社会主义制度经济学》，《复旦学报》（社会科学版）2022年第4期。

倪志安：《毛泽东"实事求是论"的方法论分析》，《嘉兴学院学报》2022年第1期。

潘宏：《论毛泽东对抗美援朝战争的战略指导》，《政工学刊》2023年第12期。

齐卫平：《毛泽东关于伟大建党精神思想内涵的论述研究》，《上海党史与党建》2023年第5期。

齐晓峰：《毛泽东著作在韩国的翻译出版研究》，《马克思主义研究》2023年第9期。

乔惠波：《毛泽东对社会主义基本经济制度的探索、贡献及其启示》，《湖南科技大学学报》（社会科学版）2022年第4期。

邵雍：《刘少奇与伟大建党精神》，《党政论坛》2022年第5期。

宋泽滨：《毛泽东〈清平乐·六盘山〉最早应公开发表于〈美洲华侨日报〉》，《党的文献》2022年第1期。

唐诗源：《毛泽东调查研究方法的由来、内涵与启示》，《湖南科技大学学报》（社会科学版）2023年第5期。

唐彦林、李蒙佐：《全面抗战时期毛泽东群众路线思想的实践与现实启示》，《思想战线》2023年第2期。

王力、吴琼：《建军初期毛泽东的军民关系思想及其价值》，《湖南科技大学学报》2023年第4期。

伍洪杏：《毛泽东的廉洁文化观及其当代价值》，《毛泽东研究》2022年第4期。

武志军：《毛泽东对党内关于抗日民族统一战线的右倾错误的反对和抵制》，《党的文献》2023年第5期。

向鑫：《毛泽东海洋防御战略的核心要义、实践路径及其现实启示》，《山西高等学校社会科学学报》2023年第11期。

徐坤：《论毛泽东工业化思想的历史生成》，《湖南科技大学学报》

（社会科学版）2022 年第 6 期。

薛添仁：《毛泽东对中国传统军事战略战术思想的继承和超越》，《毛泽东研究》2023 年第 5 期。

杨明伟：《关注现实：毛泽东著作及版本研究的基点和魅力》，《毛泽东研究》2022 年第 4 期。

杨明伟：《毛泽东开启的调查研究之风的现实影响》，《毛泽东研究》2023 年第 4 期。

杨琰：《毛泽东经济思想的生成基础、理论内涵与实践成就研究述论》，《毛泽东邓小平理论研究》2023 年第 1 期。

张树德、闵霞：《毛泽东军事思想与新时代战争、国防和军队建设》，《毛泽东思想研究》2023 年第 1 期。

张树德、邹卫韶：《从讲义稿到研究和指导战争伟大军事著作的演变——毛泽东对〈中国革命战争的战略问题〉的修改》，《毛泽东研究》2023 年第 4 期。

章舜粤：《毛泽东〈中国人民大团结万岁〉考辨》，《毛泽东研究》2023 年第 5 期。

赵丛浩：《"先写正楷，后写草书"——毛泽东关于我国核技术研发指示蕴含的工作方法》，《党的文献》2022 年第 5 期。

赵秋荣、王慧洁、刘敏霞：《元功能显化视角下〈毛泽东选集〉（第一卷）英译的语域特征多维分析》，《天津外国语大学学报》2023 年第 5 期。

周绍东：《毛泽东国民经济综合平衡思想再探讨》，《毛泽东邓小平理论研究》2023 年第 8 期。

周述杰、饶健、朱小宝：《湖南是毛泽东统一战线思想的重要策源地论析》，《上海社会主义学院学报》2023 年第 5 期。

朱汉民：《"实事求是"是中国化实践唯物主义》，《船山学刊》2022 年第 1 期。

邹卫韶：《关于毛泽东著作及其版本研究和考据的几点思考》，《湖南科技大学学报》（社会科学版）2023 年第 2 期。

邹卫韶：《毛泽东〈怎样分析农村阶级〉成文时间及修改过程考释》，《湖南第一师范学院学报》2023年第1期。

邹武龙：《毛泽东同志对伟大建党精神的贡献——以〈毛泽东选集〉为考察文本》，《中学政治教学参考》2023年第40期。

硕博论文

陈思远：《毛泽东著作在"民主德国"和"联邦德国"的早期传播研究》，硕士学位论文，北京外国语大学，2023年。

衡南岚：《毛泽东家风融入大学生家国情怀教育路径研究》，硕士学位论文，西华师范大学，2023年。

侯丽娜：《毛泽东家书研究》，硕士学位论文，燕山大学，2022年。

刘镯梦：《模因论视角下毛泽东诗词文化负载词英译对比研究》，硕士学位论文，吉林大学，2022年。

田超凡：《〈毛泽东和中国〉（节选）英译汉翻译实践报告》，硕士学位论文，西北大学，2022年。

田豆豆：《接受美学理论视角下毛泽东诗词典故英译研究》，硕士学位论文，中南林业科技大学，2023年。

王波：《毛泽东实事求是思想及当代价值研究》，硕士学位论文，延安大学，2023年。

岳鹏东：《毛泽东反官僚主义思想及其当代价值研究》，硕士学位论文，河南理工大学，2022年。

张东霞：《毛泽东实事求是思想及其当代价值》，硕士学位论文，辽宁大学，2023年。

八 湖南抗战研究

柏晓斐：《战场内外：第一次长沙会战中国空军对日作战及其影响》，《历史教学》2023年第18期。

陈艳辉：《"西方中心论"的再检视——以西方二战史关于第三次长沙会战的述评为例》，《怀化学院学报》2022年第3期。

傅伟男：《衡阳保卫战的宣传塑造与政治博弈》，《衡阳师范学院学报》2022年第5期。

傅伟男、郭辉：《区域抗战史述评与研究进路之省思——以衡阳保卫战为例》，《湖北理工学院学报》2022年第3期。

高漪、卢多姿：《红色影视作品中关于衡阳抗战精神的表现与传承研究》，《人生与伴侣》2023年第14期。

郭辉：《湖南抗日战争史研究的回顾和思考》，《兰州学刊》2023年第6期。

郭辉：《灾后救济与城市重建：1938年长沙大火的善后工作》，《抗日战争研究》2023年第3期。

郭辉、傅伟男：《战争记忆与城市重建："抗战纪念城"筹建议案的出台与流产（1946—1949）》，《福建论坛》2022年第10期。

胡靖、王广义：《近代日本的湖南调查文献述论》，《图书馆》2022年第3期。

李辰：《"迁移本身即教育"——抗战初期长沙临时大学学生的行记书写与精神成长》，《福建教育学院学报》2023年第4期。

罗运胜：《中国南方侵华日军细菌战研究成果简介》，《武陵学刊》2023年第1期。

马守丽：《战争书写与记忆建构：第一次长沙会战中的地理环境因素》，《湖北理工学院学报》2023年第1期。

易丙兰：《东亚同文书院在近代湖南的情报调查活动探析》，《湘南学院学报》2022年第3期。

曾桂林：《长沙会战期间中国红十字会的战地救护》，《地域文化研究》2023年第1期。

九　湖南考古研究

图书著作

郭伟民：《吾道南来——中华民族共同体中的史前湖南》，科学出版社2022年版。

报刊论文

杜心宇、龚维、胡希军等：《洞庭湖区史前聚落规模及聚落群时空演变》，《地域研究与开发》2023年第6期。

范宪军、吴瑞静、石涛等：《湖南澧县鸡叫城聚落群调查、勘探与试掘》，《考古》2023年第5期。

高成林：《湖南汉代考古概述》，《南方文物》2022年第2期。

郭涛：《秦"道"新证》，《中国边疆史地研究》2023年第2期。

郭伟民：《湖南史前时代的考古学观察》，《船山学刊》2022年第1期。

郭伟民、范宪军、吴瑞静等：《湖南澧县鸡叫城遗址新石器时代大型木构建筑F63》，《考古》2023年第5期。

胡平平：《湖南地区楚、越文化融合过程研究》，《江汉考古》2022年第3期。

李斌：《湖南出土秦汉六朝瓦当的类型与年代》，《文博学刊》2022年第3期。

廖薇：《长沙地区战国墓用玉及仿玉现象探析》，《文博学刊》2022年第3期。

罗喆、金正耀、胡国海等：《湖南邵阳东周青铜器的铅同位素比值研究》，《江汉考古》2023年第3期。

盛伟、赵亚锋：《湖南宁乡市炭河里遗址新屋湾地点发掘简报》，《考古》2023年第8期。

王良智：《湖南华容县七星墩遗址 2019~2020 年发掘简报》，《考古》2022 年第 6 期。

王庆宇、吴又进、毛龙江等：《湖南七星墩遗址中红烧土建筑材料的科学分析》，《文物保护与考古科学》2023 年第 2 期。

文国勋：《湖南株洲出土越式青铜器初步研究》，《中国国家博物馆馆刊》2023 年第 4 期。

文国勋、陈帅钦：《湖南攸县里旺城遗址发掘记》，《大众考古》2022 年第 6 期。

吴桐：《山海之间：两周时期"江南—岭南"的文化交流线路及其变迁》，《东南文化》2022 年第 3 期。

向明文：《长沙市浏城桥 M1 的年代与墓主身份再探讨》，《考古》2023 年第 11 期。

向明文：《在考古的田野中发现湖南》，《中国研究生》2023 年第 1 期。

谢筱冬：《从史前陶符解读湖南瑶族织锦中的中华民族文化基因》，《湖南科技学院学报》2022 年第 6 期。

张强禄：《再论湖南东周腰坑葬俗的来源》，《文博学刊》2023 年第 1 期。

十　湖南简牍研究

图书著作

蔡万进编：《里耶秦简编年考证》，广西师范大学出版社 2023 年版。

陈松长、谢计康编：《岳麓秦简书迹类编》，河南美术出版社 2022 年版。

陈松长主编：《岳麓书院藏秦简（柒）》，上海辞书出版社 2022 年版。

董飞：《里耶"垦草"简与秦"垦草令"相关问题研究》，《简帛》第 25 辑，上海古籍出版社 2022 年版。

董宇航：《岳麓秦简标识符号补释》，《出土文献与法律史研究》第 12 辑，法律出版社 2022 年版。

何有祖：《里耶秦简缀合札记（九则）》，《出土文献综合研究集刊》第 16 辑，巴蜀书社 2022 年版。

胡平生：《史迁不采〈秦记〉始皇诏书说——也说岳麓秦简〈秦始皇禁伐湘山树木诏〉》，《简帛》第 25 辑，上海古籍出版社 2022 年版。

贾丽英：《出土简牍与秦汉社会身份秩序研究》，中国社会科学出版社 2023 年版。

李蓉：《岳麓秦简释读札记五则》，《出土文献综合研究集刊》第 16 辑，巴蜀书社 2022 年版。

林琦婧：《东汉县廷的告与劾——以五一广场简为中心的讨论》，《出土文献与法律史研究》第 11 辑，法律出版社 2022 年版。

凌文超：《走马楼吴简中所见的诸卒》，《简帛》第 24 辑，上海古籍出版社 2022 年版。

刘同川：《五一广场东汉简"吴请等盗发冢案"文书考释》，《简帛》第 25 辑，上海古籍出版社 2022 年版。

乔志鑫：《读岳麓秦简札记二则》，《简帛》第 24 辑，上海古籍出版社 2022 年版。

任二兵：《走马楼吴简所见仓补遗》，《湖南博物院院刊》第 18 辑，岳麓书社 2023 年版。

谢坤：《〈里耶秦简（贰）〉编联与缀合七则》，《出土文献综合研究集刊》第 16 辑，巴蜀书社 2022 年版。

谢伟斌：《〈岳麓书院藏秦简（柒）〉中所见秦代官府建筑材料研究》，《简帛》第 25 辑，上海古籍出版社 2022 年版。

熊曲：《走马楼吴简安成县州郡县吏田簿及相关问题》，《简帛》第 24 辑，上海古籍出版社 2022 年版。

杨芬、宋少华：《长沙走马楼西汉简〈卯劾僮诈为书案〉所见"将田""部""将大农田"诸问题小议》，《简帛》第 25 辑，上海古籍出版社 2022 年版。

杨小亮：《五一广场东汉简牍册书复原研究》，中西书局2022年版。

姚远：《长沙五一广场东汉简牍（壹）（八六——一五五）》注释译（三），《出土文献与法律史研究》第12辑，法律出版社2022年版。

姚远：《〈长沙五一广场东汉简牍选释〉注释译（一）》，《出土文献与法律史研究》第11辑，法律出版社2022年版。

尹嘉越：《岳麓秦简〈卒令〉及相关秦令令名考》，《出土文献与法律史研究》第12辑，法律出版社2022年版。

报刊论文

曹天江：《〈岳麓书院藏秦简（肆）〉"县官上计执法"令文考释——兼论汉以前的"上计制度"》，《出土文献》2022年第3期。

陈荣杰、王梦婧：《东汉官文书文字所见古文字形体研究——以〈长沙五一广场东汉简牍〉（壹）（贰）（叁）为调查对象》，《绵阳师范学院学报》2023年第7期。

陈松长：《长沙走马楼西汉简中的"定邑"小考》，《出土文献》2022年第1期。

陈松长：《读出岳麓秦简的时代价值》，《学习时报》2022年3月4日。

陈松长：《再论秦汉时期的"狱"——以长沙走马楼西汉简为中心》，《华东政法大学学报》2022年第1期。

陈松长、陈湘圆：《走马楼西汉简所见长沙国职官建置论考》，《社会科学战线》2022年第4期。

陈松长、李蓉：《岳麓秦简"受财枉事令"对读拾遗》，《简帛研究》2022年秋冬卷。

陈松长、唐强：《〈岳麓书院藏秦简（柒）〉的内容与价值》，《简帛研究》2022年春夏卷。

陈湘圆：《走马楼西汉简所见里名及相关问题考论》，《简帛研究》2022年春夏卷。

符奎：《岳麓秦简"均输"释义——兼论少府干官组织及职能》，《简帛研究》2022年秋冬卷。

郭涛：《出土简牍所见秦代地方行政运行的空间结构》，《学术月刊》2023年第4期。

何有祖：《里耶秦简残简新缀（五则）》，《中国国家博物馆馆刊》2022年第6期。

贾丽英：《里耶秦简"产子课"及"徒簿"反映的徒隶生活》，《文史》2022年第4期。

蒋伟男：《〈里耶秦简（二）〉疑难简文校补》，《古籍研究》2023年第1期。

景灿涛：《〈里耶秦简（二）〉所见用语的年代考察》，《昆明学院学报》2022年第4期。

李洪财：《岳麓书院藏秦简〈芮盗卖公列地案〉》，《中国书法》2023年第10期。

李洪财：《岳麓书院藏秦简中的〈数〉——汇集各种使用算法的最早数学著作》，《光明日报》（理论版）2023年6月11日。

李银德：《西汉诸侯王墓园邑制度的几个问题——以长沙走马楼西汉简牍为中心》，《考古》2023年第4期。

李章星：《〈岳麓秦简（陆）〉令名读札三则》，《简帛研究》2022年春夏卷。

凌文超：《走马楼吴简中所见的诸士》，《简帛研究》2022年春夏卷。

刘杰：《岳麓秦简释读零札（三则）》，《中山大学学报》（社会科学版）2022年第6期。

刘鹏：《简牍所见秦人爵位的变动》，《北京社会科学》2023年第9期。

刘騳：《由〈长沙五一广场东汉简牍〉盗墓案看汉代的盗墓》，《南方文物》2023年第1期。

刘玥：《长沙出土东汉三国简牍札记二则》，《中国文字研究》2022年第2期。

刘自稳：《里耶秦简所见秦徭使吏员的文书运作》，《出土文献》2023年第2期。

刘自稳：《秦代地方行政文书的形态——以里耶秦简为中心》，《文史哲》2022年第5期。

刘自稳：《岳麓秦简〈亡律〉所见舍匿诸条律文解析》，《西部史学》2022年第1期。

鲁家亮：《里耶秦简所见秦县仓官的基本职能》，《古典学研究》2022年第2期。

吕金伟、吴昊：《环境与疾病：长沙走马楼三国吴简"肿足"考释》，《昆明学院学报》2022年第1期。

罗昭善：《岳麓秦简所见秦代"冗爵"制度考论》，《古代文明》2023年第1期。

秦凤鹤：《〈长沙尚德街东汉简牍〉校读》，《古汉语研究》2023年第3期。

秦浩翔：《长沙五一广场东汉简牍所见地方大姓与乡里社会》，《长沙大学学报》2022年第3期。

任攀：《五一广场东汉简牍所见赦赣等人劫诗林等案复原》，《国学学刊》2022年第3期。

沈子渊：《岳麓书院藏秦简所见秦"比"浅说》，《荆楚学刊》2022年第1期。

舒显彩：《五一广场东汉简牍所见"白草"文书探研》，《古代文明》2022年第4期。

孙闻博：《走马楼吴简自首士贼帅簿复原研究——兼论贼帅、自首士身份与孙吴建国》，《文史》2022年第4期。

王承干、晋文：《再论吴简"二年常限"田的含义》，《中国农史》2022年第2期。

王星光、李平：《从民族农业史视角看里耶秦简中的槎田》，《中国农史》2022年第5期。

王勇：《岳麓秦简中的秦法与秦吏》，《光明日报》（理论版）2023年12月2日。

王勇、杨芬、宋少华：《西汉国家权力对蛮人族群的渗透——基于走马楼西汉简所见无阳蛮人的探讨》，《社会科学战线》2022年第8期。

文霞：《〈长沙五一广场东汉简〉的"元遗产案"识微》，《石家庄学院学报》2023年第1期。

邬文玲：《走马楼西汉简所见赦令初探》，《社会科学战线》2022年第4期。

徐畅：《从长沙出土"君教"简牍文书看东汉三国县级长吏的徭使》，《出土文献》2023年第4期。

杨蕾：《〈岳麓书院藏秦简〉所见秦代女性的犯罪与优恤》，《南都学坛》2023年第5期。

杨先云：《秦代所见探查戍卒文书考论——从里耶秦简9-2266+9-1281+9-1257说起》，《简帛研究》2022年秋冬卷。

杨振红：《长沙吴简临湘侯国都乡民所在丘名考》，《出土文献》2022年第1期。

苑苑：《秦代县官田管理——以岳麓秦简〈县官田令〉为中心》，《农业考古》2022年第3期。

张朝阳：《新刊五一广场简牍所见东汉湘江航运速度初探》，《中国农史》2022年第1期。

张岗：《里耶秦简所见秦代"计"类公文书》，《大庆师范学院学报》2022年第3期。

张梦晗：《秦及西汉前期私人畜养未成年奴婢之风探析——以简牍材料为中心》，《民俗研究》2023年第4期。

张荣强：《长沙走马楼三国吴简〈竹木牍〉所见财政年度》，《文物》2022年第12期。

张瑞：《里耶秦简"鼠券"再研究》，《秦汉研究》2022年第1期。

张以静：《秦代物资付受制度研究——从里耶秦简"义陵调库县用"

文书的释读说起》,《古代文明》2023年第3期。

赵义鑫:《走马楼吴简中所见"鱼贾米""池贾米""攻捕米"试释》,《农业考古》2022年第1期。

郑威、李威霖:《岳麓简中的江胡郡与秦代江东的地域整合》,《江汉考古》2022年第6期。

朱琳、冯慧敏、刘铭等:《数字人文视域下秦汉简牍文本挖掘研究——以里耶秦简牍(一、二卷)为例》,《渭南师范学院学报》2022年第6期。

硕博论文

陈安然:《岳麓秦简"令"集释》,硕士学位论文,吉林大学,2023年。

李冉冉:《〈长沙走马楼三国吴简·竹简[柒]〉文字构形系统研究》,硕士学位论文,山东师范大学,2022年。

刘运杰:《五一广场东汉简牍所见县级司法研究》,硕士学位论文,河北师范大学,2022年。

杨兰:《〈长沙走马楼三国吴简·竹简[伍]〉文字笔形研究》,硕士学位论文,西南大学,2022年。

叶琨:《马王堆简帛书体特征研究》,硕士学位论文,曲阜师范大学,2022年。

张岗:《里耶秦简"计""课""志"类文书所见秦代上计运行研究》,硕士学位论文,河北师范大学,2023年。

张姝祯:《长沙五一广场东汉简牍地名研究》,硕士学位论文,济南大学,2022年。

张瀛兮:《〈岳麓书院藏秦简(肆)〉第三组简的编联问题研究》,硕士学位论文,湖南大学,2022年。

赵佳佳:《〈长沙走马楼三国吴简·竹简[捌]〉文字构形系统研究》,硕士学位论文,山东师范大学,2022年。

郑亚萍：《〈长沙走马楼三国吴简·竹简［玖］〉文字构形系统研究》，硕士学位论文，山东师范大学，2023年。

朱琳：《数字人文视阈下的秦汉简牍文本挖掘研究》，硕士学位论文，西北大学，2022年。

十一　湖南地方社会研究

著作图书

彭先国：《湖南人口社会史研究（明清—民国）》，中国社会科学出版社2023年版。

熊元彬：《湖南近代轻纺工业研究》，中国社会科学出版社2023年版。

报刊论文

蔡美花、李倩：《记忆与想象：古代朝鲜文人的湖湘胜景书写》，《湖南第一师范学院学报》2023年第4期。

陈彤、王湘华：《论柳宗元对永州地方景观的建构与书写》，《湖南人文科技学院学报》2022年第4期。

陈瑶：《抗战前后湖南民船同业团体的嬗变》，《中国经济史研究》2022年第1期。

郭孟良：《晚明茶叶流通与管理的个案研究——以湖南安化茶为例》，《农业考古》2022年第2期。

何香月、罗运胜：《清代绅士在地方事务管理中的作用探析——以常德府为例》，《青春岁月》2022年第17期。

何治民：《国家在场与乡村社会：清代碑刻所载湘黔边区中华民族共同体意识的形成》，《贵州民族研究》2023年第5期。

胡忆红：《清末民初县政改革与基层治理体制的转型——以湖南为例》，《湖南科技大学学报》2022年第3期。

黄柏权、平英志：《清代地方政府对"万里茶道"茶源地茶业的经营管理——以安化茶业碑刻资料为中心》，《中南民族大学学报》（人文社会科学版）2022 年第 1 期。

黄普基：《朝鲜王朝古地图中的湖南与朝鲜人的湖南意象》，《湖南大学学报》（社会科学版）2022 年第 3 期。

蒋纯焦：《乡村青年如何逆袭为时代弄潮儿？——试论徐特立与近代湖南教育转型》，《湖南第一师范学院学报》2023 年第 10 期。

赖惠敏、王士铭：《清代陕甘官茶与归化"私茶"之争议》，《内蒙古师范大学学报》（哲学社会科学版）2022 年第 1 期。

李尔岑：《"社仓归总"——乾隆朝湖南社总仓的建置与制度设计》，《清史研究》2022 年第 6 期。

林峥：《研究系与湖南自治、湘直战争关系述论》，《汉语言文学研究》2022 年第 4 期。

刘长林：《甲午战后两湖煤铁联营与晚清省际壁垒》，《湖南社会科学》2022 年第 2 期。

刘猛：《伪造与真实：清代湖南洲土纠纷中的方志文本》，《中国社会历史评论》2022 年第 2 期。

鲁犇：《多元话语与人物书写——清代〈衡阳县志〉中王夫之形象变化研究》，《船山学刊》2023 年第 4 期。

罗建兵、许敏兰、谢天玮：《明清时期洞庭湖区成为天下粮仓的若干因素》，《阜阳师范大学学报》（社会科学版）2022 年第 2 期。

罗运胜：《明清时期沅水流域农田水利工程的发展及其特点》，《武陵学刊》2023 年第 4 期。

仇慧君：《清前期里甲赋役改革——以湖南废甲编区为切入点的考察》，《安徽史学》2022 年第 2 期。

宋银桂、张玉洁：《湖南早期工人运动历史地位论析》，《湘潭大学学报》（哲学社会科学版）2022 年第 5 期。

王鑫：《道光时期地方大员的日常生活——以〈李星沅日记〉为中

心》,《今古文创》2023 年第 2 期。

吴族勇:《清代湖南的铺兵永充制及其实践——以湘潭县为中心的考察》,《清史研究》2022 年第 6 期。

夏新华、丁广宇:《近代湖南民商事习惯调查疏论》,《湖南师范大学社会科学学报》2022 年第 1 期。

熊元彬:《近代浏阳与醴陵夏布比较研究——以〈湖南实业志〉等地方志为中心》,《中国地方志》2023 年第 5 期。

熊元彬:《论湖南近代制伞业的产销及其特点》,《都市文化研究》2023 年第 1 期。

熊元彬:《新旧之间:民国时期湖南漂染业在艰难中发展》,《跨文化对话》2022 年第 2 期。

徐畅:《东汉三国长沙临湘县的辖乡与分部——兼论县下分部的治理方式与县廷属吏构成》,《中国史研究》2022 年第 4 期。

徐红:《论北宋时期湖南贬谪地的地理空间分布》,《地域文化研究》2023 年第 6 期。

徐家贵:《交往交流交融视域下清代"西米东运"研究》,《玉林师范学院学报》2023 年第 4 期。

尹雅淇:《明清时期湘江流域的物质生活、奢侈风俗与经济变迁》,《中国社会历史评论》2022 年第 2 期。

袁钰莹:《五代两宋荆湖地区商业城镇发展及其格局演变》,《中国经济史研究》2022 年第 5 期。

曾桂林:《清代湘南地区的宾兴组织述论》,《湘南学院学报》2022 年第 3 期。

曾桂林:《清中后期湖南宾兴组织的发展及其历史作用——以湖广分闱为视角》,《中南大学学报》(社会科学版)2022 年第 4 期。

张建民:《贫富相须与保富救荒:中国传统社会后期贫富观的新趋向》,《中国经济与社会史评论》2022 年第 1 辑。

张卫东、黄志萍:《粤汉铁路与民国衡阳城市发展述论(1933—

1945）》，《安徽史学》2023年第6期。

钟伟春：《戊戌维新时期湖南学会的登场、职能与转设》，《湖南人文科技学院学报》2022年第6期。

周妮：《清代湖南"苗疆"改土归流时间与秩序考论——以雍正〈硃批奏折〉为中心》，《青海民族研究》2022年第1期。

硕博论文

胡若男：《危机与应对：长沙市商会研究（1937—1949）》，硕士学位论文，南昌大学，2022年。

陆秋燕：《宋至清代广西金属矿产开发研究》，博士学位论文，北京科技大学，2022年。

邱晴：《1944年国立湖南大学学潮研究》，硕士学位论文，华中师范大学，2023年。

田观圣：《近代湘西苗族聚居区内的苗汉关系研究》，硕士学位论文，云南师范大学，2023年。

徐成：《抗战时期资源委员会钨业管理处研究（1936—1945）》，硕士学位论文，南昌大学，2022年。

周瑶涵：《1931年水灾与湘省救济》，硕士学位论文，湖南大学，2022年。

十二　湖南宗教民俗研究

图书著作

欧阳维：《田汉与南岳佛道界抗日救亡运动》，《抗战文化研究》第14辑，中共党史出版社2022年版。

万里：《唐宋时期湘赣禅宗网络研究》，宗教文化出版社2022年版。

王兴国：《近现代湖南佛教著名居士传》，宗教文化出版社2023年版。

张泽洪、廖玲：《中国西南少数民族梅山教研究》，宗教文化出版社 2022 年版。

报刊论文

陈才发：《武陵山片区民俗体育与生态旅游产业融合研究》，《西部旅游》2022 年第 9 期。

陈瑶光、周婷：《田汉与南岳衡山的不解情缘》，《湘潮》2022 年第 6 期。

陈奕含：《近代基督教堂建筑文化在中国的适应性转变 以 20 世纪初湖南长沙为例》，《中国宗教》2022 年第 9 期。

段湘怀、刘紫翎：《梅山地区女神信仰内涵研究——以猎神梅嫦为中心》，《文化创新比较研究》2022 年第 35 期。

郭峰：《明代永顺土司与道教》，《宗教学研究》2023 年第 3 期。

雷强：《非物质文化遗产视阈下汝城香火龙传承研究》，《武术研究》2023 年第 1 期。

李贵海、曾楚华：《从土家族医史文献探讨道教对土家医的影响》，《世界宗教文化》2023 年第 3 期。

李浩楠：《金代南岳祭祀考》，《北方文物》2023 年第 1 期。

李慧君：《梅山文化圈祭祀画中"四界功曹"图像探究——兼论其与长沙楚墓战国帛画之间的关联》，《湖南人文科技学院学报》2023 年第 1 期。

李慧君：《清代以来梅山文化圈猎神神像的类型与地域文化特征》，《中国民族美术》2022 年第 4 期。

李新吾、田彦：《梅山傩俗中的女权城邦社会记忆》，《贵州大学学报》（艺术版）2022 年第 2 期。

刘丹、李跃忠：《"抛牌过度"仪式中的梅山傩戏》，《中国非物质文化遗产》2022 年第 2 期。

盛紫薇：《沈从文浪漫传奇小说的多元文化溯源》，《贺州学院学报》2022 年第 2 期。

田程程、段湘怀：《论梅山地区女神信仰的原始母权内涵》，《文化创新比较研究》2023 年第 10 期。

田彦、李刚：《南岳神戏的历史渊源与发展变化》，《衡阳师范学院学报》2022 年第 1 期。

吴秋来、白晋湘、吴湘军：《乡村振兴战略下湘西南瑶族"棕包脑"体育非物质文化遗产的活态传承》，《湖南人文科技学院学报》2022 年第 2 期。

向志强、熊任之：《道教与民间艺术 以澧州大鼓为中心的研究》，《中国宗教》2022 年第 12 期。

熊晓辉：《书写"跳香"：湘西苗族祭祀舞蹈的意义建构》，《武陵学刊》2022 年第 5 期。

许多：《武陵山片区土家族体育非物质文化遗产研究：本源考辨、时代价值、传承路径》，《湖北师范大学学报》（哲学社会科学版）2022 年第 5 期。

严春华：《论唐代南岳祭祀体系及神圣空间之建构》，《地方文化研究》2022 年第 2 期。

杨鸿光：《唐将雷万春信仰的流播与变迁研究》，《宗教学研究》2022 年第 2 期。

杨姗姗：《瑶族打醮仪式的宗教内涵与象征意义——基于湖南江华县涛圩镇荷家塘村的田野考察》，《宗教学研究》2022 年第 1 期。

杨欣彤：《从"乐态"维度浅论梅山傩戏的起源、发展与传承》，《大众文艺》2022 年第 5 期。

于鸽、刘茹：《佛教的爱国思想与实践：以抗战时期为中心的考察》，《中国宗教》2022 年第 11 期。

袁飞：《湘西土家织锦艺术的精神依托与发展》，《湖南包装》2022 年第 1 期。

张慧芳、李尧巍：《物的能动性及其意义世界的建构——以湖南新化"还都猖愿"仪式中的纸扎为例》，《世界宗教研究》2022 年第 3 期。

张雪松：《清末民初中国伊斯兰教团体的类型与作用辨析》，《中国穆斯林》2022年第1期。

周晓萌、郭峰：《明代真武信仰在武陵山地区的传播与发展》，《汉江师范学院学报》2022年第4期。

硕博论文

梁宇潇：《村落社会的巴岱文化研究——以水田河镇为例》，硕士学位论文，吉首大学，2022年。

刘丹：《梅山傩戏剧本研究》，硕士学位论文，湖南科技大学，2022年。

俞蕾湘：《再造南岳：明清时期衡山的空间、图画与想象》，硕士学位论文，广州美术学院，2022年。

张惠芳：《物质文化视阈下的湖南纸扎研究》，博士学位论文，中南大学，2022年。

十三　湖南其他方面研究

著作图书

唐红卫、阳海燕编：《唐宋南岳诗歌笺注》，湘潭大学出版社2022年版。

唐松成、陈仲庚主编：《宁远九疑：千古舜陵朝圣地》，中国书籍出版社2023年版。

许超杰、王园园：《复礼堂述学诗》，中国社会科学出版社2022年版。

报刊论文

胡新、朱金波：《张舜徽致卞孝萱六通信札考释》，《历史文献研究》2022年第2期。

匡双林：《特立独行的"办学王"》，《科教新报》2023年5月17日。

李建江：《易白沙佚文〈中国帝王杀民祭鬼说〉辑考》，《书屋》2022年第2期。

鲁涛：《李达与中国近代史研究》，《马克思主义哲学研究》2022年第2期。

汤建军：《屈原精神历久弥新的奥秘》，《湖南省社会主义学院学报》2023年第5期。

万里：《岳阳君山摩崖梵字石刻者及其时间考》，《书屋》2022年第11期。

王志强：《〈澧纪〉：湖南第一部私家纂修的方志》，《书屋》2022年第6期。

吴海勇：《夏明翰〈就义诗〉流传历程之查考》，《广东党史与文献研究》2022年第2期。

向珊：《元长沙郡"别驾"刘安仁事迹考》，《湘学研究》2022年第2辑。

肖啸：《蒋信的心学思想与师门归属再探》，《湘学研究》2022年第2辑。

肖永明：《武冈二邓先生与晚清书院教育》，《湘学研究》2022年第2辑。

杨爽爽、彭铮琦：《略论蜀汉政权中的湘籍士人》，《湘南学院学报》2023年第3期。

张步晴、张峰：《光绪〈湖南通志〉中碑记的类型及其文化内涵》，《湖南人文科技学院学报》2022年第1期。

张官妹：《蔡元定谪永州及其影响研究》，《湘学研究》2022年第2辑。

张涛：《绅士、自治与近代湖南：大历史视野下的齐白石》，《美术》2023年第5期。

赵子鉴：《何叔衡家风思想及其当代价值研究》，《湘南学院学报》2023年第1期。

硕博论文

曹晓霞：《李祁年谱》，硕士学位论文，中南大学，2022年。

段晓雪：《书法视角下的长株潭地区书院碑刻研究》，硕士学位论文，湖南科技大学，2022年。

陆晓娜：《对外交流视域下的唐长沙窑瓷器文化艺术》，硕士学位论文，山东工艺美术学院，2022年。

陶芝铭：《建国初期刘少奇经济建设思想及当代价值研究》，硕士学位论文，辽宁师范大学，2022年。

王欣悦：《徐特立德育思想及其当代价值研究》，硕士学位论文，内蒙古师范大学，2022年。

肖荃全：《新化碑刻整理与书风探究》，硕士学位论文，湖南科技大学，2022年。

张步晴：《湖南方志中的碑记资料整理与研究》，硕士学位论文，贵州大学，2023年。

周超群：《元结在永州的摩崖石刻书法研究及其借鉴》，硕士学位论文，湖南科技大学，2022年。